Renate Fischer-Tietze

Dumme Kinder gibt es nicht

Renate Fischer-Tietze

Dumme Kinder gibt es nicht

Warum Lernstörungen entstehen
und wie man helfen kann

Kösel

ISBN 3-466-30425-3

Druck und Bindung: Kösel, Kempten
Umschlag: Kaselow Design, München
Umschlagfoto: Mauritius/Superstock

1 2 3 4 5 · 01 00 99 98 97

Gedruckt auf umweltfreundlich hergestelltem Werkdruckpapier
(säurefrei und chlorfrei gebleicht)

Mein Dank gilt meinem Mann,
der mich im Verwirklichen
meiner Ideen stets gefördert hat,
und jenen Kindern und Eltern;
die sich auf den Weg gemacht haben,
das Leben neu zu lernen.

Inhalt

Einführung

Die Lebensqualität eines Menschen hängt davon ab, wieweit er lernend Lebenserfahrungen verarbeiten kann. Das Leben und die Möglichkeiten seiner Gestaltung bedingen sich durch unsere Fähigkeit, angeborene Lernkompetenzen zu erkennen und zu nutzen. Dies beginnt mit den ersten Zellverknüpfungen im Mutterleib und endet erst mit dem Untergang der Zellen im Augenblick des Todes. Jede kleinste Erfahrung, die wir machen, wird im Gehirn mit bereits vorhandenem Wissen verglichen und zu neuen Lerneinheiten verknüpft, die in den unterschiedlichsten Lebenssituationen abgerufen werden können. Die Fähigkeit zu lernen bedeutet also nicht allein, in der Schule erfolgreich zu sein. Noch bedeutsamer ist die Abhängigkeit unserer sozialen Kompetenz, unserer Liebesfähigkeit und unserer Fähigkeit zu Lust und Lebensfreude von unseren Lernkapazitäten.

Der Mensch, der sich nach einigen gescheiterten Beziehungen gekränkt in ein Singledasein zurückzieht, hat gelernt, dass er nicht beziehungsfähig ist, und hat resigniert. Auch das Aufgeben in einer schwierigen Lebenssituation ist ein Lernverhalten, das häufig entsteht, wenn in der Kindheit wichtige Lernschritte nicht gemacht werden konnten. Warum geben Menschen oft schon nach wenigen Misserfolgen das Lernen auf, und warum stürzen sich andere mit geradezu lustvoller Freude in die nächste Erfahrung, um den Lernschritt, der ihnen ein besseres Lebensgefühl bringt, doch noch zu leisten?

Die Anlagetheorie, die besagt, dies liege am unterschiedlichen

Temperament des Menschen und sei angeboren, irrt meiner Meinung nach. Jeder Mensch entwickelt aus seinen Anlagebedingungen eine ganz persönliche Art, Lernerfahrungen zu machen, sie zu verarbeiten und umzusetzen. Hier liegt auch ein Hauptproblem der Schulen, die überwiegend nur einen einzigen Lernweg anbieten und Kinder mit abweichenden Lernstrukturen ablehnen oder abwerten. Jeder Mensch bringt seine ganz individuelle Lernkapazität mit, und die Umwelt entscheidet, ob er diese Kapazität nutzen und erweitern kann, oder ob sie blockiert und reduziert wird.

Lernstörungen werden oft erst im schulischen Alltag sichtbar, obwohl sie meist schon sehr früh vorhanden sind und sich bemerkbar machen. Aber erst der schulische Leistungsabfall lässt uns für die Zukunft des Kindes Schlimmes befürchten. Soziale Probleme werden oft negiert und verleugnet, wir reagieren nur auf den Leistungsaspekt und bemerken nicht, dass allein in dieser Wahrnehmung schon die Lernstörung verborgen ist.

Wie sieht nun eine solche typische Lernstörung aus?

Philipp, das zweite Kind einer Arztfamilie, war erst die Freude seiner Familie. Jeder war froh, dass er die schwere Geburt mit Nabelschnurumschlingung so gut überstanden hatte. Die Ärzte bestätigten, dass alles in Ordnung sei, obwohl dies offensichtlich nicht der Fall war. Er hatte Schwierigkeiten, sich auf den Tag-Nacht-Rhythmus einzustellen, und beanspruchte beim täglichen Kampf ums Essen die Stabilität seiner Mutter gewaltig. Lachte man ihn an, konnte es passieren, dass er wenige Minuten später in Tränen aufgelöst war. Nachdem Philipp laufen gelernt hatte, räumte er mit schöner Regelmäßigkeit alle Zimmer aus, verschlossene Türen lösten aggressive Ausbrüche aus. Das Essen geriet immer mehr zur Katastrophe und die Mutter, inzwischen immer mehr erschöpft, stand am Rand eines Zusammenbruchs. Zunehmend häufiger stellte sie sich die Frage, was falsch lief, verhielt sie sich doch der allgemeinen pädagogischen Anschauung zufolge richtig. Sie ließ dem Kind Freiraum, begründete jede

Grenze sehr genau und achtete sorgfältig darauf, die Entwicklungskräfte des Kindes nicht zu blockieren.

Im Kindergarten beschäftigte sich Philipp stundenlang sehr konzentriert mit Spielen, die er liebte. In der Gruppe wollte er nur die Rolle des Anführers. Er geriet enorm in Zorn, wenn ihm diese verwehrt wurde. Mit fünf Jahren galt er als lebhaftes Kind, das Anpassungsprobleme zeigte. Den Eltern erschien es normal, dass man mit ihm kein öffentliches Lokal besuchen konnte, da er entweder den eigenen Tisch abräumte oder durch das Lokal zog und Gäste an anderen Tischen ansprach. Ermahnungen, sich wieder an den Tisch zu setzen, nahm er nie zur Kenntnis. Versuchte die Mutter, ihn mit Körperkontakt zu beruhigen, schrie er wie am Spieß und warf sich zu Boden.

Als Philipp eingeschult wurde, kam es endgültig zur Katastrophe. Er war unfähig, an seinem Platz zu bleiben, störte ständig den Unterricht, zerriss seine Hefte und die anderer Kinder, vergaß wichtige Schulsachen und verlor mindestens viermal in der Woche sein Hausaufgabenheft oder die Hausaufgaben selbst. Lehrer und Eltern waren restlos überfordert. Philipps Selbstwertgefühl sank ins Bodenlose, er begann alles zu verweigern. Er schwankte zwischen aggressiven Phasen und depressiven Zuständen. Mit sieben war Philipp psychisch am Ende.

War Philipp ein Pechvogel? Oder hatten seine Eltern Erziehungsprobleme? War er organisch krank, oder war er einfach ein »böses« Kind, dem man nur mal zeigen müsste, wo's langgeht?

Nichts von alledem traf zu. Philipp gehört zu der zunehmenden Anzahl von Kindern, die von derartigen Störungen betroffen sind. Es sind jene Kinder, die nicht das Glück haben wie andere Kinder, ihren Wahrnehmungen trauen zu können: das Gute empfinden, sich von ihren Gefühlen tragen lassen dürfen und die Gewissheit haben, für sich förderlich zu denken. Ihr Vertrauen in die Welt und in sich selbst ist grundlegend gestört. Sie sehen die Welt durch die Augen der Angst und Bedrohung, sie hören nur das Schlechte über sich und glauben fest daran, dass die Umwelt von ihnen mindestens genauso wenig hält wie sie von sich selbst. Kleine Missgeschicke erschüttern ihr Weltbild und bedrohen ihre Existenz.

Philipp musste in der Gruppe immer an erster Stelle stehen, um nicht in seinem Selbstwertgefühl erschüttert zu werden. Da ihm aber innere Sicherheit fehlt, provoziert er über sein Verhalten Streit und holt sich so die Rückmeldung, unfähig und schlecht zu sein. Wie wenig fühlt sich so ein Kind getragen und sicher. Es ist erschreckend zu sehen, wie schnell bei solch betroffenen Kindern Selbstwert und Ichgefühl verloren gehen oder überhaupt nur schwach vorhanden sind. Viele dieser Kinder leiden aber auch stumm, entwerten sich wortlos, versuchen nach außen hin nicht aufzufallen und verbrauchen so fast alle ihre Lebenskräfte, um die gesellschaftliche Anpassung zu schaffen.

Was läuft in der Entwicklung solcher Kinder fehl?

Nicht immer steht am Anfang einer solchen Entwicklungsstörung die von vielen Therapeuten zum Sündenbock gemachte »schwierige Familie«. Oft entstehen Familienprobleme erst durch ein Kind.

Widmen wir uns zuerst dem Thema Lernen. Wäre der Mensch nicht lernfähig, wäre er vermutlich vor vielen tausend Jahren niemals von den »Bäumen heruntergekommen« und hätte sein Überleben durch viele wechselnde Verhältnisse hindurch sichern können. Jede Zelle des Körpers ist in der Lage, zu lernen und sich neu zu organisieren. Vor allem die Hirnzellen leisteten und leisten immer wieder die wichtige Anpassungsarbeit an die gegebene Umwelt. Diese Zellen sind fähig, das richtige Signal aus vielen herauszufiltern, dessen Bedeutung zu erfassen und angemessen darauf zu reagieren, kurz, sie können lernen. Diese Prozesse laufen über sehr komplizierte Stoffwechselabläufe in den einzelnen Hirnzellen – worauf ich später noch intensiver eingehen werde.

Besonders im ersten Lebensjahr leistet das Gehirn so große

Lernschritte wie niemals mehr im späteren Leben. Deutlich wird dies durch das enorme Gehirnwachstum in diesem Zeitraum. Es folgt keine andere Lebensphase mehr, in der Umwelterfahrungen sich so unmittelbar als neue Zellverbindungen im Gehirn zeigen. Jede gemachte Erfahrung wird mit bereits vorhandenen Strukturen verglichen oder zu neuen ausgebaut. Dies dient als Grundlage für späteres Lernen, Motivation, Interesse und Lebensfreude des betroffenen Menschen. Gelingt es den Hirnzellen aus unterschiedlichen Gründen nicht, diese ersten wichtigen Lernschritte zu leisten, kann das Lernen und der Zugang zur Lebensfreude problematisch bleiben.

Durch Belastungen körperlicher und seelischer Art schon während der Schwangerschaft kann der Funktionsablauf innerhalb der Zellen und damit ihre Lernfunktion eingeschränkt werden. Ein schwerer Geburtsverlauf (zum Beispiel auftretender Sauerstoffmangel) kann dieses Problem noch verstärken. Den davon betroffenen Neugeborenen fällt es unsagbar schwer, die ersten notwendigen Lernschritte zu leisten. Ihr Gehirn hat Schwierigkeiten, die aufgenommenen Signale zu verarbeiten und mit den entsprechenden Körperreaktionen zu verbinden. Oft gelingt es diesen Säuglingen nicht, angeborene soziale Fähigkeiten, wie beispielsweise den Kopf anzukuscheln, sich anderen zuzuwenden und in Rückenlage den Saugreflex zu aktivieren, zu nutzen. Es ist, als würden die für die Aktivierung dieser Verhaltensweisen nötigen Impulse auf dem Weg durch das Gehirn verloren gehen oder in Sackgassen münden. Damit fehlen diesen Kindern lebenswichtige stabilisierende Rückmeldungen aus der Umwelt. Ihre Probleme können auf diesem Wege schnell größer werden.

Jeder Erwachsene, der sich einem Säugling zuwendet, braucht von dessen Seite ein Signal, um mit gutem Gefühl längerfristigen Kontakt zu ihm aufbauen zu können. Nur so kann er ihm Lernmöglichkeiten bieten. Ein Säugling, der auf das freundliche Bemühen des Erwachsenen statt mit seinem angeborenen Lächeln mit einem mürrischen Blick reagiert, verwirrt den Erwachsenen zutiefst. Dieser zieht sich zurück, wird unsicher, da er für solche »Fehlreaktionen« oft selbst keine erlernten Reaktionsmodelle hat. Eine Mutter, deren Baby solche Reaktionsdefizite oder -fehler aufweist, wird aber nicht nur verunsichert, sondern auch in ihrem eigenen Selbstwertgefühl bedroht. Um selbst Erziehungssicherheit zu entwickeln, ist die Mutter gerade in den ersten Wochen und Monaten darauf angewiesen, dass ihr Kind die »richtigen« Reaktionen wie Lächeln, Ankuscheln und Ähnliches zeigt. Dies hilft ihr, Bestätigung für ihr eigenes Tun zu erhalten, sich sicher zu fühlen. Nur so ist sie in der Lage, dem Baby durch ihr Verhalten Sicherheit zu spiegeln.

Diese Sicherheit der Mutter wird Leitsymptom für die Lernfähigkeit des Kindes und seine Hirnentwicklung. Stress, Kommunikationsstörungen zwischen Mutter und Kind und Fehleinschätzungen ihm gegenüber wirken sich direkt auf die Hirnentwicklung und damit auf seine Lernfähigkeit aus. Niemals mehr im Leben wird die seelische und körperliche Verwobenheit, im Positiven wie im Negativen, so klar sichtbar wie in diesen ersten Lebensjahren. Emotionale Belastungen wirken sich hier direkt auf die Verknüpfung der Hirnzellen in der Großhirnrinde aus.

Da diese Kinder das, was sie sehen, hören, tasten und empfinden, nur ungenau speichern, sind ihre Erfahrungen bruchstückhaft und unsicher. Durch diese Unsicherheit entsteht Stress. Der Adrenalinspiegel steigt und stört empfindliche Stoffwechselprozesse im Gehirn, die nicht nur die Informationsspeicherung blockieren, sondern sich auch auf die emotionalen Fähigkeiten auswirken.

Wie erwähnt, erhält ein Baby seine Lernangebote im Normalfall über die Zuwendung der Mutter, aber auch über die Versorgung mit Nahrung und seine eigenen sozialen Reaktionen, die die Umwelt anregen, Lernangebote zu setzen. Im ruhigen und erholsamen Schlaf werden dann diese Reize, Empfindungen und Wahrnehmungen verarbeitet und zu stabilen Hirnstrukturen formiert. Werden diese frühen Erfahrungen noch durch eine dem Kind förderliche emotionale Umwelt unterstützt, entstehen im Gehirn vielseitige und stabile Strukturen, die Lernen zur Freude machen.

Zwei Aspekte hindern lerngestörte Kinder an diesem Prozess. Zum einen gelingt ihnen durch ihre Wahrnehmungsschwäche die Verknüpfung der Hirnstrukturen nur ungenügend, und die oft vorhandenen Schlafstörungen verhindern zudem die lebenswichtige Speicherung und Platzierung von Erfahrungen im Gehirn. Zum anderen haben gerade diese Kinder oft Probleme, von ihrer Umwelt in ihrer Störung frühzeitig erkannt zu werden. So werden ihre Reaktionen meist emotional falsch bewertet und lösen in der Umwelt anstelle von Zuwendung und Unterstützung eher Abwehrprozesse aus. Es entsteht frühzeitig ein Teufelskreis, der meist rapide eskaliert und zum schwerwiegenden sozialen und persönlichen Problem wird, sobald diese Kinder in die Schule kommen.

Jetzt wird ihr tief liegendes Lernproblem konkret sichtbar und gleichzeitig die Hilfestellung für sie problematisch. Emotional schwer gekränkt und mit mangelhaften Lernstrukturen ausgerüstet, ist das Scheitern in der Schule vorprogrammiert.

Zum großen Teil normal oder sogar überdurchschnittlich intelligent treiben sie ihre Lehrer mit ihren scheinbar unverständlichen Reaktionen in die Hilflosigkeit und Aggression: Sie reden mit großer Konstanz im Unterricht dazwischen, stehen plötzlich auf und gehen im Klassenzimmer umher. Auf Fragen antworten sie nicht, stellen aber mit großer Freude Fragen, die scheinbar mit dem Stoff nichts zu tun haben. Dinge, die man ihnen aufträgt, vergessen sie, als habe sie der Wind weggeweht. Sie hängen jedoch mit sturer Ausdauer an realen oder vermeintlichen Kränkungen, die sie erlebt haben. Hausaufgaben werden für alle Beteiligten zum täglichen familiären Drama. Eltern oder Erzieher verlieren die Nerven, und den betroffenen Kindern schwinden auf diesem schwierigen Weg die kleinen verbliebenen Reserven an Lernkapazität. Spätfolgen können sich im Erwachsenenalter in häufigen Orts- und Arbeitsplatzwechseln sowie in Beziehungsstörungen zeigen.

Bezugspersonen fällt es sehr schwer, sich in diese Kinder hineinzuversetzen. Sie zeigen uns die Grenzen unserer eigenen Persönlichkeit, sie decken rücksichtslos unsere Schwächen auf und fordern uns nicht nur auf der pädagogischen, sondern auch auf der rein menschlichen Ebene heraus. Sie stellen hohe Ansprüche an unsere eigene Lernkapazität und Flexibilität.

So greifen reine Lernfördermaßnahmen auch nur ungenügend, da sie in erster Linie die physiologischen Aspekte der Störung angehen. Wesentlich ist dagegen vor allem das Erfassen der Persönlichkeitsstruktur, die durch ihre individuellen Fassetten auch jeder Lernstörung eine individuelle Ausprägung verleiht. Hier ist es wichtig, den betroffenen Eltern klarzumachen, dass es nicht um »Schuld« geht, sondern um das Verstehen eines Menschen, der aufgrund seiner individuellen Bedingungen Probleme hat, sich selbst zu verstehen. Aufgabe einer Therapie könnte es sein, sich mit den Eltern auf die Suche nach den verschütteten Persönlichkeitsstrukturen des Kindes zu machen und diesem dabei behilflich zu sein, Zugang zu sich selbst zu finden und »nachreifen« zu können. Nur über den emotionalen und seelischen Reifeprozess werden auch die kognitiven Strukturen stabilisiert und für Lernerfahrungen nutzbar.

Lernen können bedeutet auch, sich dem Leben zu stellen. Vielleicht wird uns hier bewusst, von welchen existenziellen Ängsten diese Kinder beherrscht werden, die sie so reagieren lassen, als wäre jeder Tag ihr letzter. Ihnen fehlt das lebenswichtige Vertrauen in sich selbst und damit auch die Hoffnung, dass das Leben selbst unter ungünstigen Bedingungen nicht nur möglich, sondern sogar gut möglich sein kann.

Diese Kinder scheinen geborene Pessimisten zu sein, die sich mit Händen und Füßen gegen positive Erfahrungen wehren. Ihre Lebenserfahrungen sind überwiegend im negativen Bereich verankert und abgesichert. Sie wissen mit großer Sicherheit, dass auf einen aggressiven Ausbruch ihrerseits die strafende Reaktion eines Elternteiles, Lehrers oder Erziehers folgt. Sie trauen guten Erfahrungen und angenehmen Gefühlen nur wenig, da sie diese Erlebnisqualitäten nur kurzfristig halten können. So billigen sie positiven, tragenden Gefühlen keinen stabilen Wert zu. Ihnen zu helfen ist nur möglich, wenn wir auch die treibende psychische Kraft in ihrem Verhalten wahrnehmen und stützen lernen.

Manche der Kinder mit Lernstörungen sind von ihrer Anlage her eher introvertiert. Sie vermeiden es, im Vordergrund zu stehen und die Aufmerksamkeit auf sich zu lenken. Von ihrer inneren Struktur her lieben sie Ruhe und eigenes Tun. Die Entwicklungsstörung zwingt lerngestörte Kinder in ein destruktives Verhalten. Durch ihre störenden Aktionen und Reaktionen stehen sie ungewollt oft im Mittelpunkt. Sie ziehen ungewollt die Aufmerksamkeit auf sich. Das heißt, ihr Fehlverhalten speist sich nicht nur aus der physiologischen Störung, sondern auch aus dem inneren Zwang heraus, nicht so sein zu können, wie sie gerne wären.

Umgekehrt geht es den extravertierten Lerngestörten. Es entspricht ihrer Persönlichkeitsstruktur, im Mittelpunkt zu stehen, in Gesellschaft zu sein. Da sie mit ihren Reaktionen sehr früh beginnen, ihre Umgebung zu irritieren und zu verärgern, sind sie bald sehr allein. Mit ihnen will keiner spielen, da ihre aggressiven Ausbrüche gefürchtet sind. Aus diesem unfreiwilligen Verlassenwerden heraus verstärkt sich bei diesen Kindern das Fehlverhalten. Im Mittelpunkt zu stehen wird zum Zwang. Sind die Eltern oder Erzieher nicht in der Lage, diese individuelle Veranlagung zu sehen und angemessen darauf zu reagieren, besteht die Gefahr einer Persönlichkeitsstörung mit weit reichenden Folgen.

Säugling und Kleinkind reagieren auf ihre Umwelt ausschließlich auf der Empfindungsebene. Das heißt, Wahrnehmungen lösen in ihrem Inneren Reaktionsqualitäten und Bilder aus, die zum Teil unabhängig von der äußeren Wahrnehmung sind. So kann für einen Säugling die Mutterbrust in seiner Empfindung ein kalter, lebloser Ort sein, der in ihm unangenehme Gefühle auslöst, oft auch gebunden an reale negative Erfahrungen mit der Mutter. Für ein anderes Baby wird die Mutterbrust mit wärmenden und angenehmen Bildern verknüpft.

Da die geistigen Bearbeitungsmöglichkeiten noch zu wenig entwickelt sind, werden gerade Empfindungs- und intuitive Qualitäten zur überwiegenden Handlungsschiene von Säuglingen und Kleinkindern. Sie beeinflussen die Qualität und den Inhalt von Erwartungen und Bedürfnissen, nicht nur im Kindesalter, sondern das gesamte Leben hindurch. Sie wirken auf unbewusster Ebene und können nur schwer durch kognitive Erfahrungen verändert werden. Erst mit fünf bis sechs Jahren übernehmen die langsam gewachsenen kognitiven Elemente des Geistes die Führung. Jetzt wird es dem Kind möglich, bestimmte Aspekte seines Handelns zu überdenken. Es kann Reaktionen aufschieben oder ganz darauf verzichten. Bricht für ein jüngeres Kind noch seine Welt zusammen, wenn etwas Versprochenes doch nicht gewährt wird, so ist das ältere Kind in der Lage, derartige Frustrationen auszuhalten.

Vielen Erwachsenen fällt es aus ihrer kognitiv geprägten Welt heraus schwer, die überwiegend vom Unbewussten geleiteten Empfindungen und intuitiven Handlungen der Kinder zu verstehen. Die von vielen chaotischen Denkstrukturen, diffusen Gefühlen und oft gewaltigen Empfindungen geprägte Welt der Kinder verunsichert uns Erwachsene. Es ist eine Welt, in der das geordnete Denken der Erwachsenen erschüttert wird, da sie es nicht aushalten können, noch einmal mit großen Empfindungen und Gefühlen konfrontiert zu werden. In diesem Aufeinandertreffen des bewussten und unbewussten Weltanteils liegt die Chance zum Wachstum für beide Seiten.

Das Kind braucht die Anbindung an bewusste Denkstrukturen,

um seine chaotische und zum Teil auch ängstigende Innenwelt zu klären. Es braucht Hilfe beim Gestalten seiner Empfindungswelt hin zu klaren Gefühlen, die ihm die Chance geben, sich in seine Umwelt verständlich einzubringen. Klares Denken ist notwendig, um intuitives Wissen nachvollziehbar und bewusst zu machen. Gelingt Kindern dieser Schritt, ohne von Erwachsenen zur Verdrängung gezwungen zu werden, haben sie Zugang zu einem gewaltigen Potenzial an Phantasie, Kreativität und Hoffnung. Wer in einer klaren und reichen Innenwelt zu Hause sein darf, den erschreckt die Außenwelt wesentlich weniger.

Lerngestörte Kinder haben oft ein sehr reiches Innenleben. Ist es ihnen nicht gelungen, ihre Innenwelt zu klären und den bewussten Denkstrukturen zugänglich zu machen, können sie sich nicht an ihre eigene Identität annähern. Diese Kinder fürchten wesentlich mehr ihre inneren chaotischen Bilder als die Realität. Schlechte Noten oder nicht versetzt zu werden entlockt ihnen nur ein müdes Lächeln. Die Bewegung einer Tür kann sie aber derart in Panik versetzen, dass sie blindwütig um sich schlagen. Der Erwachsene steht diesen »Ausbrüchen« meist fassungslos gegenüber. Er muss sich selbst gut verstehen, um diese Kinder verstehen zu können. Ein Erzieher, der seine eigenen chaotischen, unbewussten und aggressiven Anteile verleugnet, wird zur Persönlichkeitsfalle für diese Kinder. Die Kinder spüren diese verdrängten Anteile, die unterschwellige Ablehnung, die sie intuitiv richtig erfassen. Da ihnen aber der Zugang zur bewussten geordneten Denkstruktur nur unzureichend gelingt, können sie ihre Wahrnehmung nicht mitteilen. Sie können sich nicht schützen.

Ein Erwachsener, der spürt, dass er von seinem Gegenüber abgelehnt wird, kann dies zur Sprache bringen, er kann die Projektion zurückgeben und sein Selbstwertgefühl schützen. Ein derart betroffenes Kind reagiert auf seine Empfindungen, die die Ablehnung in ihm auslöst, mit überwältigenden Ängsten völlig unangemessen. Die Ablehnung, die der Erwachsene nun als Folge davon ungefährlich offen zeigen kann, macht das Kind wieder zum gewohnten Sündenbock. Seine Ängste verstärken sich, das Chaos in seinem Inneren wächst, und das kleine Pflänzchen des bewussten Denkens wird wieder platt getreten. So verwundert es nicht, dass lerngestörte Kinder auf den Begriff »richtig denken« so allergisch reagieren.

Es ist immer wieder erstaunlich, zu sehen, wie wenig Toleranz und Verständnis Kindern mit Lernproblemen entgegengebracht wird. Lehrer zeigen sich oft beleidigt und klagen über das mangelnde Verständnis des Schülers für ihre Situation. Wer hat aber für dieses Kind Verständnis? Glauben wir wirklich, in unserer auf rationale, klare und überschaubare Denkstrukturen fixierten Gesellschaft mache es Freude, ein gefühlvoller, intuitiver, empfindsamer Außenseiter zu sein? Was nützt es diesen Kindern, ein reiches Innenleben zu haben, wenn sie es nicht nutzen können, weil wir uns weigern, sie in ihrer chaotischen Welt abzuholen und aus ihr herauszuführen. Diese Kinder brauchen unsere liebevolle, klar strukturierte Führung und Förderung, um nachzureifen und Lernen als kreativen Akt erspüren zu können, der für ihre persönliche Reifung lebensnotwendig ist. Diese Kinder sind Teil unserer Gesellschaft, sie sind Spiegel unserer gesellschaftlichen Ängste und neurotischen Strukturen. Sie sind keine Außenseiter, keine abnormen Randfiguren.

Es ist nicht nur eine Pflicht, ihnen zu helfen, es ist reine Freude, ihnen beizustehen. Wir können viel von ihnen und mit ihnen gemeinsam lernen.

Lernen beginnt im Mutterleib

Wir neigen dazu, Menschen in Gruppen zu unterteilen, wobei wir Begriffe verwenden wie ruhig, nervös, friedlich, aggressiv, ausgeglichen, hyperaktiv, leseschwach, unfähig zu rechnen, impulsiv, lerneifrig, lernfaul, begabt, unbegabt. Wissenschaftliche Systeme benutzen unterschiedliche Kategorien, um die Individualität des Menschen zu erklären. Einige dieser Kategorien kennen ein Überich, ein »befehlendes Selbst« oder ein Sternzeichen. Es muss Millionen von Systemen zur Typisierung der Persönlichkeit geben, basierend auf allem Möglichem, von der Hautfarbe über die Augenfarbe bis zu familiengeschichtlichen Daten, ebenso auf Zeitalter, Jahr oder Datum der Geburt, Körpertyp oder sogar Blutgruppen, oder auch darauf, ob wir cholerisch, melancholisch, eine Fische-Typ, introvertiert, extravertiert oder was auch immer sind.[1]

Ideen zur Klassifizierung der Persönlichkeit wie Es, Ich und Überich können den Erkenntnissen angesehener Wissenschaftler entstammen. Sie können von klinischer, biologischer oder zufälliger Beobachtung abgeleitet sein. Diese Theorien setzen sich durch und werden Teil der Sprache, bis man weiß, was man von einem Stier, einem Skorpion, einem Asozialen, einem hoch begabten oder lerngestörten Menschen zu halten hat. Solche Beobachtungen und Einteilungen können interessant und funktionell sein. Sie versorgen uns vom Schulkind bis zum klinischen Psychologen mit einem Schubladendenken. Mehr aber leisten sie nicht, denn jedes System ist subjektiv geprägt, und gleiche

Begriffe können in unterschiedlichen Systemen mit unterschiedlichen Bedeutungen belegt sein.

Als Beispiel mag der siebenjährige Mark gelten, der aggressiv und verstört den Schulunterricht störte und offensichtlich nicht begriff, worum es eigentlich ging. Sein Lehrer hatte ihn längst in die Schublade des unfähigen Schülers geschoben und beantragt, dass der Junge in eine Sonderschule für lernschwache und verhaltensauffällige Kinder überwiesen werde.

Das Kind wurde mir zur Begutachtung überstellt. Nach ausführlicher Intelligenztestung ergab sich ein völlig anderes Bild. Das Kind mit einem IQ von 130 fühlte sich schlicht und einfach unterfordert. Durch die Wertigkeit des Lehrers – mit seiner Einteilung von schulfähig oder schulunfähig – fühlte sich der Junge erdrückt und unfähig, seine eigentlichen Begabungen zu zeigen. Auf meine Intervention hin kam Mark in eine andere Schule. Der neue Lehrer erhielt die Information, dass Mark hochintelligent sei und deshalb bei Unterforderung zu Störungen neige. Innerhalb von wenigen Wochen waren sämtliche Auffälligkeiten verschwunden, und seine Leistungen pendelten sich auf einem ihm adäquaten Niveau ein. Heute genießt dieses Kind die Hochbegabtenförderung der Münchner Universität.

Dieses Beispiel können wir sicher nicht als allgemein gültig heranziehen. Aber es gibt weitaus mehr Kinder, die über irgendwelche Systeme falsch beurteilt werden, als es üblicherweise angenommen wird.

Wir können zwar wissen, was solchen Kindern »auf der Seele liegt«, haben damit aber nicht notwendigerweise Zugang zu den belastenden Inhalten und Gefühlen. So muss die Erforschung des Selbst kein treffendes Bild ergeben, sondern bleibt immer ein Abenteuer – was uns zeigt, dass die Bewertung von Menschen mit Umsicht, Achtung, Liebe und Sorgfalt zu erfolgen hat.

Die Wissenschaft hat erstaunliche neue Beobachtungen darüber geliefert, wie Kinder sich in Familien entwickeln. Eine enorme Menge an Informationen ist durch Persönlichkeitstests und durch klinische Beobachtungen zusammengetragen worden, außerdem werfen Erkenntnisse in der Untersuchung von Gehirn und Genetik ein neues Licht darauf, wie menschliche Wesen lernen. All das liefert eine Fülle von Erklärungen dafür, warum wir so handeln, wie wir es tun, und bietet Einsichten in die Ursprünge des Selbst. Die vielfältigen Möglichkeiten des Wahrnehmens, des Speicherns und der emotionalen Verknüpfung unseres Wissens, gebunden an die individuellen sozialen Lernerfahrungen jedes Einzelnen, lassen erahnen, warum wir Menschen uns trotz aller Ähnlichkeit im Verhalten oft so gründlich missverstehen, falsch beurteilen und darum im Miteinander oft scheinbar unüberwindbare Schwierigkeiten haben. So schafft zwar jede Kategorisierung einerseits neue Erkenntnisse, macht aber andererseits die Verknüpfung und das Verstehen unterschiedlicher Kategorien sehr schwer. So bestehen zwischen der Pädagogik und der Psychologie scheinbar gleiche Begriffe, diese werden aber inhaltlich und von ihrer Erwartung her, was sie zu leisten haben, völlig unterschiedlich belegt. Wir sprechen scheinbar über das Gleiche, meinen aber etwas anderes, und jeder wirft dem anderen mangelndes Verständnis vor. Die Krux der modernen Wissenschaft ist es, dass sie vor lauter Analyse immer schwerer zu einer Synthese kommt.

Der Mensch ist ein soziales Wesen

Er kam, sah und lernte. Das ist der Lebensmotor des Menschen. Der Mensch ist das einzige Lebewesen in der Natur, das in einem so gewaltigen und scheinbar grenzenlosen Maße lernen und verändern kann. Ein Tier lernt in den Bereichen der optimalen Naturanpassung, um damit das Überleben seiner Art zu sichern. Das Lernen des Menschen unterscheidet sich in einem wesentlichen Punkt von dem des Tieres. Er lernt nicht nur sich anzupassen, sondern auch die Umwelt so zu verändern, dass er sich darin real oder scheinbar besser fühlen kann. Das Gehirn eines Menschen ist in der Lage, sich einer wesentlich komplexeren und vielfältigeren Umwelt anzupassen, als es dies in der Regel wirklich tut. Wir lernen fast spielerisch, was in unserer Umwelt erlaubt ist und was nicht, welche Verhaltensweisen uns soziale Zuwendung einbringen und welche nicht. Für viele dieser existenziellen Lernerfahrungen benötigt das Kleinkind die Spiegelung eines ihm emotional zugewandten Erwachsenen. Emotionale Geborgenheit sichert seine Entwicklungs- und seine sozialen Kompetenzen. Gemeinschaftsfähigkeit ist ein wesentlicher Faktor, um Lernstrategien zu entwickeln und zu sichern.

Zudem benötigt der Mensch für die vielfältigen sozialen, emotionalen, kulturellen und technischen Lernerfahrungen sehr komplexe Lern- und Speicherkapazitäten. Der Teil des Gehirns, den wir Kortex oder Großhirnrinde nennen, ist dafür zuständig. Sie vernetzt sämtliche Informationen über Körperbefindlichkeit, emotionale Verfassung und äußere Anforderung und versucht aus den Millionen von Erfahrungswerten das für diesen Organismus optimale Reaktionsmuster zu entwickeln. Da der Mensch als einziges Lebewesen in der Lage ist, ständig neue und ganz individuelle Lernprogramme zu entwerfen, zeigt sich hierin seine große Entwicklungschance zu persönlicher Freiheit und Individualität, aber auch gleichzeitig die große Gefahr von Fehlentwicklungen und des Scheiterns, wie sie in der Natur sonst nirgends möglich sind.

Das Bild der Vertreibung des Menschen aus dem Paradies zeigt am deutlichsten, welche weit reichenden Konsequenzen die Entscheidung zur größeren Hirnentwicklung und damit der Aufstieg aus einem begrenzten, an die Natur angebundenen Entwicklungsprogramm für den Menschen bedeutet hat. Bewusster Irrtum, Fehlentscheidung und Selbstzweifel wurden möglich. Um mit diesen Unwägbarkeiten des Lebens besser zurechtzukommen, führte die Menschheit die Bewertung ein.

Die Gesellschaften legten und legen fest, was richtig und was falsch ist, sozusagen, was zu lernen erlaubt oder notwendig ist und was nicht. In diesem Rahmen definieren wir auch, was die Bereiche Intelligenz und Lernfähigkeit umfassen und was nicht.

Wir haben uns mit diesem »Bewertungskorsett« enorm eingeengt. Wir fragen uns nicht, warum verhält sich jemand anders, was bewegt ihn, was leitet ihn, sondern wir reduzieren die komplexen Fragen auf einen einfachen, aber leider falschen Inhalt, nämlich warum lernt jemand nicht. Kann er nicht oder will er nicht? Beide Überlegungen vereinfachen einen umfassenden Sachverhalt und sind in dieser Form falsch. Wir Menschen nutzen nur ein minimales Potenzial unserer vorhandenen geistigen Möglichkeiten und reduzieren unsere gesellschaftlichen Lernangebote auf das Maß dessen, was ein statistischer Durchschnitt leisten kann und soll. Am schwerwiegendsten aber ist, dass die Gesellschaft die Art des Lernens festlegt, die als »normal« gilt.

Gehen wir zurück zu unserem Beispiel des siebenjährigen Mark, so sehen wir eigentlich nur ein Kind, das aus diesem statistischen Rahmen fällt. Unsere Frage lautet nun, lernt dieses Kind auf anderem Wege, als wir es anbieten, oder stehen emotionale Ängste und Unsicherheiten dem schulischen Lernen im Wege?

»Nicht für die Schule, sondern für das Leben lernen wir.« Ein wahres Sprichwort, dessen Realität viele Eltern vergessen, wenn ihr Kind in die Schule kommt. Entwicklung definiert sich von den Eltern, Lehrern und Erziehern völlig unbemerkt oft nur noch über schulische Leistung. Lernen und Lernfähigkeit wird reduziert auf eine scheinbar berechenbare gesellschaftliche Norm, die aber viele Kompetenzen und Fähigkeiten zu denken und zu handeln in ihrem Konzept von Intelligenz und Leistungsfähigkeit vernachlässigt. Viele Intelligenztests können bestehende Stärken und Schwächen messen, geben aber keine Auskunft darüber, wie der Betroffene lernt und zu denken pflegt. Der Mensch wird erneut reduziert auf ein Erwartungs- und Anpassungsmuster, das definiert, was sinnvoll und wichtig für ihn ist, und dabei unzählige andere Reaktionsmuster nicht nur ausblendet, sondern oft sogar als Fehlverhalten definiert.

Der Mensch hat in seiner Entwicklung einen großen und wichtigen Schritt nur ungenügend geleistet, nämlich die komplexen, vielfältigen und oft auch gegensätzlichen Denkkonzepte des eigenen Geistes zuzulassen und sie aktiv zu gestalten. Wir können keine Widersprüche akzeptieren und neigen dazu, sie zu beseitigen. Wenn wir die Umwelt nicht dahin gehend verändern können, dass der Gegensatz sich auflöst, ist der Mensch als Einziger in der Lage, seinen Geist so zu verändern, dass der Widerspruch für ihn entfällt.

Erinnern wir uns wieder an Mark. Seine Reaktionen stehen dem entgegen, was der Lehrer erwartet. Die konträre Position würde entfallen, wenn Mark entsprechend seiner Intelligenz lernen könnte. Da er dies nicht tut, löst der Lehrer die bestehende Gegensätzlichkeit dahin gehend, dass er den Schüler wegen Unfähigkeit von der Schule verweisen möchte. Gleichzeitig beseitigt er seinen inneren Zweifel mit der Überlegung, dass ihn 20 Kinder verstehen und mit ihm arbeiten können und dass der, der ihn nicht versteht, nicht in Ordnung sein kann.

Nun könnte ich als Lehrer den Widerspruch auch annehmen und sagen: Das Kind lernt, aber ich kann mit meinem Lernangebot den Erfolg nicht feststellen; was und wie muss ich ihm Lernstoff anbieten, damit es seine Fähigkeiten zeigen kann? Ich kann auch versuchen, meine eigene Einstellung zu überprüfen, indem ich mir die Frage stelle, ob ich mit meinem Denken und meiner Art zu lernen der Lernfähigkeit des Kindes im Wege stehe. Hier verstellt uns wieder unsere Sucht, alles eindeutig klären zu wollen, den Weg. Wir haben ganz allgemein Probleme, gegensätzliche Bilder und Erscheinungen auszuhalten und in ihrer Widersprüchlichkeit als normal zu akzeptieren. Zwingt eine vermeintliche Lösung ein Kind in eine Schablone, deren Veränderung schwierig wird, gerät die Entwicklung dieses Kindes schnell in eine Sackgasse.

Wir reduzieren unsere Lern- und Entwicklungsmöglichkeiten durch unsere Neigung, komplexe Vorgänge zu vereinfachen und auf nur eine Lösungsmöglichkeit zu reduzieren, und wir machen Menschen, die dieser einen gedachten Lösung nicht entsprechen, das Leben schwer, bisweilen gar unmöglich. Es gibt aber keine »intellektuelle Einheit«, mit der eine Vielfalt von Ereignissen in der gleichen Weise wahrgenommen und beurteilt werden kann. Unser Geist enthält eine wandelbare Zusammenstellung unterschiedlicher Arten von »kleinen Geistern«: festgelegte Reaktionen, Begabungen, flexibles Denken. Diese verschiedenen Einheiten werden von Zeit zu Zeit eingesetzt – »ins Bewusstsein hineingerollt« – und dann wieder gekündigt, abgestellt, nach Gebrauch an ihren Platz zurückgebracht.[2] Robert Ornstein geht davon aus, dass dieses komplexe System zudem durch die emotionalen Kräfte des Geistes massiv beeinflusst wird. Er sieht darin auch die Ursache, warum wir andere Menschen so häufig missverstehen und selbst voller Widersprüche sind.

Wenn wir uns emotional sicher und gut fühlen, tendieren wir dazu, eine negative Erfahrung, zum Beispiel den Autoschlüssel zu verlegen, wesentlich sachlicher und unbeschwerter zu beurteilen. Sind wir dagegen emotional frustriert, kann dasselbe Ereignis zur persönlichen Katastrophe werden. Nun steht nicht mehr das schlichte Ereignis im Vordergrund, sondern unser Selbstwert wird berührt, wir fühlen uns generell dumm, hilflos und wütend. Wir beginnen uns mit denen zu vergleichen, die scheinbar besser und intelligenter sind, und schreiben ihnen alle Eigenschaften zu, die uns offenbar fehlen.

So geht es auch Kindern mit Lernstörungen – und sehr häufig auch deren Eltern. Durch die vielen Misserfolge entmutigt und emotional stark belastet definieren sich diese Kinder als Versager. Sie sind nicht mehr in der Lage, ihre realen Fähigkeiten wahrzunehmen, geschweige denn zu nutzen, gestehen aber allen anderen Kindern diese ihnen fehlenden Eigenschaften zu. So entsteht in ihnen Neid, der zunehmend aggressiveres Verhalten fördert.

Auch die Eltern geraten immer mehr unter Druck. Die Lehrer ermahnen sie, sich mehr um ihr Kind zu kümmern, ohne ihnen aber einen Rat zu geben, wie dieses Sich-Kümmern konkret aussehen könnte. Keiner sagt den Eltern, warum ihr Kind so ist, wie es ist, sondern nur, dass es so nicht sein darf. Nun versuchen die Eltern aus ihrer Angst heraus, ihr Kind könnte versagen, diesem zu helfen. Ihre eigene emotionale Unsicherheit und Angst wird für ihr Kind spürbar und macht es diesem unmöglich, sich zu verändern. Angst ist der Tod der Entwicklung in jedem Lernbereich. Je weiter die Störung fortschreitet, umso mehr werden auch die Eltern von diesem globalen Versagensgefühl erfasst und glauben nun ihrerseits, dass alle anderen Eltern vielleicht »besser« seien oder etwas an sich hätten, womit sie sich ihre »lieben Kinder« verdienten. Negative Selbsteinschätzung macht handlungsunfähig und blockiert damit auch die geistigen Wandlungskräfte. Es entsteht ein Teufelskreis aus Fehleinschätzung und emotionaler Blockierung, der eine Veränderung für Kind und Eltern sehr schwer und in jedem Fall sehr schmerzhaft macht.

Die erste Programmierung des Menschen

Wir bringen bei unserer Geburt bereits ein großes Maß an Fertigkeiten mit. Ein Teil von ihnen liegt bereits in den Erbanlagen verankert, ein anderer, nicht unerheblicher Teil entwickelt sich aus Lernerfahrungen im Mutterleib. Niemals später im Leben greifen genetische Lernprogramme und Umwelterfahrungen so entscheidend in die individuelle Entwicklung des Menschen ein wie während der Schwangerschaft und in der Zeit des ersten Lebensjahres. Das intakte genetische Programm liefert die Bausteine der Entwicklung, die durch die seelische und physische Verfassung der Mutter während der Schwangerschaft mit geprägt werden.

Wie werden nun Informationen und mütterliche Erfahrungen auf das Ungeborene übertragen? Schon der Fetus besitzt einen »Apparat« zur Informationsverarbeitung. Es ist dies das verlängerte Rückenmark und der Hypothalamus, der überwiegend für emotionale Verarbeitung zuständig ist. Informationsträger ist das Blut mit seinen biochemischen Eigenschaften und den im Blut enthaltenen Transmittern und Hormonen. Als zusätzliche Informationsquelle dienen dem ungeborenen Kind Geräusche, Bewegungen und Raumlagewahrnehmungen. Mit zunehmender Entwicklung der Großhirnrinde werden die eintreffenden Informationseinheiten immer komplexer verarbeitet. Der Fetus beginnt auf die eintreffenden Reize zu reagieren und mit zunehmendem Wachstum sich vom mütterlichen Organismus abzugrenzen und sein eigenes inneres Gleichgewicht aufzubauen und aufrechtzuerhalten. Der Wiener Professor Sepp Schindler ist der Meinung, dass sich schon vor der Geburt bestimmte Reaktionsmuster gegenüber Frustrationen und Traumen entwickeln.[3]

Gelingt es der werdenden Mutter, die sie belastenden Situationen zu bewältigen, liefert sie damit auf physiologischem Wege Informationen über Lernstrategien an den Fetus. Dieser beginnt mit fortschreitender Entwicklung die physiologischen Erfahrungen in den kortikalen Strukturen der Großhirnrinde als Reaktionsmuster zu speichern. Das Ego des Kindes wird keimhaft angelegt und entwickelt sich zunehmend in diesen inneren Erfahrungswelten. Dies erleichtert dem Kind nach der Geburt die Anpassung an die Umwelt und ermöglicht ihm den Zugriff auf seine angeborenen sozialen Verhaltensweisen, die in seiner Umwelt weitere Lernangebote auslösen.

Während der Schwangerschaft ist die werdende Mutter schwerwiegenden Veränderungen physischer wie psychischer Natur ausgesetzt. Sie braucht ihre Kräfte für sich und auch die Zeit, sich mit den in ihr stattfindenden Veränderungen auseinander zu setzen und zu erfühlen, dass zumindest die erste Schwangerschaft einen neuen, unbekannten Lebensabschnitt einleitet. Aber auch jede weitere Schwangerschaft beansprucht Körper und Geist aufs Neue und verändert das Familiengefüge. Die Rollen und Erwartungen der vorhandenen Mitglieder verändern sich und werden nie mehr so wie vorher sein.

Es kommt mit der Schwangerschaft der Frau eine enorme Lernanforderung auf alle Familienmitglieder zu. Die Lernkapazitäten aller Beteiligten beeinflussen das werdende Leben. Je größer zum Beispiel die Fähigkeit des zukünftigen Vaters ist, die Frau in ihrer neuen Rolle anzunehmen und zu entlasten, desto größer ist die Chance der Frau, Raum für ihre eigene Entwicklung zu erhalten. Lernfähigkeit schafft ein Klima von Offenheit und Toleranz, das Freiräume für alle ermöglicht. Jeder kann dem Partner oder den bereits vorhandenen Kindern den Freiraum zugestehen, den sie für die Anpassung an die neue Situation brauchen, ohne die persönlichen Kräfte zu sehr zu beanspruchen.

Das Erlernen der neuen Rolle vollzieht sich nicht unbedingt in einem stressfreien Klima, wohl aber in dem Gefühl, die Situation gut bewältigen zu können. Der Geist hat in einem emotional eher positiv gefärbten Klima Raum, die neue Rolle in erfreulichen Bildern vorwegzudenken und damit eine große innere Beruhigung zu schaffen, die sich sehr förderlich auf die Entwicklung des Embryos auswirkt.

Unsere inneren Selbsteinschätzungen lösen entsprechende Bilder und Emotionen aus. Sie wirken sich einerseits stabilisierend und förderlich auf die eigene als auch auf die Entwicklung des Kindes aus, andererseits können sie blockieren und negativen Einfluss ausüben. Sätze wie: »Oh Gott, mir graust schon, wenn ich nur an die Geburt denke«, lassen Bilder von grässlichen Missgeschicken in uns auftauchen, und Gefühle von Angst, ja sogar Panik können uns überwältigen. Wenn wir diese negativen Visualisierungen und Denkmuster nicht überwinden, kann der Stresspegel so gewaltig werden, dass nicht nur der Embryo in seiner Entwicklung belastet wird, sondern vielmehr die geistige Vorprogrammierung zur Realität wird. »Sie haben eine Türe geöffnet – die Tür des Möglichen. Je mehr Sie visualisieren, desto realer wird der Gegenstand, bis er schließlich zur Entschlossenheit wird.«[4]

Menschen, die sich aufgrund ihrer eigenen Erziehung nur geringen Selbstwert zuschreiben, geraten häufig an Partner, die ihren eigenen geringen Selbstwert durch Missachtung und Entwertung des Partners auszugleichen suchen. Minderwertigkeitsgefühle sind immer ein Hinweis auf bestimmte Lerndefizite in der eigenen Entwicklung. Sie sagen nichts über reale Fähigkeiten aus, sondern deuten vielmehr auf fehlende positive emotionale Erfahrungen hin, die normale Lernerfolge begleiten. »Wer seine eigenen Lernleistungen immer an dem misst, was er noch nicht kann, wird innerlich verzweifeln und resignieren. Wenn ich aber meine Leistungen mit dem vergleiche, was ich schon alles gelernt habe, so steigt mein Selbstwert, und ich werde mir begeistert neues Wissen aneignen.«[5]

Je nachdem, ob wir uns in einem geistigen Vergleich aufwerten oder abwerten, verändern wir unsere Gefühle und schaffen damit einen nachhaltigen Einfluss auf unsere psychische Verfassung. Wir schaffen sozusagen eine andere Realität. Im ungünstigen Falle aktivieren so unsere negativen Gefühle negative Gedanken, sie verstärken den Stress und blockieren das Lernen. In Familien mit geringem Selbstwert überwiegt die negative Selbsteinschätzung, und Lernen ist nur begrenzt möglich, da bei den Betroffenen kaum Hoffnung auf Veränderung besteht. Solche Reaktionen halten Stress aufrecht und begründen das eigene Misslingen. So reagieren manche scheinbar sehr aktiv und kompetent, und erst bei genauerem Hinschen werden das unterschwellige Chaos und die Hoffnungslosigkeit spürbar. Sie unternehmen alles Mögliche, nicht aber, weil sie glauben, etwas bewirken zu können, sondern um das eigene Gefühl des Versagens zu verdrängen.

Manche Mütter wandern von einem Arzt zum nächsten, von einem Therapeuten zum anderen, aber keiner kann helfen. Denn das, was dem Kind fehlt, ist Selbstvertrauen in sich und die Welt, und dieses fehlt auch den Eltern. Das Kind spürt: »Wenn die Eltern nicht an mich glauben, wie soll ich dann als Kind auf mich und meine Fähigkeiten Hoffnung setzen?« Ornstein sagt: »Der massivste Motor zu lernen ist der Glaube, etwas bewirken zu können.«[6]

Eine Mutter, die durch psychische Belastungen unter Stress gerät und deren Lernfähigkeiten nicht ausreichen, die bestehende Situation zu meistern, produziert so viel Adrenalin, dass auch der heranwachsende Embryo davon mit betroffen ist. Das Hormon Adrenalin setzt die uralten Stressreaktionsmuster in Kraft. Wir stellen uns darauf ein, zu fliehen oder zu kämpfen, oder anders ausgedrückt: Wir entscheiden uns, auf etwas zuzugehen oder uns zurückzuziehen. Beides ist für den Embryo nicht möglich. Einerseits kann er nicht fliehen, weil die Situation es nicht zulässt, andererseits kann er sich aber auch nicht wehren, da er gar nicht weiß, gegen was. Er ist dem Reaktionsmuster der Mutter hilflos ausgeliefert. Gelingt es der Mutter nicht, die Situation so zu bewältigen, dass der damit verbundene Stress relativ schnell abklingen kann, so wird auch der Embryo in einen negativen Lernschritt gezwungen. Da er keines der natürlichen Programme nutzen kann, laufen die aktivierten körperlichen Reaktionen ins Leere und bauen sich ständig neu auf, wenn die Mutter in ihrer Stresssituation gefangen bleibt. Das Gefühl, in einer den Körper belastenden Situation nichts bewirken zu können, bleibt als diffuse, mit negativen Gefühlen belastete Reaktion gespeichert.

Später kann schon eine geringe Adrenalinausschüttung diese erste frühe Erfahrung aktivieren, Angst und Stress verstärken sich und damit auch das Gefühl der Hilflosigkeit. Ist ein solches Lebensgefühl vorherrschend, wird Lernen zum Kraftakt und misslingt häufig. Martin Seligman bezeichnet dieses Phänomen auch als »erlernte Hilflosigkeit«. Wir finden dies in gleicher Weise bei depressiven Menschen, die glauben, keinen Ausweg aus ihrer einengenden Lebenssituation zu finden, wie bei Lerngestörten, die fest davon überzeugt sind, dumm zu sein, so dass ihnen nichts und niemand helfen könne.

Der Weg ins Licht

Das Signal zur Geburt wird vom Embryo auf hormonellem Wege an die Mutter weitergegeben und leitet die Geburt ein. Die Geburt selbst ist ein kulturell geprägter Vorgang: Gesellschaftlich geprägte Ängste und Erwartungen wirken auf die werdende Mutter ein. Angst, Unsicherheit und negative Erwartungen blockieren die Muskulatur des Uterus und führen zu schweren Verspannungen. Damit verstärken sich ihre Geburtsschmerzen und führen zu weiterer Verkrampfung. »Wenn der geistig-seelische Zustand der gebärenden Frau die Einheit der Wehentätigkeit stört, kommt es zu einem Kampf zwischen zirkulärer und längs angeordneter Muskulatur im Uterus. Die längs gerichteten erweitern den Ausgang, die Ringmuskeln hingegen verschließen den Muttermund. Dadurch kommt es auch zur zunehmend schlechteren Versorgung mit venösem Blut, der Sauerstoff wird knapp.«[7] Jetzt eintretende Veränderungen können eine Gefahr für Mutter und Kind darstellen. Mangelnde Sauerstoffversorgung kann zu Entwicklungsstörungen des Kindes führen, da Teile des Gehirns zumindest zeitweise unter Sauerstoffmangel litten.

Was oft noch wesentlich wichtiger ist, aber noch immer unterschätzt wird, ist der Umstand, dass der Geburtsvorgang ein sehr elementarer und prägender Lernvorgang ist. Eine schwere traumatische Geburt hinterlässt im Kind das unbewusste Gefühl, dass es hilflos einer fremden Umwelt ausgeliefert ist. Leben ist Kampf, Erschöpfung, Hoffnungslosigkeit. Solche Lernprozesse nimmt das Kind zwar nur als Empfindungen und emotionale Vorgänge wahr, aber sie werden zur Vorlage künftigen Lernens.

Für diese Kinder bedeutet Lernen einen wesentlich größeren Kraftaufwand als für ein über die Geburt unbelastetes Kind. Medizinisch werden Störungen im Zusammenspiel der Funktionskreise des sympathischen und parasympathischen Nervensystems, die für einen gesunden Ausgleich zwischen Aktivität und Erholung sorgen, als vegetative Dystonie bezeichnet. Gerade

Kinder mit Lernstörungen leiden unter diesem Symptom. Eigentlich kein Wunder! Da sie sich ständig angegriffen fühlen, reagiert ihr schon während der fetalen und embryonalen Entwicklungszeit überfordertes Nervensystem mit andauernder Alarmbereitschaft. Sie besitzen keinerlei angeborene oder erworbene Reaktionsmuster, um mit Stresssituationen fertig zu werden. Sehr häufig konnten die Mütter durch die Erschöpfung nach der Geburt keine entspannenden Lernerfahrungen für den Säugling entgegensetzen. So blieb das (negative) Grundprogramm erhalten und zwingt das Kind, entsprechend zu reagieren.

Beeinträchtigungen der Geburt belasten auch die emotionale Verbindung zwischen Mutter und Kind und blockieren damit letztlich zudem sein Gefühl für sich selbst. Babys, die sozusagen aus dem »Takt« gekommen sind, zeigen häufig Probleme im Entwickeln des Zeitrhythmus. Zudem wird die gefühlsmäßige Bindung zwischen Mutter und Kind unterbrochen und vom Kind sehr wohl wahrgenommen.

Die Geburt ist ein ganz natürliches Ereignis. Allerdings hat unsere Gesellschaft sie durchorganisiert und mechanisiert. Wir bekommen gesagt, was für unser Kind gut ist und was nicht. War es in den 50er-Jahren »richtig«, sein Baby nur alle vier Stunden zu füttern, so gilt heute ein viel intensiverer Kontakt als »natürlich«. Statt uns nach unserem Gefühl und unserem Empfinden für das, was in uns passiert, zu richten, lassen wir uns sagen, was wir zu fühlen und zu glauben haben. Wir gehen noch immer in die Klinik um die Ecke und begründen dies damit, dass der Service heute eigentlich überall gut sei. »Rooming-in« ist heute Standard, eine natürliche Geburt ist es nicht. Denn eine Reduzierung von Schmerzmitteln ist keine natürliche Geburt. Eine Klinik hat nur ganz selten Zeit, der Gebärenden die Zeit und den Raum zur Verfügung zu stellen, den sie wirklich braucht. Wir sollten uns Gedanken darüber machen, welche entscheidende Rolle eine geglückte Geburt für den weiteren Lebensweg des Kindes darstellt, um zu begreifen, dass unsere Überlegung, wo und wie das Kind zur Welt kommen wird, zukunftsbestimmend ist.

Selbstwert ist Lebenswert

Am Anfang einer Störung kann ein organisches Problem durchaus im Vordergrund stehen. Kommt eine Lernstörung aber zur Behandlung, haben wir sehr viel mehr gegen die negativen, sich abwertenden Selbsteinschätzungen des Kindes und die zunehmende Hoffnungslosigkeit der Eltern zu unternehmen. Heitere Gelassenheit ist eine der wichtigsten Fähigkeiten, die einen guten Lerner auszeichnet. Ein Kind mit dieser Eigenschaft weiß, das es manches schneller versteht als ein anderes Kind, es kennt seine Stärken und kann sich über diese freuen. Es ist in der Lage, Ruhepole zu nutzen, um seine Kräfte zu sammeln, und es fühlt sich getragen von der sicheren Hoffnung, dass es die für ihn wichtigen Situationen bewältigen wird.

Wir können als Eltern, Erzieher, Lehrer und Freunde einem Kind nur das vermitteln, was in uns selber lebt. Da Kinder oft ein untrügliches Gespür für die emotionale Verfassung ihrer Bezugspersonen haben, erspüren sie sehr schnell, in welcher psychischen und physischen Verfassung sich diese Personen befinden. Oder anders gesagt: Wer keine Selbstachtung sich selbst gegenüber empfindet, kann sie auch niemandem weitervermitteln. Wer Unsicherheit und Unglauben ausstrahlt, wird keinem Kinde der Welt den Mut vermitteln können, sich selbst zu vertrauen, und erst recht keinem Kind, das nicht den Vorstellungen entspricht, die Familie und Gesellschaft von ihm erwarten.

Selbstwert ist Lebenswert. Bedeutet dies doch, dass wir uns in unserer Welt sicher fühlen, unabhängig davon, ob sie es auch ist. Es ist jene Sicherheit, die uns glauben lässt, dass wir uns selbst vor Verletzungen schützen können. Bleibt diese Entwicklung aus, werden gefährliche Situationen künftig vermieden. Wir finden das sehr häufig bei Kindern mit Lernproblemen. Entweder versuchen sie die Schule zu schwänzen oder werden krank, um von der Schule wegbleiben zu können. Symptome wie Fieber, Hals-, Bauch- und Kopfschmerzen sind hier typisch. Andere suchen geradezu die Gefahr, um sich auf diesem Wege ihr ständiges Versagen zu bestätigen. Sei es, dass sie den Lehrer so extrem stören, bis sie bestraft werden, sei es, dass in der Folge davon die Mitschüler anfangen, sie zu verspotten. Endlich bestätigen ihnen alle, was sie schon immer wussten: »Ich tauge nichts.«

Die zweite Ebene des Selbstwerts ist durch Vertrauen charakterisiert. Ein Grundgefühl von Vertrauen entwickelt nur derjenige, der gelernt hat, sich immer auf seine Eltern und seine Bezugspersonen verlassen zu können, sich selbst und seinen Wahrnehmungen zu trauen und der in der Lage ist, Situationen richtig einzuschätzen. Vertauen in sich und andere ist ein wesentlicher Aspekt der Beziehungsfähigkeit. Oft haben Kinder mit Lernstörungen an diesem Punkt große Schwierigkeiten. Sie waren in der Säuglingszeit unruhig und schwierig oder haben sich anders entwickelt als die so genannten normalen Kinder. Ihre angeborenen sozialen Fähigkeiten zeigen sich nicht und erschweren der Mutter den Beziehungsaufbau zum Kind. Wird dieses Problem nicht frühzeitig erkannt und der Mutter keine sachgerechte Hilfe zuteil, sind Beziehungsprobleme vorprogrammiert. Mütter verlieren das Vertrauen in sich, wenn sie feststellen, dass ihr Kind sich anders verhält als die Kinder der Umgebung. Sie grübeln nach den Fehlern, versuchen Dinge zu ändern und entfernen sich aus Angst vor dem Versagen immer mehr von ihrem Kind. Beide erleben Kontrollverlust und Gefühle von Hoffnungslosigkeit.

Damit wird bereits der dritte Bereich des Selbstwertgefühls berührt, das Gefühl von Macht und Kontrolle. Es ist die Fähigkeit, die eigenen Gefühle, Gedanken und das eigene Verhalten zu kontrollieren. Muss der Mensch das Gefühl haben, dass das, was er tut, keine Wirkung zeigt, wird er zunehmend hilfloser und versucht oft mit Gewalt, die Kontrolle zurückzuerhalten. Misslingt dies, entstehen tiefe Gefühle von Passivität und Resignation. So verstehen wir bei Kindern mit Schulschwierigkeiten den oft abrupten Wechsel zwischen aggressiver Aufsässigkeit und resignativer Selbstaufgabe.

Der vierte Bereich trifft unser Selbstbewusstsein am zentralsten: Hier geht es um unsere Wertschätzung. Sie beinhaltet den Wunsch ernst genommen zu werden, etwas wert zu sein, wichtig, ja wertvoll zu sein. Lernstörungen bedeuten je nach Ausmaß Traumatisierung für die Kinder. Sie erleben sich als böse, schlecht, unwert, nicht würdig, geliebt zu werden, und dass ihnen auf ewig »nur die Hölle zustehe«. Ihre inneren vorherrschenden Gefühle sind Schuld, Scham, Depression und Autoaggression. Vielfach werten diese Kinder – sich selbst schützend – ihre Umwelt ebenfalls ab. Sie hegen für ihre Eltern und Betreuer Gefühle von Verachtung und Verbitterung. Diese Gefühle sind der verzweifelte Hilfeschrei einer Seele, gefangen in dem Gefühl, sich selbst immer mehr zu verlieren, ohne dass irgendjemand helfen kann.

Der letzte Bereich, der zu einem geglückten Selbstwert gehört, ist die Intimität. Sie ist die Fähigkeit zu echter Bindung, aber auch die Möglichkeit, mit sich selbst allein sein zu können, ohne sich einsam zu fühlen, sich selbst trösten und schützen zu können. Viele Kinder mit Lernstörungen sind dazu nicht in der Lage. Sie suchen zwar oft verzweifelt die Nähe von Erziehern, Eltern oder Lehrern, fühlen sich aber in deren Nähe nicht wirklich wohl. Sie sind unfähig, die Bindung zuzulassen und sich zu entspannen. Oft erleben wir sie in der Nähe von Menschen zwiespältig und wie getrieben von innerer Unruhe. Sie suchen Nähe und verschließen sich ihr gleichzeitig. So vermeiden sie immer mehr Kontakte und reduzieren sie auf einen Austausch von Banalitäten. Echte Nähe wird nicht möglich. Gleichzeitig wird oft in bedrückender Weise die innere Leere und Angst dieser Kinder spürbar.

Eine große Bandbreite und Vielfalt menschlicher Reaktionen ist durch diese Kategorisierung erfasst.[8] Sie sind ein Hilfsmittel, dem Selbst- und Weltverständnis der von Lernstörungen betroffenen Kinder – seien diese nur vorübergehend oder eher langfristig zu werten – näher zu kommen und geeignete therapeutische Maßnahmen zu entwickeln. Wer nur die Lernstörung zu beheben versucht, ohne den grundlegend betroffenen Selbstwert in die Therapie mit einzubeziehen, wird letztendlich scheitern. Lernen ist kein Teilaspekt der menschlichen Fähigkeiten, sondern wesentlicher Lebensinhalt. Lernen können bedeutet, die Freiheit zu besitzen, über sein Leben selbst zu entscheiden, das Gefühl zu haben, Höhen und Tiefen seines Lebens aktiv mitzubestimmen. Verantwortlichkeit soll jeder für sich entwickeln und damit auch das Gefühl von Verantwortlichkeit für seine Welt und aller darin wichtigen Personen. Lernfähigkeit erlaubt mir, bedeutsam für mein Leben zu sein.

Wenig Liebe, wenig Intelligenz

Unser Gehirn, das in seinem Aussehen einer zu groß geratenen Walnuss ähnelt, hat das Rad erfunden, Kriege entfesselt, den Weltraum erobert und wehrt sich gleichzeitig, seine größten Geheimnisse preiszugeben. Immer mehr wird das Gehirn zum Ziel großer Forschungsprojekte. Wir wollen wissen, wie diese Masse aus Fett, Eiweiß, Wasser und Kohlehydraten denkt und fühlt, unseren Körper steuert und unsere einzigartige Identität bestimmt, aber auch, was sie dazu bringt, trotz aller Kompetenz immer wieder zu versagen.

Ob wir uns bewegen, lernen, einem Menschen verliebt in die Augen schauen oder uns ärgern – in jedem Fall ist dazu eine gewaltige und fast unvorstellbare Leistung unseres Gehirns nötig. Es besteht aus über 100 Milliarden Nervenzellen, so genannten Neuronen, und in jedem einzelnen menschlichen Gehirn ist die Zahl möglicher Verbindungen zwischen diesen Zellen größer als die Zahl aller Atome im Universum.[9] Wissenschaftler vermuten, dass die vorhandenen Leitungsbahnen mehr als eine Million Kilometer umfassen. Jedes Neuron kann mehrere tausend Kontakte zu anderen haben. Welche Neuronen sich miteinander verbinden, bestimmen die Synapsen, das heißt die Kontaktstellen, mit denen die Neuronen mit anderen verbunden sind. Über chemische Botenstoffe in den Synapsen werden Signalleitungen freigegeben oder blockiert. In Sekundenbruchteilen werden eintreffende Wahrnehmungen verarbeitet, zu sinnvollen Einheiten geknüpft, Unnötiges ausgeblendet und in geordnete motorische Reaktionen, sei es in Wort oder Bewegung, übersetzt. Dieser Prozess findet tagtäglich mehrere tausend Mal statt und wird nur in den seltensten Fällen bewusst wahrgenommen. Wir verschwenden keinen Gedanken an unseren so komplexen »Gefährten« im Kopf, außer, ein massiver Ausfall wird sichtbar. Sei es, dass wir uns bestimmte Dinge nicht merken können, dass Kinder trotz aller Hilfe nicht lernen oder dass uns im Alter bewusst wird, wie viele Bewegungen ungeschickter und schwerfälliger werden.

Trotzdem wäre es zu einfach und an den Fakten vorbeidefiniert, das Denken allein auf die Verknüpfung von Nervenzellen zu reduzieren. Denn das, was im Gehirn passiert, ist alles andere als ein simples Abrufen von in bestimmten Zellgruppen gespeicherten Informationen. Schon die einfachsten Tätigkeiten, zum Beispiel das Heben einer Kaffeetasse, bedürfen unüberschaubarer Sequenzen von gedanklichen Verknüpfungen und Assoziationen. Es muss die Hand in Richtung Tasse bewegt werden. Die Finger müssen sich so um die Tasse schließen, dass diese, wird sie angehoben, im Gleichgewicht bleibt. Hand- und Armmotorik müssen in der richtigen Intensität erfolgen, dies bedeutet, mit so viel Kraft wie nötig und gleichzeitig so kraftsparend wie möglich, um möglichst wenig Körperenergie zu verbrauchen, da diese für andere Tätigkeiten oder Krisenfälle über Reserven verfügen muss. Mund- und Armmotorik müssen exakt aufeinander abgestimmt sein, um den Kaffee nicht zu verschütten oder von der Lippe rinnen zu lassen. Der Mund muss im richtigen Moment geschlossen und der Schluckreflex aktiviert werden.

Wir sehen, dass für diesen so einfachen Vorgang eine Menge von Signalen nötig ist, die in Bruchteilen von Sekunden zu einheitlichen geistigen Eindrücken und Handlungsbefehlen verschmelzen. Viele dieser so komplexen Aktivitäten werden uns nicht nur nicht bewusst, sondern unser Gehirn ist auch in der Lage, gleichzeitig viele solcher komplexer Handlungen zu leisten. Wir alle wissen, dass wir beim Zeitunglesen nebenher auch Kaffee trinken, uns gedanklich mit geschäftlichen Besprechungen befassen und gleichzeitig noch Antwort auf eine einfache Frage geben können.

Wie leistet das Gehirn nun derart komplexe und zugleich so unterschiedliche Bereiche betreffende Vernetzungen? Der Hirnforscher Christoph von der Malsburg, Professor am Institut für Neuroinformatik der Universität Bochum, glaubt die Antwort gefunden zu haben: Zusammengehörendes wie etwa Farbe und Form eines Gegenstandes oder die zu einer Bewegung gehörende Motorik könnten seiner Meinung nach im Hirn dadurch zusammengebracht werden, dass Neuronen, die das Zusammengehörende repräsentieren, in schnellen Schwingungen synchron feuern.[10] So werden vom Gehirn die unzähligen Entladungen nach synchronen Mustern sortiert und in Bruchteilen von Sekunden zu völlig unterschiedlichen Handlungs-, Denk- und Bewegungsmustern verknüpft und ausgeführt.

Trotzdem bereitet eine aus der ontogenetischen Frühgeschichte des Menschen stammende Reaktionsweise dem Gehirn noch heute enorm viele Schwierigkeiten. Die Rede ist erneut vom Stress, dem Modewort der Psychoszene der letzten 20 Jahre und diesem von den Medizinern mit immer besseren Medikamenten unter Kontrolle gebrachten körperlichen Phänomen. Alle Menschen kennen Stress, vor allem in seinen negativen Ausprägungen. Wir werden nervös und unsicher, vergessen wichtige Dinge oder machen schwerwiegende Fehler, unsere Wahrnehmung verändert sich, und wir laufen Gefahr, einen Unfall zu erleiden. Auf der körperlichen Ebene wird Stress in nervöser Erschöpfung sichtbar, in innerer Unruhe, Schlafstörungen, Magenbeschwerden, Herz- und Kreislaufproblemen, Essstörungen und motorischen Ausfällen, Hormonstörungen, Gedächtnisproblemen, in Immunschwäche und Bronchialasthma. Besonders gravierend ist die Tatsache, dass lang andauernder Stress zu enormen Selbstwerteinbußen der betroffenen Person führt, ihre Einschätzung, Dinge bewältigen zu können, wird von Angst und Versagensgefühlen geprägt, sie traut sich immer weniger zu. Als Folge davon kann der Stress lebensbedrohliche Ausmaße annehmen.

Stress ist aber keineswegs in jedem Falle schädlich. Es gibt auch positiven Stress. Wenn es »gut läuft«, ist er der Motivationskick, die freudige Erregung, die uns vorwärts treibt, oder auch der Signalgeber, der uns warnt, eine Sache durchzuführen, weil die optimalen Bedingungen in uns derzeit nicht gegeben sind.

Stress hat also in erster Linie etwas mit der Anpassung von Lebewesen an ihre jeweilige Umgebung zu tun. Dies ist primär sinnvoll, da das Sich-einstellen-Können auf neue Umweltgegebenheiten für die Weiterentwicklung der menschlichen Persönlichkeit unabdingbar ist. Erst wenn die Anpassungsleistungen des Menschen durch Gefühle wie Angst, Versagensangst und fehlende Selbstachtung blockiert oder gar unmöglich gemacht werden, entsteht Stress in seiner negativen Form.

Beziehung beginnt im Mutterleib

Bevor die werdende Mutter sich selbst ganz sicher ist, ein Kind zu bekommen, haben zwischen ihr und dem Fetus oft schon erste Kontakte begonnen. Bereits in der sechsten bis siebten Schwangerschaftswoche entwickelt sich beim Fetus die schon erwähnte Großhirnrinde, der so genannte Kortex. In der achten Schwangerschaftswoche beginnt sich dieser bereits zu differenzieren und in die beiden Hirnhemisphären zu trennen. Außenreize und psychische Befindlichkeit der Mutter teilen sich dem Fetus über den mütterlichen Blutkreislauf mit. Hormone und Stressbotenstoffe können, wenn sie eine bestimmte Intensität aufweisen, die Plazentaschranke durchbrechen und so in die fetalen Zellstrukturen eindringen und entsprechende Reaktionen hervorrufen. Im dritten bis vierten Schwangerschaftsmonat entwickelt sich die Psychomotorik, und die Differenzierung der Augennerven beginnt. Das sich entwickelnde Kind ist immer mehr in der Lage, über die Mutter seine Umwelt »wahrzunehmen« und darauf zu reagieren. Die Mutter ersetzt dem Kind Augen und komplexe geistige Verarbeitungen. Dies bedeutet, dass analog dazu, wie die Mutter während der Schwangerschaft auf Belastungen körperlicher und emotionaler Art reagiert, auch der Fetus, angebunden an den Reaktionskreislauf der Mutter, ähnliche Reaktionsbereitschaften ausbildet.

Eine Mutter, die während der Schwangerschaft zum Beispiel aufgrund partnerschaftlicher Probleme in Stress gerät und dieses Problem nicht lösen kann, gibt über die stressbedingte hohe Adrenalinausschüttung diese Stressinformation an den Fetus weiter. Er ist gezwungen, auszuharren und die belastenden Reize so weit als möglich zu verarbeiten. Dazu benötigt er aber entsprechende Gegensignale der Mutter. Stress an sich ist also nicht der eigentliche Störfaktor in der Entwicklung des Fetus, sondern bedeutet hier eher eine eingeschränkte Handlungsfähigkeit der Mutter. Eine Mutter, die darauf hofft, dass sich berufliche, familiäre oder eigene Probleme während der Schwangerschaft durch Warten klären, tut ihrem Kind nichts Gutes. Wer passiv abwartet, entscheidet sich nicht aktiv, und wer sich nicht bewusst entscheidet, kann auch nichts verändern. Somit ist eine anhaltende Stresssituation vorgegeben und geht auch auf den Embryo über.

Viele Mütter glauben, an einer belastenden Situation nichts zu verändern würde dem Kind weniger schaden als eine emotional belastende Veränderung der Umstände. Dabei wird übersehen, dass eine fehlende Entscheidung für eine Veränderung der Situation auch ihr Selbstwertgefühl angreift. Eine solche Mutter fühlt sich vergleichsweise schwach, ihre Angst steigt weiter an und damit auch der Stressfaktor. Der kleine Fetus wird auch mit diesen psychischen Belastungen konfrontiert und erhält keine Lösungen von Seiten der Mutter in Form eines Abbaus der erregenden Botenstoffe. Er beginnt sich selbst zu schützen, indem er versucht, sich diesem belastenden Umfeld anzupassen. Da dem Fetus die

Unterscheidungsfähigkeiten und Wahrnehmungsqualitäten der Mutter fehlen, greifen diese Störfaktoren immer in seine gesamte Entwicklung ein, vor allem in die Bereiche der Psychomotorik, des lymbischen Systems als dem Sitz existenzieller Gefühle wie Angst, Wut, Verzweiflung und Freude sowie in die Entwicklung der Wahrnehmung. Bei extremer Stressbelastung kann sich eine Organstörung einstellen. Auch ein Embryo kann ein Magengeschwür entwickeln!

Vielleicht wirken diese Informationen auf den ersten Blick sehr erschreckend. Bis zu einem gewissen Punkt kann aber Entwarnung gegeben werden, da ein sich entwickelnder Fetus von seiner Mutter nicht verlangt, dass das Leben in Frieden und Entspannung verlaufen muss. Im Gegenteil, er ist sehr robust und durchaus in der Lage, selbst unter schwierigen Bedingungen seine Entwicklung ohne Probleme zu leisten. Was ihn aber tatsächlich belastet und auch im späteren Leben einschränkt, ist der Umstand, wenn für belastende Situationen keine Lösung gefunden wird. Das bedeutet, wenn die Mutter Schwierigkeiten hat, dem Fetus auf physiologischer Ebene mitzuteilen, ich werde die Situation bewältigen, ich werde mich trotz aller negativer Gefühle aus dieser Lage befreien. Eine solch positive Haltung der Mutter hilft dem Fetus enorm bei seiner Entwicklung. Positive Handlungsgrundmuster können so schon im Mutterleib gelernt werden und als kortikale Grundmuster schon bei der Geburt wirksam sein. Auch der Gehirnforscher John Eccles geht davon aus, dass bereits im Mutterleib erste große Verknüpfungen stattfinden, in denen erste Erfahrungen verarbeitet und gespeichert werden.[11]

Für das sich im Mutterleib entwickelnde Kind ist es also nicht so sehr von Bedeutung, was die Mutter erlebt, sondern *wie* sie es wahrnimmt und emotional interpretiert, welche Handlungsmuster sie entwickelt und welche Stabilität ihr Selbstwertgefühl hat.

Hirn ist nicht gleich Hirn

Obwohl wir alle unserem genetischen Plan entsprechend die gleichen Entwicklungsschritte durchlaufen, unterscheiden wir uns bereits kurz nach der Geburt grundlegend in unseren Reaktionen und Lernleistungen. In jedem Menschen gehen mütterliche und väterliche Gene eine individuelle Mischung ein, die während der Schwangerschaft durch den realen Stoffwechsel zwischen Mutter und Embryo und die psychische Verfassung der Mutter nochmals eine ganz individuelle Prägung erfahren.

Die sich entwickelnden Gehirnteile des Embryos werden durch die eintreffenden Informationen aus dem Stoffwechselkreislauf in ihrer Entwicklung mit geprägt. So ist gerade das zu den entwicklungsgeschichtlich älteren Hirnteilen gehörende *limbische System* neben der Steuerung wichtiger physiologischer Funktionen auch zuständig für die Speicherung von emotional gefärbten Lebenserfahrungen. Es nimmt massiv Einfluss auf unsere Entscheidungen und Lernleistungen. Im limbischen System werden so wichtige Körperfunktionen wie Pulsfrequenz, Blutdruck, Blutzuckerspiegel und Körpertemperatur gesteuert.

Ein wichtiger Teilbereich des limbischen Systems, der etwa erbsengroße *Hypothalamus,* steuert die wichtigen Funktionen von Essen, Schlafen, Wachen, viele physiologische Funktionen und das Gleichgewicht von Hormonen und Gefühlen wie Angst und Furcht. Zudem steuert der Hypothalamus die wichtigste Drüse des Gehirns, die Hypophyse, und damit die gesamten hormonellen Funktionskreisläufe.

Der *Thalamus,* ein eher im Vorderhirn gelegener Teil des limbischen Systems, ist an der Entstehung von Bewusstseinsprozessen beteiligt. Er übernimmt eintreffende Informationen aus den Wahrnehmungsbereichen oder dem Kortex und leitet diese an das limbische System weiter. Physiologische Reaktionen und emotionale Befindlichkeiten werden mit vorhandenen Handlungsmustern verglichen und als Information über den Thalamus an den Kortex weitergeleitet oder über die zu beiden Seiten des limbischen Systems liegenden Basalganglien, also Nervenknoten, in Bewegungsmuster umgeformt. Das limbische System selbst greift über physiologische Steuermechanismen in den Stoffwechselhaushalt ein, stellt weitere Energien zur Verfügung oder beginnt bestimmte körperliche Reaktionsmuster zu hemmen.

Die *Großhirnrinde* beziehungsweise der *Kortex* ist das ausführende Organ. Sie ist zuständig für die Entscheidung und Beurteilung all der Informationen, die aus dem Körper oder der Außenwelt eintreffen. Sie analysiert neue Informationen, vergleicht sie mit den gespeicherten alten Mustern, Handlungen und Erfahrungen. Dann trifft der Kortex seine Entscheidung und aktiviert die entsprechenden Hirnbereiche und Körperfunktionen, die die Anweisungen in Sprache und/oder Bewegung übersetzen.

So übernehmen die *motorischen Rindenfelder* die Steuerung und Koordinierung der gesamten Bewegung. Dazu gehören auch die Bewegungen der Muskeln, die wir für die Sprache benötigen. Störungen im motorischen Rindenbereich greifen nicht nur in die Bewegung, sondern auch in den Spracherwerb ein. Ausfälle in der *somatosensorischen Rindenregion* führen zu Störungen, die das Lernen in der Schule stark beeinträchtigen, betroffen sind konkret das Rechnen und die Rechtschreibung. Die *sensumotorische Rindenregion* liegt in unmittelbarer Nachbarschaft des motorischen Kortex und steuert das Körperbewusstsein sowie Raum- und Lagewahrnehmung in Verbindung mit visuellen, auditiven (akustischen) und taktilen (den Tastsinn betreffenden) Rückmeldungen. Diese Prozesse haben großen Einfluss auf die geistige und sprachliche Entwicklung. Fehlerfreie sensumotorische Integration ist Grundlage für alle Lernprozesse mit geistigen Funktionen. Die hinteren Abschnitte der Hirnrinde bezeichnet man als die *Hinterhauptslappen.* Sie sind Zentrum der visuellen Eindrücke. Da die Sehbahnen durch den ganzen Kopf ziehen, besteht bei Schädelverletzungen immer die Gefahr, dass Wahrnehmungsprozesse mit betroffen sind. Im vorderen Bereich des Kopfes befinden sich die Schläfenlappen, die die auditiven Wahrnehmungen steuern.

Der Kortex ist in zwei Hirnhälften, die so genannten *Hemisphären,* unterteilt. Beide stehen in sehr enger Verbindung über den *Balken.* Kommt es zu einer Verletzung des Balkens, so werden wichtige Funktionen der Reizverarbeitung unterbrochen. Es kommt zu Störungen in den Bereichen des Lesens, Schreibens und Rechnens. Lernangebote, die beide Hirnhälften in ihren unterschiedlichen Aktivitäten ansprechen, führen zu größeren Erfolgen, da die Zwischenverbindungen im Gehirn erweitert werden und somit die Speicherkapazität zunimmt.

Bei Untersuchungen von Säuglingen mit frühen Hirntumoren zeigte sich, dass trotz der Entfernung eines Hirnlappens der verbleibende Rest in der Lage war, alle notwendigen Funktionen zu übernehmen, und zwar ohne Einbuße an Fähigkeiten und Fertigkeiten. Hat das Hirn aber die Möglichkeit, beide Hemisphären zu nutzen, so bildet sich bei über 95 Prozent der Menschen die linke Hemisphäre stärker aus als die rechte, da sie neben ihrer Zuständigkeit für gesprochene und geschriebene Sprache auch zuständig für logische Prozesse und serielle Verarbeitungsbereiche ist.

Die rechte Hemisphäre ist vor allem verantwortlich für räumliche Fähigkeiten und gestalthaftes Denken. In ihr laufen die Prozesse eher global und ganzheitlich ab, diese unterliegen im Vergleich zur linken Hemisphäre weniger der Bewertung.

Wir wissen heute, dass sich bereits im Mutterleib wichtige synaptische Verbindungen im Kortexbereich und im limbischen System und seinen benachbarten Bereichen aufbauen. So kommt ein Säugling schon mit einem genetischen und pränatal erworbenen Reaktionsmuster zur Welt. Dieses Muster erweitert und modifiziert sich intensiv in den ersten Lebensjahren in der Auseinandersetzung des Säuglings und Kleinkindes mit seiner Umwelt. Was wir als Säugling sehen, fühlen, schmecken, riechen und erspüren, schreibt eine leuchtende Signalspur aus neuronaler Erregung in unserem Gehirn nieder und wird durch komplizierte Speicherprozesse zur festen Verknüpfung und verfestigten Erfahrung in unserem Gedächtnis.

Sogar unser Körperausdruck wird über die niedergeschriebenen Reaktionsmuster beeinflusst. So wie unser Gehirn Erfahrungen speichert, so verfügen auch Körperzellen, insbesondere die Muskelzellen, über Gedächtnisstrukturen in Form von Eiweißbindungen. Dies bedeutet, dass unsere positiven oder negativen Lebenserfahrungen über ihren Niederschlag im muskulären Zellenbereich auf Körperstruktur und Mimik stark einwirken. Betrachten Sie einmal Säuglingsfotos. Sie werden feststellen, dass fast alle Säuglinge über nach oben gerichtete Mundwinkel verfügen. Schauen wir uns dagegen Kinder, Jugendliche oder Erwachsene im Vergleich an, so können wir beobachten, dass sich ihre Mimik mit ihren Lebenserfahrungen verändert. So wandern schon bei Kindern und Jugendlichen, die schwere Schul- und Lernprobleme haben, die Mundwinkel nach unten. Sie teilen ihre depressiven und verletzten Gefühle über ihre Mimik der Umwelt mit und erreichen damit nicht selten noch weitere Ablehnung.

Traurige, ängstliche Gesichter verunsichern uns, sie lösen in uns Schuldgefühle aus, und wir spüren unsere Hilflosigkeit diesen Menschen gegenüber. Darum nötigen wir sie, uns zu entlasten, indem wir sie zwingen, ein fröhliches Gesicht zu machen. »Ich kann dich nur annehmen, wenn du fröhlich bist.« Damit wird eine existenziell bedrohliche Ablehnung erlebt. Ich bin nicht liebenswert, so wie ich bin, ich werde nicht angenommen und geachtet. Auf diese Weise erhält sich die emotionale Missbrauchssituation gefühlsmäßig am Leben und gefährdet die weitere Entwicklung des Betroffenen. Er macht eine für sein Leben sehr bedrohliche Lernerfahrung: »So wie ich bin, bin ich nicht akzeptabel, darum steht es der Umwelt zu, mir zu sagen, wie ich sein muss.« Eine gesunde Ichentwicklung wird so blockiert, und das Selbstwertgefühl bleibt oft lebenslang instabil und leicht erschütterbar.

Wie wir werden, was wir sind

Wie beginnen wir nun, durch Speicherprozesse unsere Gehirnstruktur zu verändern und individuell zu gestalten?

Wir alle werden mit den exakt gleichen Hirnstrukturen geboren, trotzdem unterscheiden wir uns bereits bei der Geburt. Große Neuronenkerne, deren Anzahl genetisch festgelegt ist, steuern unsere ersten Verknüpfungen und bauen die ersten Gedächtnisspuren in unserem Gehirn auf. Was wir während der Schwangerschaft erleben, wirkt sich wie schon angedeutet direkt auf den Aufbau der ersten Gedächtnisspeicher aus. Wir unterscheiden uns also schon im Augenblick der Geburt durch unsere unterschiedlichen Erinnerungen, die unsere ersten sozialen Reaktionen und Handlungsmuster massiv beeinflussen können.

Der Säugling wird mit einem angeborenen Repertoire an sozialen Verhaltensweisen geboren, die er gezielt einsetzen kann, um von seiner Umwelt das Maß an Zuwendung einzufordern, das er braucht, um sich physisch und psychisch weiterzuentwickeln. Er dreht der Betreuungsperson automatisch den Kopf zu, er kuschelt sich an und beginnt sehr früh zu lächeln – das stärkste Motivationsmoment, um soziale Zuwendung zu erhalten. Wir alle wissen, dass wir mit einem Lächeln auf den Lippen vieles erreichen können. Menschen reagieren zugewandter, aufgeschlossener, zudem bewirkt das Lächeln eine Stimulation der Hormone und steuert im Körper Glücksgefühle, die das Lernen enorm erleichtern. Wenn wir in entspannter Lage lernen, sind unsere Aussichten, gute und dauerhafte Gedächtnisinhalte auszubilden, wesentlich höher als in Stresssituationen.

Gerade für einen Säugling ist also eine entspannte Lernsituation lebenswichtig. Da er seine Hilflosigkeit und Abhängigkeit von den ihn betreuenden Personen sehr wohl spürt, versucht er durch positive soziale Signale die Mutter zu emotional zugewandtem Verhalten zu animieren. So sorgt der Säugling durch seine angeborenen sozialen Verhaltensweisen selbst dafür, sich ein positives Lernumfeld zu schaffen.

Eine Mutter, die ihr erstes Kind in den Armen hält, weiß, wie groß ihre Freude ist, aber auch, wie gewaltig noch die Unsicherheiten im Umgang mit diesem kleinen Wesen sind, das so gravierend von der elterlichen Betreuung und Fürsorge abhängig ist. Wie entlastend erleben wir da das erste Lächeln unseres Kindes, sein vertrauendes Anschmiegen an uns. In diesen ersten Kontakten bauen sich Ängste und Unsicherheiten bei der Mutter ab. Ihre zunehmende Sicherheit liefert dem Säugling umgekehrt das ruhige und entspannte Umfeld, das er für seine so wichtigen ersten Lebenserfahrungen benötigt. Die bereits bei der Geburt vorhandenen Grundneuronen und Verknüpfungen beginnen sich jetzt explosionsartig zu erweitern. Hierfür sind die langen Schlafphasen in der Säuglingszeit notwendig, um den neu entstandenen Strukturen Zeit zur Verfestigung zu geben. Jede Wahrnehmung findet ihren direkten Niederschlag im Gehirn.

Zwei wesentliche Erfahrungsbereiche nehmen in dieser Zeit maßgeblichen Einfluss auf die hirnphysiologische Entwicklung. Dazu gehören zum einen die Teile der sensorischen Wahrnehmung mit den Schwerpunkten im visuellen und taktilen Bereich, zum anderen die motorische Entwicklung. Bereits in der 16. Schwangerschaftswoche setzt die Psychomotorik des Fetus ein. Seine Bewegungen im Mutterleib unterstützen die gesamte Entwicklung. In der 36. Schwangerschaftswoche sind REM- und Nicht-REM-Phasen beim Embryo zu beobachten. REM-Phasen (REM für *r*apid *e*ye *m*ovements) sind Zeiten schneller Augenbewegungen im Schlaf und zeigen Phasen geistiger Verarbeitung an. In diesen Traumphasen beginnt der Embryo und nach der Geburt der Säugling seine gesamten Erfahrungen im kognitiven und emotionalen Bereich zu verarbeiten und in stabile Speicherprozesse zu überführen.

Die geistige und emotionale Entwicklung des Menschen hängt von seinen Wahrnehmungsfähigkeiten ab. Ein besonderer Schwerpunkt liegt dabei im visuellen Bereich. Aus diesem Grunde nehmen in den ersten Monaten nach der Geburt die Synapsen im visuellen Kortex immens zu, um den vielfältigen visuellen Anregungen genügend Speicherraum zu geben. Erst später bauen sich die überflüssigen Synapsen im visuellen Kortex wieder ab. Dies geschieht vor allem in den ersten Schuljahren.[12]

Um seine Wahrnehmungsfähigkeiten zu entwickeln, benötigt der Säugling eine ihm zugewandte Umwelt. Ein Kind kann nur aus der Bedeutung, die es für seine engsten Bezugspersonen hat, die Grundlagen für ein stabiles Ich schaffen und seine Umwelt als bedeutsam wahrnehmen. In der emotionalen Zuwendung erlebt das Kind Urvertrauen und Geborgenheit.

Entwicklungsdynamik und Lerntyp

Aus dem Empfinden heraus, wichtig und wertvoll zu sein, entwickelt das Kind die inneren Voraussetzungen für seine großen Entwicklungsschritte im ersten Lebensjahr. Der Säugling ist ganz auf Lernen eingestellt. Alles an ihm selbst und in der Umwelt ist wichtig und interessant für ihn, unabhängig davon, ob es seine Hände sind, denen er in stundenlanger Hingabe mit den Augen folgen kann, oder ob ein kleines Spielzeug befühlt, untersucht und in den Mund genommen wird. Im Tun erlebt das Kind sich selbst mit seinem Körper, seinen Bedürfnissen. Es erfährt seine Umwelt und in der Auseinandersetzung mit dieser seine Grenzen und auch die Aufforderung, diese zu überwinden.

Im Augenblick sprechen wir hier von natürlichen Entwicklungsgrenzen, die sich aus der körperlichen und geistigen Reife des Kindes ergeben. Der Umgang mit diesen frühen Entwicklungsaufgaben wird jedoch häufig zum Grundlagenprogramm für späteres Lernen. Wesentlich ist, wieweit es dem Säugling gelingt, die Unsicherheiten, Ängste und Geborgenheitsverluste, die mit einem neuen Entwicklungsschritt einhergehen, auszuhalten, beziehungsweise wie viel Unterstützung in Form intensiver Zuwendung er von seinen Eltern erhält. Vielen Eltern ist nicht bewusst, dass die Phasen von Unruhe, Quengelei und Unsicherheit bei Kleinkindern oft bedingt sind durch den Beginn eines neuen Entwicklungsschrittes.

Das holländische Psychologenpaar Dr. Hetty van de Rijt und Prof. Frans Ploaij haben in langjährigen Beobachtungen acht solcher großer Entwicklungssprünge im ersten Lebensjahr festgestellt.[13]

Der erste Sprung findet um die fünfte Woche herum statt. Alle Sinne des Babys fangen an, sich zu aktivieren. Es beginnt die ersten Tränen zu vergießen, sein Lächeln wird häufiger, um zu zeigen, was ihm gefällt, und um Zuwendung zu erhalten. Babys beobachten und lauschen jetzt viel intensiver und reagieren deutlicher auf Gerüche und Berührungen als vorher. Sie wenden sich den Personen zu, die sie berühren. Erste »Kommentare« werden abgegeben. Die Welt ist für das Baby viel »interessanter« geworden.

Um die achte Woche beginnen sich die Sinnesleistungen wesentlich zu verbessern. Die Umgebung wird klarer wahrgenommen, Details werden entdeckt. Dies macht den Babys zunächst Angst, sie brauchen den intensiven Körperkontakt mit der Mutter oder einer anderen Betreuungsperson.

Mit der zwölften Woche werden die Bewegungen des Säuglings fließender und kontrollierter. Mutter und Kind treten in die so genannte symbiotische Phase ein. Das Kind erkennt die Mutter als getrenntes Teilobjekt von sich selbst an und tritt mit ihr in eine ganz spezifische Kommunikation. Die Mutter wird als Objekt der Bedürfnisbefriedigung identifiziert und immer weniger austauschbar. Durch die Mutter lernt das Kind nun nicht mehr über Reiz und Reaktionsschemata wie in den ersten Wochen, sondern es baut aus dem Kontakt mit der Mutter Erinnerungsspuren auf, die es ihm im günstigen Fall ermöglichen, seine Bedürfnisbefriedigung abzuwarten und ihr vertrauensvoll entgegenzusehen. Aus diesem Abwarten- und Darauf-vertrauen-Können, dass ich genügend Nahrung, Zuwendung, Wärme und Körperkontakt erhalte, wenn ich sie brauche, entwickeln sich die ersten Anfänge eines »Ich«. Dieses Ich wird getragen von den Erinnerungsspuren an eine lustvolle Befriedigung der Bedürfnisse durch die Mutter. Der Kern von Hoffnung und Geborgenheit findet hier seinen Ursprung. Aus diesen Erinnerungen speist zum Teil auch noch der Erwachsene seine positiven oder negativen Lebenserwartungen.

Um die 19. Woche kann das Baby alles richtig greifen. Es dreht und wendet Dinge, verfolgt die Bewegung von Gegenständen mit den Augen und bildet erste Wahrnehmungs- und Erinnerungsbilder für Gegenstände aus. Das Kind will nicht mehr irgendein Tier, es will ein bestimmtes. Die Mutter wird immer mehr zum »verlängerten Arm« des Babys, und von ihrer Zuwendung und ihrer Sicherheit in der Betreuung hängt seine Lernentwicklung ab.

Um die 26. Woche beginnt das Baby Zusammenhänge zu begreifen. Es erkennt die Mutter jetzt als unverwechselbare und nicht austauschbare Bezugsperson an. Die symbiotische Phase erreicht ihren Höhepunkt. Das Lächeln des Kindes verändert sich, wenn es die Mutter ansieht, und unterscheidet sich von dem, mit dem es auf andere Menschen reagiert. Das Kind erkennt, dass Dinge nah und fern sein können und dass es mit seinen Lauten und Reaktionen Einfluss nehmen kann. Eine Mutter, die ihrem Kind nicht nur Anregung gibt, sondern vor allem Sicherheit in ihrer Präsenz vermittelt, hilft ihrem Kind beim Ausbau positiver Erinnerungsspuren und schafft durch die offene und freudige Lebenssituation viele Anregungen und damit geistige Verbindungen im Gehirn.

Etwa in der 37. Woche beginnt das Gehirn die vielfältigen Erfahrungen und Erinnerungen zu systematisieren. Das Gehirn bildet die ersten Ordnungsschemata aus, nach denen auch die Erwachsenen denken. Dinge und Erlebnisse werden in Kategorien geordnet. So ist ein Hund immer ein »Wauwau«, egal, ob groß oder klein, weiß, braun, schwarz, aus Stoff oder lebend. Mit zunehmender Erfahrung werden diese Kategorien auch mit emotionalen Erfahrungsmustern belegt. So kann es sein, dass aus einem negativen Erlebnis heraus der »Wauwau« zum »bösen Wauwau« wird. Von diesen emotionalen »Begleitschienen« hängt es häufig ab, wie und ob wir uns mit bestimmten Dingen unseres Lebens auseinander setzen oder ihnen aus dem Wege gehen. Aus solchen emotionalen Negativmustern können enorme Lernblockaden werden, deren Ursachen oft nur schwer nachzuvollziehen sind.

In der 46. Woche ungefähr erkennt das Baby, dass man Dinge in einer bestimmten Reihenfolge tun muss. Zum Beispiel gehört das Essen zuerst auf den Löffel und dann in den Mund. Das Kind muss dazu gewaltige Lernleistungen vollbringen. Es muss jeden Gegenstand in seiner Bedeutung und Funktion erkennen und gleichzeitig die richtige Kombination und Reihenfolge von Tätigkeiten parat haben. Nicht zu vergessen ist auch die große motorische und visuelle Leistung bei dieser »kleinen« Aufgabe: das Essen auf den Löffel und dann in den Mund zu schieben. In dieser Zeit ist ein Satz fast lebenswichtig für den Säugling, auch wenn er für die Mutter zur Zerreißprobe ihrer Nerven werden kann: »Allein machen.« Ein Kind, das die Bedeutung dieses Satzes leben durfte, wird nie große Lernprobleme entwickeln. Allein machen heißt auch die Ich-Funktionen zu stärken, eigene Sicherheit und Geborgenheit zu entwickeln. »Ich kann mir selber helfen, und die Mutter traut es mir zu, sie vertraut mir.« Wenn wir uns daran erinnern, wie wichtig es für uns als Erwachsene noch ist, dass uns andere vertrauen und an uns und unsere Fähigkeiten glauben, dann entwickeln wir eine Ahnung davon, wie wichtig dieses Zutrauen für das Kleinkind ist. Wenn mir die Mutter nicht zutraut, dass ich lernen kann, verliert mein Ich seine Sicherheit, seine Hoffnung. Ich gebe dann auf und ziehe mich zurück.

Gelingt diese Phase aber, so zeigt sich um die 55. Woche ein neuer Schritt: Das Baby entwickelt eigene Programme und zeigt zunehmend klarer und sicherer, was es möchte. Im Spiel begnügt sich das Kind nicht mehr mit dem Anschauen und Betrachten, sondern es benötigt die Spielsachen, um Lebenserfahrungen nachzuspielen und auf diese Weise die Lernprogramme zu festigen. Puppen werden gefüttert und ausgezogen. Es kann seine Schuhe bringen, wenn es nach draußen möchte. Aber auch die Grenzen dessen, was es kann und was nicht, werden von ihm deutlicher erlebt. Nun braucht das Kind besonders liebevolle Zuwendung, um mit dem Bedürfnis nach Expansion und dem Erleben von Grenzen zurechtzukommen.

Die wichtigste Leistung des Lernens ist neben der Bereitschaft, sich Neuem zuzuwenden, auch die Fähigkeit, die neuen Erkenntnisse in das Langzeitgedächtnis zu überführen. Nur dann ist es möglich, die neue Erfahrung in das Netz der bereits geknüpften Verbindungen einzubinden und die eigene Handlungskompetenz zu erweitern. Viele Eltern stellen nun aber bedauernd fest, dass ihre Kinder gerade im Schulalter scheinbar zu versagen beginnen.

Hier wollen wir uns erst einmal mit den eher physiologisch bedingten Bereichen befassen, nämlich den Lerntypen.

Wir alle entwickeln im Laufe unseres Lebens unsere ganz persönliche Lernstrategie, zum einen bedingt durch unser genetisches Grundkonzept, zum anderen durch emotional positiv besetzte Wahrnehmungskanäle. Leider bedient sich die Schule auch heute noch überwiegend des visuellen und akustischen Aufnahmekanals. So werden viele Möglichkeiten des Lernens nicht genutzt, und Lernstörungen entstehen, weil es Eltern und Schule nicht gelingt, die vielfältigen Lernkompetenzen des Kleinkindalters auf die Schulzeit zu übertragen.

So gibt es Kinder, die man hauptsächlich zum motorischen Lerntyp zählen kann. Vielfach wird dieser Typ auch als kinästhetischer Wahrnehmungstyp bezeichnet. Solche Kinder brauchen die Bewegung, um Informationen speichern zu können. Ein Blick in das Biologiebuch langweilt sie, und sie werden sich eher mit dem Bau von Papierschiffchen unter der Bank beschäftigen als dem Unterricht zu folgen. Bei einem Gang durch den botanischen Garten aber sind sie »voll da«, sie sehen vieles, was andere nicht sehen, und der Lehrer oder die Eltern sind überrascht, wie viele Fragen sie plötzlich stellen können.

Der akustische Lerner bevorzugt es, vieles nochmals zu hören, sei es in Musikbegleitung oder in eine Bildungssendung eingebaut. Sein Lernkanal ist durch viele positive akustische Anregungen in der Kindheit entstanden, zum Beispiel durch das Vorlesen vieler Geschichten, durch das Singen von Liedern oder Ähnliches. Leider ist er aber durch aggressive, harte Stimmen schnell zu frustrieren, und er wird die Ohren innerlich »zuklappen«.

Ein visuell-bildhafter Lerner liebt es, wenn Texte durch Bilder erläutert werden oder wenn er sich bildhafte Eselsbrücken aufbauen kann. Vielleicht kennen Sie es von sich selbst, dass Sie sich oft an bestimmte Inhalte nicht mehr erinnern können. Oft beginnen dann andere, uns ein Bild von dieser Situation zu machen, und so können die verborgenen Inhalte wieder aktiviert werden. Viele Kinder brauchen diese Bilder bereits zum Einprägen, da sie ihnen den Inhalt verständlich machen. Zudem helfen diese Bilder, komplexe Inhalte wieder bewusst zu machen. Ein Schnitt durch einen Apfel kann so nicht nur den mathematischen Schnitt durch eine Kugel verdeutlichen, sondern dem Kind helfen, bei einer Schulaufgabe anhand dieses Bildes vorgegebene Aufgaben zu lösen.

Der visuell-lesende Typ kristallisiert sich oft erst in der Schule heraus. Er merkt sich, wo auf einer Seite im Buch etwas steht. Diesen Kindern hilft man, indem man sie Randbemerkungen ins Buch schreiben lässt oder wichtige Textstellen markiert.

Kein Kind ist *ein* reiner Lerntyp, die meisten Kinder sind Mischtypen. So lernen einige Kinder gut durch Zuhören, festigen aber das Wissen, wenn sie es aufschreiben oder zum Lernstoff passende Bilder entwickeln. Welche Kanäle bevorzugt werden, hängt nicht nur von den genetischen Vorgaben ab, sondern überwiegend von den Anregungen und emotionalen Umständen der ersten Lebensjahre. Zudem spielt beim Lerntyp noch der angeborene psychologische Reaktionstyp eine Rolle. Letztere werden im Kapitel »Wer Wind sät, wird Sturm ernten« erläutert.

Nichts geht mehr

»Da steh ich nun, ich armer Tor, und bin so klug als wie zuvor.« Dieser Satz ist Leitsymptom für viele Kinder mit Lernblockaden. Nicht immer bedingen Stoffwechselstörungen oder intellektuelle Schwächen diese Blockaden. Vielmehr sind Phasen von Lernstörungen in jedem Alter möglich und manchmal sogar notwendig. Bedauerlicherweise werden diese Phasen meist erst augenfällig, wenn sie im schulischen Lernbereich auftreten. Da erscheinen sie Erziehern, Lehrern und Eltern als bedrohlich. Eltern denken mit Schrecken an die schwindenden Ausbildungsmöglichkeiten des Kindes. Sie sehen seine Existenz bedroht und prüfen alle sich anbietenden Therapiemöglichkeiten, um diese scheinbare Lernstörung zu beheben.

Wir übersehen dabei aber einen sehr wesentlichen Aspekt: Unsere Existenz hat nicht so viele Jahrtausende überdauert, weil sie sich einem Schulprogramm unterworfen hat, sondern weil die genetisch gespeicherten Erfahrungen das ontogenetische Entwicklungsprogramm des Menschen festgelegt haben. Jede Menschheitsepoche hat ihre speziellen Anforderungen an den Menschen gestellt. Die gewonnenen Erfahrungen haben das Überleben der nächsten Generationen gesichert.

Menschen speichern Erfahrungen nicht nur im Langzeitgedächtnis des Gehirns, sondern auch in der DNS, einem Bestandteil des Zellkerns, und in den Zellstrukturen des Körpers. Viele Reaktionen müssen wir nicht mehr lernen, wir greifen vielmehr auf ein ererbtes Erfahrungsprogramm zurück. Die Stressreaktion ist zum Beispiel solch ein genetisch festgelegtes Programm. Sie läuft automatisch ab, nur unsere Reaktion darauf und unsere Kompetenz, damit umzugehen, wird im Hier und Jetzt erlernt und liefert wieder genetische Programme für die nächste Generation. Diese Funktionszusammenhänge bewies als Erster im Jahr 1990 der Immunologieforscher Dr. Ronald Glaser an der Universität Ohio.

Für den Menschen sind die Fähigkeiten, Ich-Struktur, Identität und soziales Miteinander zu entwickeln, zum Überleben wesentlich wichtiger, als die Integralrechnung zu beherrschen. Wir werden, so bedauerlich es für manche erscheinen mag, bedeutend eher ohne die Erfolge der Raumfahrt leben können als mit einem weiter fortschreitenden Verlust an Ich-Stärke und sozialer Kompetenz bei den einzelnen Menschen. Der Verlust an eigenen Fähigkeiten und Kompetenzen belastet nicht nur diese eine Person, sondern immer auch sein soziales Umfeld. Immer häufiger werden soziale Defizite an die nächste Generation weitergegeben, die die angeborenen Lernfähigkeiten des Kindes wesentlich mehr fordern, unter Umständen sogar überfordern.

Lernen bewegt sich also immer zwischen den Bereichen der neurophysiologischen Hirnentwicklung, den ontogenetischen Bedingungen, also der individuellen Ich-Entwicklung des Einzelnen, die sich an seinen Bedürfnissen und Fähigkeiten orientiert, und den sozialen Erwartungen und Angeboten der ihn umgebenden Gesellschaft.

Vielleicht wird nun deutlich, wie unbedeutend vor dieser Bandbreite an Anforderungen die schulische Thematik wird. Wissen allein wird dieser Menschheit nicht das Überleben sichern. Was hilft es uns, theoretisch zu erkennen, wie eine gelungene Identität aussieht, wenn immer weniger in der Lage sind, sie selbst zu entwickeln, geschweige denn, anderen bei ihrer Entwicklung zu helfen. Ein Wissen, das nicht mehr angewandt werden kann, weil wir die angeborenen Fähigkeiten nicht mehr gelernt haben zu nutzen, ist sinnlos. Wir sollten daher eher bereit sein, eventuell ein Schuljahr zu opfern, weil für unser Kind ein Schritt der Identitätsentwicklung so viel Raum und Kraft braucht, dass für die Schule die Energien nicht mehr ausreichen. Stoff ist leicht nachzuholen. Psychische Entwicklung, die immer auch geistige Entwicklung ist und damit auch die Lernkompetenzen fördert, ist dagegen nicht unbegrenzt wiederholbar.

Jeder, der sich seiner Defizite aus der Kindheit bewußt ist, weiß, wie viel Kraft und Lebensenergie es kostet, geschädigte Ich-Strukturen auszuheilen. Wie viel einfacher ist es dagegen, Wissensstoff nachzuholen.

Alle Dinge haben ihre Zeit

Erst seit wenigen Jahren untersuchen Neurobiologen, Biochemiker, Neuropsychologen und Psycholinguisten intensiv die Plastizität unseres Nervensystems. Hoffentlich werden ihre zum Teil überraschenden Entdeckungen viele Lernansätze verändern. Frühkindliche Erfahrungen strukturieren das Gehirn und formen es wie Knetmasse. Die Qualität und Menge der aufgenommenen Informationen entscheidet darüber, wie dicht und leistungsfähig die neuronalen Strukturen geknüpft werden.

Milliarden von Hirnzellen wollen beschäftigt sein. Aus den ontogenetischen Erfahrungen heraus haben sich sensible Phasen für bestimmte Entwicklungsaufgaben gebildet. »In diesen Zeiten reagiert das Gehirn hoch sensibel auf Erfahrungen und Informationen, die diese Hirnbereiche betreffen. Die elektrischen oder chemischen Stimulationen der Nervenzellen führen einmal zur Produktion einer Vielzahl von Transmittersubstanzen. Gleichzeitig gibt die Erregung der Zelle das Signal zur Ausschüttung von Substanzen, die eine Neubildung von Schaltzellen nach sich zieht, sowie bestehende festigt.«[14]

Diese sensiblen Phasen sind an bestimmte Entwicklungszeiten gebunden. Das amerikanische Magazin *Newsweek* warnte erst zu

Beginn des Jahres 1996, »diese Zeitfenster fallen zu, eins nach dem anderen mit jeder neuen Kerze, die auf der Geburtstagstorte brennt.«[15] Wolf Singer, Direktor des Frankfurter Max-Planck-Instituts für Hirnforschung, unterstreicht diese »Fenster-These«: »Wenn Verschaltungen der Nervenzellen nicht zum richtigen Zeitpunkt erfolgen, läßt sich das nicht mehr nachholen.«[16]

In jeder dieser sensiblen Phasen lernen Kinder bestimmte Fähigkeiten besonders schnell: Bewegungen, Sehen, Musik, Sprache, Emotionen und Logik. In diesen »Zeitfenstern« entwickeln sich die »Informationsautobahnen« zwischen verschiedenen Hirnarealen, mit denen wir später im Leben zurechtkommen müssen.

In einer sensiblen Phase entstehen fast explosionsartig neue Verbindungen. Die Kommunikation der Hirnzellen perfektioniert sich. Jede leitet dann Impulse zu rund 150.000 anderen, oft weit entfernt liegenden Neuronen. In kürzester Zeit entsteht eines der komplexesten Netzwerke des Universums mit bis zu 100 Billionen Informationsschaltstellen, den Synapsen. Diese »interne« Entwicklung ist von Umweltreizen und Erfahrungen abhängig. Neuronen beginnen erst durch den sensorischen Input, also durch visuelle, akustische und taktile Reize, sich zu formieren. »Mit dieser zweigeteilten Entwicklung des Gehirns – genetisch festgelegt und abhängig von Umweltreizen – ist ein strenger Ausleseprozeß verbunden. Werden die im Überschuß angelegten Verbindungen zwischen den Neuronen in einer festgelegten Zeitphase nicht benutzt, verkümmern sie. Häufig durch Sinnesreize aktivierte Nervenzellen bilden dagegen immer mehr und stabilere Verknüpfungen«, meint die Direktorin des Max-Planck-Institutes Leipzig, die Neuropsychologin Angela Friederici.[17]

Welche enormen Stoffwechselprozesse im Gehirn zu dieser Zeit ablaufen, zeigen PET-(Farb-)Aufnahmen des Gehirns. Das Gehirn eines Zweijährigen verbraucht genauso viel Energie wie das Gehirn eines Erwachsenen. Zwischen zwei und zehn Jahren braucht das Kindergehirn sogar doppelt so viel Energie wie das Erwachsener, erst danach sinkt der Stoffwechselverbrauch wieder ab.

Die Verdrahtung der motorischen Schaltkreise beginnt bereits in der siebten Schwangerschaftswoche. Doch erst am Ende des zweiten Lebensjahres gelingen auch so schwierige Bewegungen wie ein Purzelbaum oder auf einer Mauer zu balancieren. Zuerst lernt das Kleinhirn die unwillkürlichen Bewegungen zu koordinieren, erst danach wird das motorische Rindenfeld aktiviert. Dieses ist für zielgerichtete Aktionen zuständig und benötigt dazu auch die weiter fortgeschrittene Entwicklung der Kortexanteile, die für das logische Denken verantwortlich sind. So werden gezielte Bewegungen, wie zum Beispiel den Löffel mit Brei zum Mund führen oder einen Turm aus Bauklötzen bauen, möglich.

Die sensible Phase der motorischen Entwicklung liegt zwischen der siebten Schwangerschaftswoche und dem vierten Lebensjahr. Darum ist es sehr wichtig, dass Kinder, bei denen motorische Entwicklungsdefizite festgestellt werden, rechtzeitig, das heißt vor dem vierten Lebensjahr, in die Frühförderung kommen. Wird diese Zeit überschritten, wird ein Kind nie mehr lernen, sich elegant und sicher zu bewegen. Zudem werden für die Schule wichtige motorische Entwicklungen nur ungenügend geleistet, Probleme beim Schreiben können nur eine der möglichen Folgen sein.

Bereits im Mutterleib bilden sich auch die Schaltkreise für unser Gefühlsleben aus. Die Hirnareale, die die Gefühle steuern, vor allem das limbische System, unterliegen genau wie die Sehrinde, der akustische Kortex, das motorische Rindenfeld oder das Gedächtnis einem erfahrungsabhängigen Reifungsprozess. Mit jedem Trösten, Geborgen-in-den-Arm-genommen-Werden, aber auch mit jeder Ablehnung, jedem Schreien-Lassen aktivieren sich die entsprechenden Areale des limbischen Systems. Empfindungen wie Angst, Freude, Wut und so komplexe Gefühlspakete wie Glück und Liebe entstehen in diesem Teil des

Gehirns, das aus verschiedenen Strukturen besteht. In diesem Bereich des Gehirns entscheidet es sich auch, ob wir auf Stress gelassen, aggressiv oder verzweifelt reagieren. Traumatische Erfahrungen und emotionale Belastungen in der Kindheit hinterlassen dort eine Art biochemische Narbe. Solche Kinder produzieren noch als Erwachsene unter geringsten Belastungen zu viele Stresshormone.[18]

Ein anderes Areal, der präfrontale Kortex hinter der Stirn, verbindet Emotionen mit gesteuerten, zielgerichteten motorischen Handlungen. Dieser Bereich ist unser emotionales Gedächtnis, mit dem wir Gefühle wiedererkennen, einordnen und steuern. Besonders zwischen dem sechsten und 20. Lebensmonat ist dieser Bereich besonders aktiv. In dieser Entwicklungsphase bauen Babys eine starke emotionale Bindung zu ihrer Bezugsperson auf. Belastende Erfahrungen stören die sichere Verknüpfung von Emotion und Motorik und erschweren den Aufbau zielgerichteter Verhaltensweisen. Unsichere Mütter und Mütter mit inkonsistentem Erziehungsstil und ebensolchen Bindungsmustern beeinträchtigen beim Kind unbewusst den klaren Aufbau neuronaler Muster. Da die Signale unklar und oft widersprüchlich sind, werden keine eindeutigen und schnell nachvollziehbaren Signalwege angelegt. So entsteht kein rascher Zugriff auf klare Handlungsmuster. Die neuronalen Wege sind zu verzweigt und zu verwirrend gebahnt. Informationen gehen auf ihrem Weg zum Empfänger verloren, da dieser oft nicht zweifelsfrei identifiziert werden kann.

In der Realität werden wir mit diesem für alle Beteiligten sehr stressbeladenen Muster immer häufiger konfrontiert. Kinder kommen nicht zum Handeln, weil ihnen die klare Verknüpfung zu bestimmten Handlungsmustern für bestimmte Lebenssituationen einfach fehlt. Oder sie treffen Fehlentscheidungen, weil ihr Gehirn aufgrund der unklaren Bahnung Informationen verliert oder auf Abwege gerät, weil die Signalintensität zu schwach ist. Die Sicherheit, handlungsfähig zu sein, schafft Ruhe und Selbstwertgefühl – beides sind gute Motivationsgrundlagen für das Lernen.

Gerade beim emotionalen Lernen sind genetische Grundausstattung und frühe Erfahrungen eng miteinander verknüpft. So wird ein ängstliches Kind trotz aller Ermutigung kein Draufgänger werden, aber bestimmt ein ruhiger, selbstbewusster Mensch, wenn es in seiner Eigenart angenommen wird und sein darf, was es ist.

Kinder scheitern weniger an ihren schwierigen Charakteranlagen, sehr oft aber an zu hohen Erwartungen der Eltern, die eher ihrer eigenen Bedürfnislage als den Fähigkeiten und Bedürfnissen des Kindes entsprechen. So werden Eltern mit Sicherheit in ihrer eigenen Kompetenz und Lernfähigkeit gefordert, wenn ihr Kind nicht dem eigenen Grundtemperament entspricht. Ruhige und besonnene Eltern werden zum Beispiel von einem sehr temperamentvollen und lebhaften Kind in ihrem Rollenverständnis und in ihrer Lebensorganisation betroffen. Wenn es ihnen gelingt, die Eigenart des Kindes zu akzeptieren und zu fördern und dabei gleichzeitig ihre eigenen Lebensbedürfnisse nicht aus den Augen zu verlieren, so kann das Kind zur Erweiterung ihrer Handlungsfähigkeit beitragen und ihre Identitätsentwicklung fördern. Das Anderssein zuzulassen, sich damit auseinander zu setzen und Teile davon bei sich zu integrieren sind lebenswichtige Entwicklungsschritte, die immer zuerst die Eltern des Kindes betreffen, niemals das Kind selbst. Sehr oft glauben Erwachsene, Kinder müssten so werden, wie sie es sind, und sie verlangen von ihnen Entwicklungsschritte, die sie als Erwachsene selbst nicht bereit sind, zu gehen.

Es überrascht mich immer wieder, wie viele unüberlegte Erwartungen an Kinder gestellt werden. Wir lassen zum Beispiel unsere Kinder noch mit fünf Jahren im Buggy sitzen und bewegen sie durch das Leben, weil wir glauben, sie noch nicht »laufen« lassen zu können. Wir verlangen aber gleichzeitig, dass der Fünfjährige uns schon aufs Wort gehorcht und wenig Ärger macht. Wir lieben brave Kinder und wundern uns später, warum aus ihnen nichts geworden ist. Was kann aus einem Kind werden, das nichts Eigenes leben und entwickeln darf?

Die Natur versucht sich gegenüber Fehlentwicklungen in diesem Bereich abzusichern: Die Entwicklungsfenster für den emotionalen Handlungsbereich bleiben bis in die Pubertät hinein offen. So hat der junge Mensch in dieser Zeit noch einmal die Möglichkeit, Korrekturen vorzunehmen und in eine für ihn sinnvolle Entwicklung zu kommen. Ist das sensible Fenster erst geschlossen, bedarf es einer gehörigen Portion Motivation und Anstrengung, um den Horizont zu erweitern.

»Die Sprache ist ein Wunderwerk der Natur«, begeistert sich Steven Pinker, Kognitionswissenschaftler am Massachusetts Institute of Technology in Boston.[19] Er führt aus, dass Menschen Sprache so lernen, wie Spinnen lernen, ein Netz zu weben. Das eigene Lallen des Babys wird zur Gebrauchsanweisung, die im Gehirn niedergeschrieben wird. Schon vor der Geburt lauscht der Fetus der Stimme der Mutter und entwickelt so erste Sprachmuster. Später ahmen die Kinder Laute nach und besitzen mit fünf Jahren unbewusste grammatikalische Fähigkeiten, die komplexer als jedes Lehrbuch sind. Mit zwölf Monaten, resümiert die amerikanische Forscherin Patricia Kuhl von der University of Washington, hätten Kinder die Fähigkeit verloren, Laute zu unterscheiden, die in ihrer Muttersprache keine Rolle mehr spielen.[20] Das Gehirn hat sich durch akustische Inputs für eine Sprache entschieden. Zweisprachig aufgewachsene Kinder sprechen deshalb beide Sprachen akzentfrei, weil sie nicht auf ein neuronales Grundmuster festgelegt worden sind. Die amerikanische Neuropsychologin Angela Friederici ist der Ansicht, dass die beste Zeit für den Zweitspracherwerb bis zum vierten Lebensjahr sei, da in dieser Zeit vermutlich die Grundlagen für die hoch automatisierten Prozesse der syntaktischen Strukturierung gelegt werden.[21] Danach lernen wir Sprachen weit weniger effektiv.

So gehen die zweisprachigen Kindergärten einen relevanten und sinnvollen Weg. Alles, was wir uns in jungen Jahren spielerisch und leicht aneignen können, hält uns den Kopf frei für soziale und emotionale Kompetenzen, deren feine und sehr komplexe Spielarten erst in der Pubertät erworben werden.

Vielen Forschern ist es heute bekannt, dass Musik die geistige Entwicklung des Kindes fördert. Kinder, die viel singen und früh ein Instrument lernen, entwickeln sich schneller in den Bereichen des logischen Denkens. Sie bilden im Gehirn signifikante Verschaltungen für die beim Instrumentenspiel benötigten motorischen Muster aus. Klassische Musik stärkt auch die Verschaltungen, die wir zum logischen Denken benötigen.

Räumliches Sehen ist an die gesunde Achsenstellung beider Augen gebunden. Das Gehirn stellt für diese Entwicklung ein hohes Potenzial an Neuronen zur Verfügung. Deren überzählige Menge wird abgebaut, wenn sie nicht benötigt wird. Ein Sehfehler des Kindes wie zum Beispiel das Schielen sollte bis zum dritten Lebensjahr behoben werden. Danach ist die sensible Phase für das räumliche Sehen abgeschlossen und kann nicht mehr erlernt werden.

Mathematische Fähigkeiten wie Ziffernerfassung und einfache Rechenoperationen bis zum Bereich von 100.000 sind für Kinder möglich. Dies beweist uns mit sehr viel Erfolg die Montessori-Pädagogik. Kinder lernen dort mit Begeisterung das, was sie interessiert, nicht das, was den Erzieher interessiert. Der Pädagoge unterstützt das Lernbedürfnis des Kindes, aber er greift niemals manipulierend in den Prozess ein.

Darin zeigt sich auch ein guter Kindergarten. Wie viel freie, den sensiblen Phasen angepasste Lernmöglichkeiten gibt es dort, und wie viel Raum zur geführten Eigenerfahrung bleibt den Kindern? Können Sie diese Fragen mit »genügend« oder »viel« beantworten, melden Sie Ihr Kind in diesem Kindergarten an. Je weniger fertige Schneide- und Klebearbeiten die Kinder bekommen, die in 20facher Ausführung an der Wand kleben, desto besser. So hat Ihr Kind Raum, sich mit wirklich Wichtigem zu beschäftigen. Aber auch für Sie wird der Lernschritt heißen: Lieber ein glückliches Kind mit weniger »Vorzeigearbeiten« und dafür mit mehr tiefer Eigenerfahrung. Je größer die gemeinsamen Aktivitäten, umso weniger Raum bleibt für individuelle Entwicklung. In den großen Aktivitäten gehen im Kindergarten genau wie in der Schule viele Lernmöglichkeiten unter. Die jungen Gehirne sind gerade dabei, durch individuelle Lernprozesse ihre Art des Lernens zu erproben. Sie versuchen für sich herauszufinden, was der beste Lernweg ist. Dafür brauchen sie Zeit, und zwar *ihre* Zeit, die sich an ihren Fähigkeiten und ihrem Interesse orientiert. In großen gemeinsamen Projekten sind Kinder überfordert, sie sind nicht in der Lage, die für ihren Lernstil wichtigen Signale wahrzunehmen und herauszufiltern. So gehen viele Informationen und Lernmöglichkeiten unter, weil sie vom Kind nicht aufgegriffen werden können und somit auch nicht gespeichert werden.

Die so genannten Zappler, Schlafmützen und ewig Unaufmerksamen sagen uns eigentlich nur, dass in unserem System die Art, Wissen anzubieten und zu vermitteln, dringend reformbedürftig ist. Was nützen uns die besten Erkenntnisse der Wissenschaft, wenn unsere Erzieher- und Lehrerausbildung sich noch immer strikt an Lehrplänen orientiert, die 20 Jahre und älter sind und damit längst überholt! Jedes Kind erhält, wenn es fortgesetzt die »falsche« Antwort liefert, eine 6. Damit sind wir wieder beim Grundthema: Wir erwarten, dass Kinder jene Leistung erbringen, die wir Erwachsenen trotz des nötigen Wissens selbst nicht bereit sind zu bringen: eine gewisse Flexibilität im Denken und Handeln.

Auch das Gehirn braucht Nahrung

»Mens sana in corpore sano.« In einem gesunden Körper wohnt ein gesunder Geist. Damit ist nicht der körperstählende Kult des Dritten Reiches oder die Fitnessneurose der 90er-Jahre gemeint.

Unser Gehirn lebt von optimaler Nahrung, allen voran von Sauerstoff, Wasser und bestimmten Nährstoffen. Kein Wissen, keine Erfahrung kann einer Speicherung zugeführt werden oder in eine sinnvolle Handlung übersetzt werden, fehlen diese wichtigen Bausteine in der Hirnversorgung. Unser Körper ist der Mittler zwischen Umwelt und Gehirn. Er nimmt die für das Gehirn notwendigen Botenstoffe in Form von Nahrung und Atmung auf.

Der normale Bewegungsdrang eines Kindes reicht aus, um den Körper und das Gehirn optimal mit ausreichend Sauerstoff zu versorgen. Kinder bewegen den ganzen Körper, wenn sie dürfen. Sie dehnen durch die ausgreifenden Bewegungen den Brustkorb und zwingen so die Lunge, sich ganz mit Sauerstoff zu füllen. Heute lernen Kinder sehr früh, sich räumlich einengen zu lassen und ihren Bewegungsdrang einzuschränken. Die Bewegungsunfähigkeit junger Leute ist heute erschreckend, die Haltungsschäden nehmen rapide zu. Kinder haben aber ein natürliches Bewegungsbedürfnis und wollen laufen, auch wenn ihre Bewegungen anfangs noch etwas unsicher sind oder noch nicht so rund und geschmeidig wie die der Erwachsenen.

Wie sollen aber die so wichtigen Bewegungsmuster erlernt werden, wenn Kinder schon sehr früh an die moderne Fortbewegung per »Rad« gewöhnt werden? Zum Einkaufen fährt man mit dem Auto, in den Kindergarten wird man im Buggy geschoben, weil es schnell gehen muss, zu Freunden wird man gefahren, und später fährt man in die Schule mit Bus oder Auto. Wir haben die natürliche Bewegungsfreude verloren und müssen uns immer mehr von einer Freizeitindustrie zu bestimmten Bewegungsmustern animieren lassen.

Wir reden alle vom gesunden Essen, aber keine Generation wird so ungesund ernährt wie die unserer Kinder. Wollen wir unsere Ruhe haben, gibt es zuerst eine Nuckelflasche Tee mit Zucker, dann folgen Bonbons und Schokolade als Seelentröster. Viele Mütter können ein Lied davon singen, wie schwer es ist, liebe Tanten von der gut gemeinten Versorgung der Nichten und Neffen mit Süßigkeiten abzuhalten. Süßigkeiten führen zu einer Erhöhung des Serotoninspiegels im Blut, womit eine kurzfristige Beruhigung eintritt. Raffinierter Zucker entzieht aber Vitamin B und Kalzium und greift somit in den Nervenstoffwechsel ein. Der Folgeeffekt kann entgegengesetzt sein: Die Kinder werden unruhiger und unkonzentrierter. Zudem werden durch die heute überwiegend chemisch behandelten Nahrungsmittel Vitamine verändert oder ganz vernichtet, so dass wir mittlerweile Mühe haben, alle Nährstoffe, die vor allem für den Hirnstoffwechsel wichtig sind, zuzuführen.

Das Gehirn benötigt dringend den aus Kohlehydraten gewonnenen Zucker. Die Glukose ist der Brennstoff für das Gehirn, und ein Zuwenig kann fatale Folgen haben. Konzentrationsstörung, Abgeschlagenheit, aber auch Aggression, Schweißausbrüche und Schwindelgefühle können auftreten. Wichtig ist aber, dass die Glukose aus komplexen Kohlehydraten stammt, dazu gehören Vollkornbrot, Müsli, Obst, Gemüse. Da viele Schüler heute oft ohne Frühstück, aber mit Geld für Süßigkeiten in die Schule gehen, brauchen wir uns über das große Gähnen in den Klassen und den Frust der Kinder, wieder fünf Stunden ohne jeden Nutzen in der Schule gewesen zu sein, nicht zu wundern.

Ein Glas Orangensaft versorgt uns nicht nur mit Vitamin C, das eindeutig die Intelligenzleistung verbessert,[22] es enthält auch das für das Knochenwachstum notwendige Kalzium. Vitamin E sorgt für die Durchlässigkeit der Hirngefäße und kommt überwiegend in ungesättigten Ölen vor. Taurin fördert den wichtigen Transport von Kalium, Magnesium und Natrium durch die Zellmembranen und sorgt dadurch für den richtigen Informationsfluss im Gehirn einerseits, andererseits für das gesunde Funktionieren so lebenswichtiger Organe wie Herz, Lunge und Leber. Ohne deren ineinander greifende Funktion wird das Gehirn mangelhaft mit Sauerstoff versorgt. Zudem ist seine Entgiftung von Stoffwechselschlacken und Umweltgiften wie Blei, Kadmium usw. unzureichend. Taurin wird vor allem in den ersten Lebensmonaten zur gesunden Entwicklung von Gehirn und Nervensystem benötigt. Muttermilch enthält sehr viel Taurin, Kuhmilch relativ wenig. Damit sich ein Kind gesund entwickeln kann, wird deshalb empfohlen, mindestens sechs bis acht Monate zu stillen. Der Stoff Cholin ist im Lezithin enthalten und findet sich in Eigelb, Leber und Soja. Cholin wird im Gehirn in den Botenstoff Acetylcholin umgewandelt und sorgt für gute Auffassungsgabe und Gedächtnisleistung. Zudem unterstützt es die Funktionstüchtigkeit der Muskeln und ist für die Bewegungen des Körpers von entscheidender Bedeutung. Deshalb wird bei motorischen Störungen oft lezithinhaltige Nahrung therapieunterstützend eingesetzt.

Lernleistungen leben von der optimalen Ernährung der Zellen im Gehirn, den Organen und den Muskeln. Dazu benötigen sie ausreichend komplexe Kohlehydrate in Form von Vollkornprodukten wie Brot, Müsli und Gemüse, Eiweiß in Form von Milch, Eiern, Fleisch, Soja, ungesättigten Ölen und Obst. Durch eine ausgewogene Mischkost mit überwiegend natürlichen oder naturbelassenen Nahrungsmitteln wird der Körper bei normaler Organfunktion mit allen wichtigen Vitaminen, Mineralstoffen und Stoffwechselbausteinen versorgt.

Unsere größtenteils auf schnelle Küche eingestellte Zeit, die immer mehr Gerichte aus der Tüte und künstliche Produkte verwendet, verbannt natürliche Nahrungsmittel aus dem Speiseplan. Zudem verlieren wir nach und nach das Gefühl für natürliche Nahrung. Wir glauben, gesund zu kochen, wenn wir unseren Blumenkohl geschmacklich mit einer Packungssoße ergänzen. Die vorgefertigten, künstlichen Produkte sind stark mit versteckten Zuckerstoffen, Fetten und Aromen angereichert. Selbst in Soßenpulvern und anderen Fertigprodukten befindet sich Zucker. Zucker erhöht zwar wie erwähnt kurzfristig den Serotoninspiegel und löst Wohlbefinden aus. Da er jedoch schnell wieder abgebaut wird, nimmt auch der Serotoninspiegel wieder ab und lässt das Bedürfnis nach neuer Nahrung aufkommen. Dies ist einer der Gründe, warum in der Gesamtbevölkerung Stoffwechselerkrankungen beängstigend zunehmen. Gerade Fastfood ist mit sehr viel Geschmacksverstärkern und Zuckerstoffen versetzt. Daraus lässt sich das schon fast süchtige Bedürfnis nach Hamburgern und Pommes erklären.

Durch eine ausreichende Versorgung mit Nährstoffen wird die Gehirndurchblutung verbessert, Gedächtnisleistung, Aufmerksamkeit und Konzentration nehmen zu. Die Hirnfunktionen werden harmonisiert, und es kommt zum besseren Zusammenspiel beider Hirnhälften – ein für das Lernen zentraler Vorgang. Die Entgiftung des Gehirns wird durch ausgewogene Ernährung gesichert. Ein Vorgang, der enorm wichtig ist, sollen die wichtigsten physiologischen Prozesse wie Wahrnehmung, Verarbeiten und Speichern reibungslos funktionieren. Bestimmte Umweltgifte wie Blei, Formaldehyd und andere führen zu Hyperaktivität, Konzentrationsstörungen, Unruhe, Aggressionen und Denkstörungen sowie Müdigkeit und Erschöpfungsgefühlen. Darum sollten bei entsprechenden Störungen die Kinder immer auch von einem verständigen Kinderarzt auf Umweltbelastungen oder Vitamin- und Nährstoffmangel untersucht werden. Da diese Untersuchungen zum Teil recht aufwendig sind, passen sie nicht in das staatliche Sparprogramm. Die Medizin sieht sich immer weniger in der Vorsorge beheimatet, sondern mehr im Kurieren von Krankheiten. Dies ist nicht immer im Sinne der Ärzte, wohl aber im Sinne der politischen Sparmaßnahmen.

Durch eine verantwortungsbewusste Grundernährung verbessert sich nicht nur die Herzleistung, sondern auch die Versorgung des Gehirns mit Sauerstoff wird optimiert. Dies unterstützt wesentlich die Leberfunktion und dadurch die biochemischen Reaktionsabläufe im Gehirn, ohne die ein fehlerfreies Funktionieren ausgeschlossen ist. Viele scheinbare Lernstörungen lassen sich also auch über eine veränderte, verbesserte Ernährungsweise beheben.

Druck macht krank

Wir vergessen oft, dass die Kindheit die Zeit starken Wachstums ist, die mit einem wesentlich höheren Energieverbrauch verbunden ist, als ein Erwachsener ihn hat. Kinder geraten durch hohe Anforderungen schneller an ihre Leistungsgrenze und werden krank. Oft braucht der Körper diese Ruhephasen, um in Gang gekommene psychische Entwicklungen zu verarbeiten und in die Persönlichkeit zu integrieren. Gibt man dem Körper und dem Geist Gelegenheit, sich zu sammeln und innerlich nachzukommen, so fällt auf, dass Kinder nach einer Erkrankung reifer wirken und in ihrem Bewegungsablauf und im Denken einen Schritt vorwärts gekommen sind.

Kinderkrankheiten sollten deshalb immer auskuriert werden dürfen, sie haben einen heilsamen Effekt auf Seele und Geist. Mit auskurieren meine ich nicht, die Krankheiten mit Antibiotika im Schnellgang zu kurieren und damit die Kinder zu zwingen, nach drei Tagen wieder in den Kindergarten oder die Schule zu gehen. Dadurch werden Körper und Geist über Gebühr strapaziert und erschöpft, nicht weil Kinderkrankheiten so schwerwiegend sind, sondern weil wir schon Kindern nicht mehr den Raum an Erholung und Schonung zugestehen, den wir selbst als Bedürfnis in uns nur noch ungenügend wahrnehmen. Krankheiten signalisieren in jungen Jahren oft, dass die Vielfalt an Informationen nicht mehr verarbeitet werden kann. Das Gehirn macht schlapp und zwingt den Körper über die Erkrankung zur Ruhe. Hat das Gehirn seine Informationseinheiten geklärt, beginnt sich der Körper zu erholen, die Kraftreserven kommen zurück.

Lernen braucht Zeit. Diese richtet sich nach der individuellen Befindlichkeit des Kindes und seinen geistigen Grundmustern. Das, was wir Erwachsenen wahrnehmen und denken, unterscheidet sich grundlegend von dem, was unsere Kinder denken und wahrnehmen. Sie sind erst dabei, sich die Komplexität des Denkens zu erwerben, ihr Gehirn ist in noch viel größerem Umfang als das des Erwachsenen damit beschäftigt, Informationen mit altem Wissen zu vergleichen, zu bewerten und entsprechend zu speichern.

Verknüpfungen von Erfahrungen mit sinnvollen Bewegungsmustern brauchen nicht nur Zeit, sie müssen oft auch erst mühselig geübt werden. Nicht weil die Bewegungen neu sind, sondern weil die Verknüpfung bestimmter Bewegungsabläufe noch sehr ungewohnt ist. Ein gutes Beispiel hierfür ist das Schreibenlernen. Alle dafür benötigten motorischen Bewegungen sind dem Gehirn bekannt, nur müssen diese Bewegungen in noch ungewohnte motorische Einheiten zusammengefasst werden, und frühere Erfahrungen können den Erwerb dieser neuen Muster beeinträchtigen. Dieses Phänomen kennt auch jeder Erwachsene, der sich selbst das Schreibmaschinenschreiben beigebracht hat. Er hat auf eine ganz persönliche Art die dafür nötigen Bewegungen eingeübt. Würde er später einen Kurs machen, bereiteten ihm seine bereits trainierten Bewegungen, obwohl sie im Großen und Ganzen ähnlich den neu zu lernenden sind, große Probleme. Die alten Bewegungsmuster blockieren den Erwerb neuer Muster.

Dieses Phänomen treffen wir beim Lernen häufig an, die Fachwelt nennt es Lernplateau. Wir kennen Lernplateaus, die durch ein Überfrachten von vergleichbaren Inhalten entstehen. Durch die in ihrer Struktur ähnlichen Inhalte können die Speicherwege nicht genügend gesichert werden, Teile des Inhalts gehen verloren, kein Bereich wird so behalten, wie er angeboten wurde. Bei den Kindern entsteht Frust, ihre Lernleistung bringt keinen Erfolg. Wir können ihnen helfen, indem wir ihnen beibringen, ähnliche Inhalte einmal als solche zu erkennen, zum anderen mit einem mindestens zweistündigen zeitlichen Abstand voneinander zu lernen, da so die beiden Speicherprozesse getrennt gehalten und Interferenzstörungen vermieden werden. Dies würde bedeuten, dass wir zum Beispiel sprachliche Lernprozesse nach Möglichkeit trennen, da wir meist für die Zweitsprache keine grammatikalische Struktur aufgebaut haben und so Zeit brauchen, dieser im Gehirn ihren eigenen Platz zu geben. Dabei sollte sie nicht mit den grammatikalischen Strukturen der Muttersprache belegt werden. Werden derartige Lernprozesse nicht klar genug getrennt, entstehen oft Verwechslungen. Wir werden unsicher und machen auch in der Muttersprache verstärkt Fehler.

Durch Stoffgliederung und klares Trennen der Lernprozesse lassen sich solche Lernstörungen vermeiden. Die beliebte Methode, Dinge miteinander zu vergleichen, ist daher nicht bei vielen Lernprozessen sinnvoll, da sie eher zur Verwirrung bei den Speicherprozessen führt denn zur Klarheit beim Lernenden. Zudem bringt es meist viel Frust beim Lehrer oder Elternteil mit sich, wenn der Junior einfach nicht verstehen will. Bitte bedenken Sie: »Wollen täte er schon, aber er kann nicht«, sein Gehirn fährt Karussell und weiß nicht, wohin welche Informationen abgelegt werden sollen.

Eine andere Form des Lernplateaus entsteht durch Stress. Kinder, die unter dem großen Druck stehen, Leistungen bringen zu müssen, weil sie spüren, dass die Eltern diese von ihnen erwarten, geraten häufig in eine Lernblockade. Sie wollen, aber können nicht. Was verständlich ist: Ein Körper, der seine Signale auf Stress stehen hat, richtet sich auf Flucht oder Angriff aus und muss aus physiologischen Gründen Denkprozesse blockieren. Stress bedeutet handeln, nicht überlegen. Da die klare Überlegung blockiert ist und somit auch das Lernen extrem eingeschränkt, bleiben für die betroffene Person nur zwei Handlungsmuster: vorwärts zu gehen und zu versuchen, mit allen Mitteln beim Lernen doch noch Erfolg zu haben, oder zu resignieren und aufzugeben. Der Erfolg ist gleich Null, der Lerneffekt fast gleich Null.

Wir hören oft, ein gewisses Maß an Stress sei gesund. Das ist richtig, wenn es um den so genannten Eu-Stress geht, dem Maß an Erregung, das wir brauchen, um die nötige Motivation und Ausdauer für einen Lernprozess aufbauen zu können. Dieser Stress wird von uns selbst in die Wege geleitet und zielgerichtet eingesetzt. Der belastende Stress wird dagegen von außen durch die Umwelt an uns herangetragen und entsteht sehr häufig durch Erwartungen, von denen wir glauben, ihnen nicht gewachsen zu sein, oder denen wir tatsächlich nicht gewachsen sind. Oder er entsteht über Belastungen während der Schwangerschaft und wird dann zum störenden Grundmuster.

Ungesunde Erwartungen entstehen meist dann, wenn wir als Eltern Bedürfnisse durchsetzen wollen, die unserer Kindheitsebene entsprechen, nicht aber dem Bedürfnis unserer Kinder. So schaffen wir Stress und Belastungen für unsere Kinder, obwohl wir gerade das eigentlich vermeiden wollen. Stressbesetzte Lernblockaden können wir auflösen, wenn wir uns der Frage stellen, was wir mit unseren Erwartungen erreichen wollen. Geben wir Kindern eine Chance, anders zu werden, als wir es wollen. Sie sind immer eine Bereicherung, wenn sie sie selbst sind.

Wenn das Gehirn schlappmacht

Kinder mit Geburtstraumata zeigen eine höhere Bereitschaft, Lernstörungen zu entwickeln, als andere Kinder. Ihre sozialen und emotionalen Fähigkeiten entwickeln sich verspätet oder nur ungenügend. Viele Kinder mit diesen oder ähnlichen Störungen werden von ihrer Umwelt oft über Jahre hinweg als unfolgsam, bösartig und launisch bezeichnet. Selbst im Schulalltag gelten sie überwiegend als Störenfriede oder als dumm. Es ist eine unverantwortliche Tragik, dass noch immer viele dieser betroffenen Kinder entweder auf Sonderschulen überwiesen werden oder so große Verhaltensprobleme entwickeln, dass eine Heimunterbringung oft als letzte Möglichkeit erscheint. Trotzdem verfügen sie häufig über eine durchschnittliche oder gar überdurchschnittliche Intelligenz. Ihre Zukunftsperspektiven sind noch immer wesentlich schlechter als die anderer Kinder. Jeder sieht, was sie nicht können, aber nur wenige sind bereit, ihre besonderen kreativen und komplexen Denkfähigkeiten wahrzunehmen und zu fördern.

Die genauen Ursachen dieser Lernstörungen sind nicht immer klar zu eruieren. Neurophysiologische, genetische und Umweltbedingungen sind immer gemeinsam verantwortlich für die Entwicklung eines hohen beziehungsweise niederen Niveaus bei Teilleistungen. Wir müssen also davon ausgehen, dass Entwicklungsstörungen gerade in den ersten Lebensjahren zu großen Lerndefiziten führen können, da die sensiblen Phasen bestimmte Lernprozesse zu bestimmten Zeiten erwarten lassen. Bleiben sie aus, werden die für spezifische Denkprozesse benötigte Lern- und

Handlungsschritte nur mangelhaft erworben und sind oft nur unter großen Mühen abrufbar. Diese Kinder geraten durch ihre Denkstruktur in Stress. Dieser erhöht sich zusätzlich durch die Erkenntnis, dass man den Anforderungen nicht gewachsen ist, oder weil man den Erzieher, Lehrer oder Elternteil schlicht und einfach nicht versteht.

Verschiedene Studien belegen, dass schädigende Einflüsse von drei Monate alten Säuglingen bereits nach wenigen Erfahrungen gespeichert werden und von der Norm abweichendes Verhalten nach sich ziehen, das selbst dann noch bestehen bleibt, wenn die schädigende Ursache nicht länger vorliegt. Diese Einflüsse werden zu Erfahrungen, die die kognitiv-emotionalen Strukturen der Kleinkinder verändern und somit zu einem überdauernden Bestandteil ihrer Persönlichkeit werden. Mit der Zeit werden diese Verhaltensprobleme unabhängig vom schädigenden Reiz und können lediglich kompensiert werden. Dies bedeutet, die Lern- und Reifungsprozesse werden verändert.[23]

Die Veränderungen der normalen kognitiv-emotionalen Entwicklung sind auf ein komplexes Zusammenwirken neurobiologischer und lernabhängiger Prozesse zurückzuführen. Hierzu zählen genetisch gesteuerte Reifungsprozesse in bestimmten Strukturen des Zentralnervensystems, die zu bestimmten Zeiten (in sensiblen Phasen) durch Lernerfahrungen beeinflusst werden. Nach dem Ende einer solchen Periode scheinen die neuronalen Netzwerke dieser Hirnstrukturen festgelegt und nicht mehr ohne weiteres veränderbar zu sein. Nachfolgende Lernerfahrungen können nur ausgleichend wirken. Schädigende Umwelteinflüsse während dieser Zeiten haben somit einen überdauernden Effekt.[24] Daraus ergibt sich, dass viele schulische Lernerfahrungen nur kompensierend wirken, da sie zu einer Zeit erfolgen, in der die dafür notwendigen neurologischen Strukturen bereits Jahre vorher festgelegt wurden.

Bestimmte Strukturen und Verbindungen des Zentralnervensystems entstehen erst während der Lernerfahrungen. Diese neuronalen Netzwerke im Gehirn können sich auch in Abhängigkeit neuer Lernerfahrungen verändern. Ob und welche Störungen dabei durch schädigende Umwelteinflüsse entstehen, ist von den Lernerfahrungen abhängig, die ein Säugling in der Eltern-Kind-Interaktion macht. »Bezogen auf die schädigenden Einflüsse muss unterschieden werden, ob Säuglinge diese lediglich speichern und sich in bestimmten Situationen erinnern oder ob die Erfahrungen ihre kognitiv-emotionalen Strukturen verändern und somit zu einem überdauernden Bestandteil ihrer Persönlichkeit werden.[25]

Die Diagnostik beginnender oder bereits vorhandener Störungen im Säuglings- und Kleinkindalter ist immer noch schwierig. Oft ist es nicht nur empfehlenswert, sondern sogar dringend nötig, die Kompetenz eines großen Kinderzentrums in Anspruch zu nehmen oder bei Unsicherheit lieber andere diagnostische und therapeutische Stimmen zu hören, als sich nur mit einer Meinung zufrieden zu geben. Selbst ein guter Kinderarzt kann etwas übersehen, die Entwicklungen in Therapie und Diagnostik sind heute so komplex, dass für die Ärzte auch ein großer Aufwand an Fortbildungen notwendig wird, der oft zeitlich gar nicht zu leisten ist. Den besten Bezug zu den neuesten Entwicklungen und Erkenntnissen besitzen die Universitätskinderkliniken größerer Städte mit entsprechenden Forschungsaufträgen, die neben gründlicher neurologischer und physiologischer Diagnostik auch die Möglichkeit der psychologischen Diagnostik haben. So können Störungen frühzeitig erkannt werden und durch entsprechende therapeutische Maßnahmen wie etwa die Frühförderung, Logopädie, Ergotherapie oder Krankengymnastik beseitigt oder gut ausgeglichen werden.

Alle Eltern ersehnen sich ein gesundes Kind und tragen diesbezügliche Ängste während der ganzen Schwangerschaft mit sich herum. Welche Erlösung, wenn der Arzt nach der Geburt bestätigt, es ist augenscheinlich alles in Ordnung! Da vielen Eltern die Erfahrung und das Wissen um eine gesunde Entwicklung fehlen, sind sie darauf angewiesen, die Aussagen der Ärzte zu akzeptieren. Es kostet sehr viel Mut, sich den Entwicklungsauffälligkeiten, die häufig auf Seiten der Eltern sehr gut erfühlt werden, zu stellen und auf einer genauen Diagnostik zu bestehen. Ein auffälliges oder »behindertes« Kind zu haben gilt in unserer Gesellschaft noch immer als Makel, darum sind auch viele Eltern bereit, die Augen zuzumachen und den Aussagen zu glauben, die zum Beispiel so klingen: »Das verwächst sich schon noch.« Bedauerlicherweise verschwinden Störungen sehr selten »einfach so«, sie lassen sich jedoch bei frühzeitiger Behandlung so erfolgreich kompensieren, dass eine normale Entwicklung ohne schwerwiegende Probleme möglich ist.

Problematisch werden allerdings spät erkannte Störungen, die oft über Jahre hinweg als Verhaltensstörung des Kindes oder als neurotisches Fehlverhalten der Eltern behandelt wurden. Eltern und Kind haben unter dieser Stigmatisierung Verhaltensweisen entwickelt, die es beiden Seiten sehr schwer machen, den Weg der Scheinkompetenzen zu verlassen und neue Lösungswege zu suchen.

Eine Mutter, der man permanent sagt, ihr Kind sei nicht so, wie es sein sollte, ihm aber nach ärztlicher Diagnose auch »nichts fehle«, wird alles versuchen, um das Kind in das »richtige« Verhalten zu zwingen. Oft entstehen Überforderung und Zwang für das Kind, wodurch das labile Entwicklungspotenzial wesentlich eingeschränkt wird. Die verzweifelten Unterstützungsversuche der Mutter verschlimmern häufig die Situation. Kommt das Kind dann endlich in Therapie und zeigt es sich, dass zwischen Mutter und Kind eine neurotische Bindung besteht, setzen auf der mütterlichen Seite heftige Verleugnungs- und Abwehrmechanismen ein. Die Kränkung, ein auffälliges Kind zu haben und daran mit beteiligt zu sein, sitzt bei vielen Eltern tief. Es braucht meist lange, bis sie sich selbst in ihrer Rolle als Mensch, der Fehler macht und vor allem machen darf, akzeptiert haben.

Entwicklungsverzögerung und Teilleistungsstörungen

Von Verhaltensstörungen im Kleinkindalter sprechen wir dann, wenn ein Säugling seinem Alter entsprechende kognitiv-emotionale Kompetenzen aufweist, aber untypische Verhaltensweisen in der sozialen Interaktion zeigt. Dies sind beispielsweise lang andauernde Perioden von bockigem oder trotzigem Verhalten, Phasen von bewusstem Stören oder Einnässen und Einkoten ohne organische Ursachen und vieles andere mehr. Allen gemeinsam ist, dass das Kind jederzeit in der Lage ist, seine emotionalen und kognitiven Kompetenzen zu nutzen, wenn die Auslöser der Verhaltensstörung beseitigt werden. Häufig finden wir diese Auslöser in Belastungen durch das Umfeld sowie in der Beziehung zwischen Kind und Bezugspersonen.

Bei Entwicklungsstörungen zeigen sich Beeinträchtigungen im emotionalen oder kognitiven Bereich, die trotz verhaltenstherapeutischer Intervention nicht behoben werden können. Das Kind kann auf Kontaktangebote nicht reagieren oder äußert selbst kaum Bedürfnisse. Es nutzt seine angeborenen sozialen Kompetenzen nicht und neigt sich nicht der Mutter zu, lächelt wenig oder gar nicht und nimmt zum Beispiel lieber mit Gegenständen als mit Menschen Kontakt auf. Oder die Kontakte mit anderen Bezugspersonen sind durch missverständliche Signale, Äußerungen und Reaktionen auf Seiten des Kindes schwer belastet. In solchen Fällen spricht die Psychologie von emotionalen Entwicklungsstörungen.

Ist der Säugling in der Lage, emotionalen Kontakt zu seiner Umgebung aufzunehmen, zeigt er aber Lücken im altersgemäßen Umgang mit Gegenständen, so sprechen wir eher von einer Entwicklungsstörung im kognitiven Bereich. Oft finden wir in dieser Kategorie Störungen in der Wahrnehmung, in der Motorik oder beim Denken.

Immer mehr Fachleute betonen die wesentliche Unterscheidung zwischen Verhaltens- und Entwicklungsstörungen. Notwendig ist diese Unterscheidung, da die Säuglingsentwicklung rasant verläuft und neu erlernte Fähigkeiten während der sensiblen Phasen schnell zu überdauernden Fertigkeiten werden. Ergeben sich bei einem Kleinkind keine Hinweise auf eine neurobiologische Entwicklungsstörung, so ist zu vermuten, dass ungünstig verlaufende Lernprozesse bereits von Geburt an seine kognitiv-emotionale Entwicklung nachhaltig beeinflusst haben. Durch gezielte Diagnostik könnten so Vorläufer gravierender psychischer Störungen identifiziert und behandelt werden.[26]

Teilleistungsstörungen sind ein beliebtes Modewort im therapeutischen Bereich. Gerade in populären Teilleistungskonzepten werden Leistungs- und Verhaltensprobleme direkt und unvermittelt auf Funktionsstörungen des Gehirns zurückgeführt. So schließt Jean Ayres von unauffälligem, angepassten Verhalten auf ein intaktes, funktionstüchtiges Gehirn.[27] Durch diese einschränkende Sichtweise werden Störungen im Verhaltensbereich ausschließlich zum individuellen Problem des Kindes. Dabei wird übersehen, dass, wie eingangs dieses Kapitels erwähnt, neurophysiologische, genetische und Umweltbedingungen immer gemeinsam verantwortlich sind für die Entwicklung des jeweils hohen beziehungsweise niederen Niveaus der Teilleistungen und somit auch für das entsprechende Lernniveau.

Es wäre sehr schön und einfach, könnte die Vorstellung des menschlichen Gehirns als Computer, der bei Ausfällen nur mit entsprechenden Befehlen gefüttert werden muss, um wieder reibungslos zu funktionieren, Wirklichkeit werden. Diesen Traum vermitteln manche Modelle der Teilleistungsstörungen. Davon sind wir aber, vor allem nach den neuen Erkenntnissen der Neurophysiologie, meilenweit entfernt. Menschen zeichnen sich dadurch aus, dass sie Probleme lösen müssen, die ein Computer in dieser Form *nicht* lösen kann und muss. Der Mensch verarbeitet zweifelsohne Informationen in gewaltigem Ausmaß, er tut dies jedoch auf andere Art und Weise als ein Computer.

Der Mensch durchläuft eine individuelle, je nach Kultur

unterschiedliche Sozialisation und ist ohne diese nicht überlebensfähig. Während andere Lebewesen durchaus ohne Artkontakt überleben können, stirbt der Mensch, wenn er ohne emotionale Bedürfnisbefriedigung bleibt. Essen und Trinken allein halten ihn nicht am Leben und »ernähren« auch das Gehirn nicht ausreichend. Die sozialen Bindungen und deren Qualität versorgen die menschliche Seele und steuern die Integration der einzelnen Hirnfunktionen im Positiven wie im Negativen. So können sich organische Ausfälle bei schlechten sozialen Bedingungen verschärfen oder unter liebevoller Zuwendung und Akzeptanz erstaunlich gut verbessern. Eine gesunde Ausgangsposition kann durch belastende emotionale Bedingungen schwerwiegend beeinträchtigt werden. Es können Störungen entstehen, die sich physiologisch niederschlagen und fast organisch anmuten. Nicht nur eine anregende oder eine Liebe verweigernde Haltung der Umwelt wirkt sich auf die neuronale Verschaltung des Gehirns aus, womit viele Vertreter von Teilleistungsschwächen argumentieren. Auch die subjektive Seite lebensgeschichtlicher Erfahrungen, das, was bedeutsam für das Kind wird, prägt seine Hirnentwicklung und somit die Verarbeitung seiner Wirklichkeit ganz entscheidend mit.

Wie ein Mensch die Berührung durch andere erlebt, hängt zum sehr hohen Maße von seiner frühkindlichen Körpererfahrung ab. Gerade in den »Tiefenstrukturen des Erlebens« (Niklas Luhmann) spiegelt sich seine Geschichtlichkeit, die immer eine Geschichte mit dem anderen Menschen ist, wider. Diese Erlebensstrukturen enthalten neben den bewussten auch unbewusste Anteile. Diese Anteile sind die Ergebnisse aus frühen Interaktionsmustern zwischen Vater, Mutter und Kind. Störungen und Blockierungen auf dieser Ebene werden noch immer als Bedingungen für Lern-, Leistungs- und Verhaltensstörungen unterschätzt. Dies liegt vor allem daran, dass sich diese Aspekte noch immer einem schnellen diagnostischen Zugriff entziehen. Diese unbewussten Strukturen werden erst sichtbar, wenn wir uns fragen, welchen »Lebenssinn« diese Störungen für den Betroffenen haben. So haben zum Beispiel Sprachstörungen nicht nur mit Teilleistungsstörungen in der Wahrnehmung, Motorik oder in den Bereichen des Verarbeitens zu tun, sondern immer auch mit dem subjektiven Erlebens-, Bedeutungs- und Verhaltensmuster des betreffenden Kindes.

Wir können nicht davon ausgehen, dass wir alle relativ gleiche neuronale Strukturen bei relativ gleicher sozialer und kultureller Umwelt entwickeln, selbst wenn unsere neuronale Grundausstattung intakt ist. Vielmehr reagieren wir aufgrund motivationaler Aspekte, genetischer Temperamentsunterschiede sowie unterschiedlicher Erfahrungen im emotionalen und sozialen Bereich völlig individuell. Unsere neuronale Verschaltung und Ausprägung ist so individuell wie ein Fingerabdruck. Bei allen Ähnlichkeiten in Entwicklungsverlauf und Grundausstattung prägen doch die subjektiven Erlebensbedingungen ganz eigene Webmuster und damit individuelle Bedeutungsaspekte und Verhaltensweisen aus. Teilleistungsstörungen sind somit nie nur reine Funktionsstörung, sondern immer wieder eine Verletzung in der Persönlichkeit des Betroffenen. Ein Hilfeschrei besonderer Art, der nicht nur die Versorgung der betroffenen organischen Bereiche verlangt, sondern immer auch eine Fürsorge für die verletzte Seele fordert.

Ein Kind mit Sprachstörung versucht vielleicht damit die Aufmerksamkeit seiner Mutter zu erringen, gleichgültig, unter welchen Bedingungen. So führt die negative Zuwendung der Mutter zwar zur gewünschten Aufmerksamkeit, sie füttert aber gleichzeitig die gekränkte Seele des Kindes, die glaubt, keine bessere Behandlung verdient zu haben. Die Störung hält damit die Bindung zur Mutter aufrecht und stützt das einzige Selbstwertgefühl, das das Kind hat, nämlich ein negatives. Wird nicht versucht, in allererster Linie die Ursache für diese Bindungsstörung zu klären und behutsam das Selbstbild des Kindes zu korrigieren, wird jede auch noch so richtige Behandlung der Teilleistungsstörungen keinen tiefgreifenden Erfolg haben. Vielleicht kann die Sprachstörung behoben werden, aber die gekränkte Seele wird sich eine andere Möglichkeit suchen, ihre Bedürftigkeit mitzuteilen. Diese Kinder werden für uns wieder nur negativ bedeutsam, weil sie einfach ihr Symptom wechseln.

Sicher ist nicht grundsätzlich eine so tiefe Verletzung mit der Teilleistungsschwäche verwoben, jedoch sollten wir nie den seelischen Anteil außer Acht lassen, wenn wir uns an die Therapie dieser Störungen begeben. Weil der Mensch keine Maschine mit austauschbaren Einzelteilen ist, müssen wir immer mit dem ganzen Menschen arbeiten, da eine Störung im hirnphysiologischen Bereich immer eine ganzheitliche Störung ist und nicht nur ein paar Zellen irgendwo im Gehirn betrifft.

Aufmerksamkeitsstörung mit und ohne Hyperaktivität

Die fast 100 Jahre alten Bildergeschichten des *Zappelphilipp* und des *Hanns Guck-in-die-Luft* belegen eindrucksvoll die Problematik dieser Teilleistungsstörung. Bis heute hat sich daran nichts geändert, das Bewusstsein für diese Störung hat allerdings zugenommen, und die Akzeptanz der betroffenen Kinder und deren Eltern ist größer geworden.

Diese Kinder zeigen schon sehr früh die ersten Symptome: Sie sind unruhig und hektisch in ihren Bewegungen. Wenn man etwas zu ihnen sagt, hat man sehr oft das Gefühl, auf taube Ohren zu stoßen. Ihre Aufmerksamkeit ist kurz, sie sind schnell ablenkbar. Nichts fällt diesen Kindern so schwer, wie sich allein mit einem Spiel zu beschäftigen. Sie benötigen immer einen Erwachsenen, der ihnen Spiel und Zeit strukturiert und sie motiviert, durchzuhalten. Überließe man sie sich selbst, würden sie unkontrolliert und impulsiv durch den Tag ziehen. Unzählige angefangene und abgebrochene Spiele würden ihren Weg säumen.

Mütter, die selbst unruhig und nervös sind, haben Schwierigkeiten, die Erzieherrolle adäquat auszufüllen, in gewisser Weise geben sie sie sogar an ihre Kinder ab und versuchen deshalb vergeblich, diese zum Zuhören zu bewegen. Müde lassen sie das Chaos und die Klagen betroffener Nachbarn und Erzieher über sich ergehen.

Unaufmerksame Kinder zeichnen sich weiterhin dadurch aus, dass sie unordentlich und chaotisch beim Arbeiten wirken. Ihr Verhalten ist unbedacht und vorschnell. Gruppenansammlungen machen diese Kinder nervös. Aufgaben versuchen sie schnell zu lösen, ohne auf die genaue Anweisung zu achten oder sich um deren Inhalt zu kümmern. Einmal begonnene Lösungswege werden mit erstaunlicher Sturheit verteidigt, selbst wenn sie falsch sind. Einmal beschrittene Wege zu wechseln oder sich auf neue Lösungsstrategien einzulassen fällt diesen Kindern unheimlich schwer. Oft zeigen sich neben sehr guten Einzelbegabungen und Interessen massive Ausfälle im Leistungsbereich, bedingt durch die großflächige Unaufmerksamkeit und Impulsivität.

Diese Defizite werden bei jüngeren Kindern noch sehr häufig als Eigenwilligkeit oder elterliche Unfähigkeit erklärt. Meist wird das ganze Ausmaß der Störung erst im Schulalter deutlich, wenn auch der Lehrer völlig entnervt vor den Problemen dieser fast böswillig anmutenden Kinder kapituliert. Die Eltern, müde von den vielen Beschuldigungen und erschöpft vom endlosen Reden und Hinterherlaufen, haben spätestens zu diesem Zeitpunkt den Kontakt zu den Bedürfnissen und Nöten ihrer Kinder verloren. Physiologische Störung und Bindungsstörung haben sich zu einem sehr komplexen und für alle Beteiligten sehr belastenden Muster verwoben.

Das auffällige Verhalten dieser Kinder wird von den beteiligten Bezugspersonen vielfach nicht als Störung gesehen, sondern als »fehlender guter Wille«, als Rücksichtslosigkeit, böswillige Absicht, Im-Mittelpunkt-stehen-Wollen oder mangelnde Disziplin. Die Kinder werden als störend wahrgenommen und gelten als unreif und unangepasst. Ihre eingeschränkte Lernfähigkeit, die mangelnde Gruppenfähigkeit und die oft vorhandenen motorischen Entwicklungsverzögerungen erwecken den Eindruck des typischen schlechten Schülers, und das bei oft guter bis überdurchschnittlicher Intelligenz.

Eltern beklagen häufig die Bockigkeit, die Wutausbrüche, den Ungehorsam, den massiven Trotz und das oft unbedachte, ja selbstgefährdende Verhalten der Kinder. Kein Baum ist zu hoch, kein Wasser zu tief, und das Wort »Gefahr« existiert in deren Wortschatz nicht. Anderen Kindern gegenüber verhalten sie sich schnell aggressiv. Sie schließen sich häufig mit den Kindern zusammen, die ihre Störung eher noch eskalieren lassen. Sie lernen angemessene Verhaltensweisen offensichtlich wesentlich langsamer als andere Kinder, und es fällt ihnen schwer, problematische Verhaltensweisen aufzugeben.

Da sie nur wenige soziale Kontakte haben, obliegt die Sorge um eine ausgleichende und fördernde Umwelt allein den Eltern oder Geschwistern. Diese erhöhte Erziehungsverantwortung überfordert die Eltern mit zunehmender Verhaltensauffälligkeit des Kindes, da für die Eltern und das Kind ausgleichende Faktoren immer weniger wirksam werden. In der Umwelt werden diese Kinder mehr und mehr abgelehnt, die Außenkontakte der Kinder und Eltern werden eingeschränkt, gleichzeitig gewinnt der positive und kompensatorische Entwicklungseinfluss durch die Eltern an Bedeutung. Dieser muss aber misslingen, wenn diese Störung nicht diagnostiziert und als alleiniges Versagen der engsten Bezugspersonen gewertet wird.

Die in der Regel sehr rigorose Ablehnung von Gleichaltrigen und die damit verbundenen eingeschränkten Sozialkontakte führen dazu, dass es zu einer Verstärkung des Fehlverhaltens kommt, zum Beispiel zu negativem, widersprüchlichem Verhalten, Großspurigkeit, Verweigerung und Ähnlichem. Dadurch wird die Ablehnung aufmerksamkeitsgestörter Kinder in der Außenwelt noch verstärkt, ein Teufelskreis setzt ein. In der Schule zeigen sie in wesentlichen Bereichen Minderleistungen, ihre Lese- und Rechenleistungen sind meist schlechter als die anderer Kinder, in Tests schneiden sie schlechter ab, und das Lösen komplexer Probleme bereitet ihnen große Schwierigkeiten. Diese Lernprobleme sind auf die fehlenden sozialen Konflikte, die blockierte Arbeitshaltung und auf unmittelbare Lernbeeinträchtigungen zurückzuführen.

Diese negativen Lebenserfahrungen machen das aufmerksamkeitsgestörte Kind unsicher, ängstlich und schränken das ohnehin nur schwach ausgeprägte Selbstwertgefühl weiter ein. Ihr Selbstbild ist negativ und pessimistisch, was sie durch aggressives und großspuriges Verhalten zu überdecken versuchen. Große Stimmungsschwankungen, geringe Frustrationstoleranz und Verzweiflung begleiten diese Kinder.

Aufmerksamkeitsstörungen beeinträchtigen die Entwicklungsvoraussetzungen eines Kindes, da sie seine Lernkompetenzen beeinträchtigen und somit negativen Verhaltensentwicklungen Vorschub leisten. Studien belegen, dass aufmerksamkeitsgestörte Kinder auch als Jugendliche beziehungsweise junge Erwachsene noch ausgeprägte Probleme haben: Hier herrschen vor allem chronisch zwischenmenschliche Konflikte, Ruhelosigkeit, abrupte Lebensentscheidungen, konfliktreiche Sozialbeziehungen, eine unstete Lebensführung und wenig konsistente Zielsetzungen vor; außerdem haben diese Menschen auch deutlich weniger befriedigende soziale Kontakte.[28]

Demnach stellt die Aufmerksamkeitsstörung mit oder ohne Hyperaktivität eine schwere Entwicklungsbeeinträchtigung dar, die selbst durch eine mögliche medizinische Behandlung, beispielsweise durch die Verabreichung von Amphetaminen, wenig beeinflussbar ist. Die Prognose für betroffene Kinder ist umso schlechter, je größer und komplexer die Verhaltensstörungen sind, die in der Folge dieser Entwicklungsstörung auftreten.

Um wirksam helfen zu können, ist eine frühzeitige und genaue Diagnose wichtig, weil der zum Teil inflationäre Gebrauch von Begriffen wie Hyperaktivität oder hyperkinetisches Syndrom oft wichtige differenzialdiagnostische Aspekte außer Acht lässt. Dabei ist zu bedenken, dass Überfunktionen der Schilddrüse, depressive Verstimmungen oder das Tourette-Syndrom (eine schwere Tick-Erkrankung) ähnliche Erscheinungsformen aufweisen können. Auch die Unruhezustände, die bei schweren Lernbehinderungen oder geistig behinderten Kindern und Jugendlichen auftreten, unterscheiden sich grundsätzlich von der Aufmerksamkeitsstörung und haben andere pathogene Ursachen. Je früher also die richtige Diagnose gestellt wird und die Behandlung einsetzt, desto leichter können weitere Verhaltensstörungen verhindert werden. Diese schränken das Lebensgefühl dieser betroffenen Kinder so massiv ein, wie es sich Außenstehende kaum vorstellen können.

Der kleine Ernst ist ein Paradebeispiel. Nach einer relativ komplikationslosen Schwangerschaft und einer nicht allzu schweren Geburt scheint für die Eltern anfangs die Welt noch in Ordnung. Da der Junge so unruhig ist, dass er keine Ausdauer zum Trinken hat, stillt die Mutter ihn früh ab und füttert ihn mit der abgepumpten Milch. Ernst schreit weiter. Die Ratschläge und Kommentare der Verwandtschaft und Ärzte reichen von »Ganz normal«, »Das wird schon« und »Der Vater war genauso« bis zu »Fragen Sie sich mal, warum Sie Ihr Kind nicht mögen«.

Die Eltern ziehen sämtliche pädagogische Nachschlagewerke zu Rate, alle Interventionen bleiben ohne Erfolg. Inzwischen hat der kleine Ernst laufen gelernt. Seine Bewegungen sind unsicherer und unkoordinierter als bei anderen Kindern. Andererseits üben Pfützen, Tümpel, Mauern, Bäume und Ähnliches eine geradezu magische Anziehungskraft auf ihn aus. Immer nach dem Motto: Je tiefer, je dreckiger oder je höher, umso lieber. Er spricht nicht sehr viel, aber an seinen verbalen Ausdrucksformen wird deutlich, dass er mit Sicherheit an keiner kognitiven Wahrnehmungsstörung leidet, obwohl er scheinbar nicht hören kann, wenn man ihn ruft oder bittet, etwas zu tun. Ja, er wird sogar aufsässiger und trotziger im Verhalten, je intensiver man ihn verbal zu beeinflussen sucht.

Spätestens jetzt wäre die Suche nach der richtigen Diagnose angebracht gewesen, um den kleinen Ernst und vielleicht auch seine Eltern vor einer traurigen Trennung bewahren zu können, die Ernst zusätzlich sehr belastet hat. Aber leider greift niemand helfend ein. Der kleine Junge entwickelt so schwere Schlafstörungen, dass die Mutter jeden Abend erst einmal zwei Stunden mit dem Auto durch den Ort fährt, um das Kind zur Ruhe zu bringen. Später wechseln sich die Eltern im stundenlangen Abendritual ab. Die Großeltern entlasten sie, indem sie Ernst am Wochenende zu sich nehmen. Die Mutter ist nervlich sehr angeschlagen und fühlt sich mehr und mehr als Versagerin. Die Ehe gerät durch die Belastung und zunehmende Isolierung in eine große Krise. Der Kinderarzt bestätigt trotz allem eine normale Entwicklung des Kindes.

Die Eltern stellen sich immer kritischer gegenseitig die Frage, was sie falsch machen. Alte Sozialkontakte werden aus Scham abgebrochen, die Familie zunehmend isoliert. Kontakte zu anderen Kindern fallen Ernst sehr schwer. Im Kindergarten bringt er die Erzieherin zur Verzweiflung, er ist nie da, wo er sein soll, aber immer da, wo er stört und Unfrieden schafft. Die Mutter darf ihn erst um zehn Uhr hinbringen und muss ihn um elf Uhr schon wieder abholen. Beide Partner fühlen sich immer mehr außer Stande, mit den Kränkungen und den physischen sowie psychischen Belastungen weiter umzugehen. Keiner sagt ihnen, wie sie sich Ernst gegenüber verhalten sollten, um selbst etwas zur Ruhe zu kommen und auch dem Kind Ruhe, Orientierung und Sicherheit bieten zu können. Die Ehe der Eltern wird schließlich geschieden. Und immer noch verstärken sich in diesem Konflikt auf allen Seiten die Fehlverhalten. Am schlimmsten ist dies für den kleinen Ernst. Er wird zunehmend noch unsicherer und reizbarer, auf Veränderungen reagiert er bockig und wütend, Lösungen für Probleme sucht er kurzfristig und meist auf Kosten anderer, Situationen kann er durch seine innere Unsicherheit nicht richtig einschätzen. Er reagiert deshalb oft chaotisch und impulsiv.

Mit sechs Jahren wird er eingeschult. Nach wenigen Tagen werden die Eltern ins Direktorat gebeten. Ernst legt untragbares Verhalten an den Tag, er redet permanent mit dem Nachbarn, spricht im Unterricht dazwischen, beantwortet nicht das, was der Lehrer fragt, steht vom Platz auf oder hampelt so auf seinem Stuhl herum, dass er mehrmals herunterfällt. Neben ihm will kein Kind sitzen, und die Eltern der übrigen Kinder beschweren sich.

Der Direktor legt den Eltern nahe, das Kind in eine Förderklasse zu geben und eine Kinderneurologin und Psychiaterin aufzusuchen. Jetzt endlich wird die richtige Diagnose gestellt: Aufmerksamkeitsstörung mit Hyperaktivität. Der kleine Ernst kommt zudem in eine heilpädagogische Tagesstätte, um in diesem klaren, gesicherten Rahmen für sich neue Orientierung zu finden und in kleinen Schritten zu lernen, Vertrauen in sich zu finden. Die Mutter soll erst einmal entlastet werden und schrittweise Einsicht in die Dynamik der kindlichen Störung erhalten. Es ist für beide Eltern wichtig zu erkennen, wo sie die Störung durch ihr Verhalten verstärken und womit sie ihr Kind und damit auch sich selbst entlasten können. Durch die sehr komplexe Vernetzung von Aufmerksamkeitsstörung und Verhaltensstörungen ist für Eltern und Kind der Weg in eine bessere Gegenwart und in eine erfreulichere Zukunft keineswegs einfach, sondern verlangt neben der Bereitschaft zur Therapie auch das nötige Verständnis der Umwelt, insbesondere der Schule.

Was können nun die Ursachen für diese doch sehr komplexe Störung sein? Nur aus der Verknüpfung biologischer, psychologischer und sozialer Aspekte lassen sich die Komplexität dieser Störung hinreichend erklären und sinnvolle Therapieansätze entwickeln. Gerade aus dieser Verknüpfung heraus wird die individuelle Ausprägung dieser Störung bei jedem Kind verständlich und auch klar, dass die Therapie, die bei Ernst greift, nicht zum Erfolg oder nur zu geringem Erfolg bei einem anderen Kind führt. Vor allem auf die Aufmerksamkeitsstörung mit oder ohne Hyperaktivität trifft zu, was die neuere Biofeedback-Forschung herausgefunden hat: »Verhalten und Erleben des Menschen sind keine bloße Folgeerscheinung ... neuronaler Prozesse, vielmehr wirken sich Veränderungen des Verhaltens ... auf die Funktionsweise des Gehirns aus.«[29] So können also alle physiologischen Erklärungsansätze nur ein Teil des Heilungsweges sein, wie auch die medikamentöse Unterstützung nur ein Hilfsmittel ist, um andere, das Erleben und Verhalten des Kindes betreffende Therapieansätze wirksam werden zu lassen. Ist die soziale Umwelt aber nicht bereit, die Probleme dieser Kinder in ihrer besonderen Eigenart zu akzeptieren, so bleiben medizinische und psychologische Therapieansätze bei schweren Störungen fast wirkungslos und in leichteren Fällen nur bedingt wirksam. Bei keiner Störung wird so deutlich, dass die Zusammenarbeit zwischen Medizinern, Therapeuten und Betroffenen aus dem sozialen Umfeld wie Eltern, Lehrern, Erziehern und anderen so wichtig und für den Erfolg so ausschlaggebend ist.

Auf der somatisch-biologischen Ebene wirken zerebrale Dysfunktionen mit minimalen Ausfällen. Diese können sich auf der Ebene der Neurophysiologie in mangelnden Reflexmustern oder auffälligen Elektroenzephalogramm-Mustern (EEG) zeigen. Auf der neuropsychologischen Ebene zeigen sich derartige Ausfälle in visuomotorischen Koordinationsstörungen und mangelnder Reaktionskontrolle sowie in spezifischen Teilleistungsstörungen im Bereich der sprachlichen Wahrnehmung, der kognitiven Organisation und der visuellen Unterscheidungsfähigkeit bei anhaltender Leistung. Dadurch entstehen veränderte Lernprozesse, die sich wiederum auf das Erleben und Verhalten auswirken.

Die Theorie der Reizüberflutung und Übererregung konnte bislang nicht ausreichend belegt werden. Viele so genannte normale Kinder zeigen ähnliche Reaktionsmuster. Eher bestätigt hat sich die Theorie der Unteraktivierung. Dabei geht man von einer chronischen kortikalen Untererregung mit einem ungünstigen zentralnervösen Aktivierungsniveau aus, wobei versucht wird, durch erhöhte Reizsuche diesen Aktivierungsmangel auszugleichen. Gleichzeitig nimmt man an, dass die Unteraktivierung zu einer mangelnden Hemmungskontrolle der zentralnervösen Bereiche führt. Daraus ließen sich die überschießenden und unkontrollierten Verhaltensreaktionen erklären. Allerdings kann man von keiner generellen Unteraktivierung sprechen, sondern eher von einer gestörten Aktivierungsmodulation. Dies bedeutet, dass keine generelle physiologische Störung verantwortlich ist, sondern ein gestörtes Zusammenwirken verschiedener funktioneller Systeme.

Neuere Ansätze erklären Aufmerksamkeitsstörungen auch mit gestörten Immunregulationen. Oft finden wir bei betroffenen Kindern allergische Reaktionen, Neurodermitis und andere Störungen des Autoimmunsystems. Die euphorischen Ansätze, mit gezielter diätischer Behandlung die Hyperaktivität zu beheben, haben leider keinen Erfolg gezeigt. Da bei allergischen Hauterkrankungen immer auch eine psychosomatische Komponente mitspielt, dürfte für eine Linderung der Symptome die Beziehung zwischen Mutter und Kind wesentlich ausschlaggebender sein als eine Diät. Viele hyperaktive Kinder halten die Diät so lange durch, bis sie merken, dass sich zu Hause die Beziehungsgefüge ändern. Wird für die Kinder spürbar, dass sich mit dieser Diät auch die Erwartungen der Mutter und der Umwelt verschieben und so auf Dauer kein günstigeres Lernumfeld für sie entsteht, beginnen sie die Diät zu verweigern. Vielfach verfallen sie aus der emotionalen Frustration heraus in schädigende Essreaktionen (Überzuckerung), die den Stoffwechsel negativ beeinflussen und so weiteres Fehlverhalten produzieren.

Bei den psychosozialen Faktoren sind die Kinder auszuschließen, bei denen Hyperaktivität oder eine Aufmerksamkeitsstörung in Begleitung von kritischen Lebensereignissen auftritt wie zum Beispiel Scheidung, Tod oder die lebensbedrohliche Erkrankung eines Angehörigen. Solche Fälle gehören nach den Diagnosekriterien des *Diagnostischen und statistischen Manual psychischer Störungen* nicht zu den »echten« Aufmerksamkeitsstörungen. Verstärkend wirken auf sozialer Seite Unsicherheiten im Bindungsverhalten der Eltern, inkonsistente Erziehung, die zwischen Gewähren und Versagen schwankt, sowie eigene Belastungen der Eltern auf emotionaler, beruflicher oder sozialer Ebene.

Weder die physiologischen, psychologischen noch sozialen Fakten allein reichen aus, diese Störung auszulösen und aufrechtzuerhalten, wohl aber die Verknüpfung dieser Fakten. Je ungünstiger die Verwobenheit aller Fakten, umso schlechter die Prognose für das Kind.

Bei dieser Störung hilft kein Satz vom Lehrer oder von anderer Seite wie »Das wächst sich aus«, »Der muss nur wollen«, »Ich erwarte, dass das Kind das kann«, »Der will mich nur ärgern« oder »Den muss man nur streng anfassen«. Unter solchen Erwartungs- und Bewertungsmaßstäben hat das Kind keine Chance, mit seinen Eigenheiten angenommen zu werden und adäquate Hilfen zu erhalten.

So kann man allen Eltern, die nachfolgend aufgeführte Symptome bei ihrem Kind feststellen, nur empfehlen, umgehend die Kinderklinik der nächsten Universität aufzusuchen oder sich nach einem Verein für Eltern von hyperaktiven Kindern zu erkundigen. Heute gibt es fast in jeder größeren Stadt eine solche Initiative. Oft erfahren Sie deren Adresse über die Selbsthilfezentren der Stadt oder durch soziale Institutionen und die Tageszeitung. Gute Ärzte erkennen Sie an deren Bereitschaft, neben den Eltern auch beteiligte Einrichtungen wie heilpädagogische Tagesstätten und Schulen in die Therapieplanung mit einzubeziehen. Sie sollten den Betroffenen verdeutlichen können, dass die medikamentöse Behandlung nur stützend, aber niemals heilend ist und ohne Therapie für alle Beteiligten wenig Sinn macht.

Für viele Kinder ist die Entlastung im schulischen Bereich in den ersten Klassen eine zwingende Notwendigkeit. Was hilft es den betroffenen Kindern, wenn sie über eine gute bis sehr gute Grundintelligenz verfügen, aber im regulären Schulrahmen und bei rund 30 Mitschülern in der Klasse so gut wie keine Chance haben, ihre Fähigkeiten auch nur im Ansatz zu entwickeln. So steht oft für die Eltern der schmerzhafte Schritt an, ihren Kindern die Chance zu geben, eine Förderschule zu besuchen. In diesen kleinen Klassen mit oft nur acht Schülern und Lehrern, die nicht erwarten, dass der Schüler im Verhalten und Verständnis weiter ist, als er tatsächlich ist, hat das Kind gute Chancen, seine Kompetenzen zu entwickeln und kompensierende Verhaltensweisen aufzubauen, die es ihm leichter machen, auf Dauer mit diesen Schwächen umzugehen.

Folgende Kriterien helfen eine Aufmerksamkeitsstörung zu diagnostizieren. Das Kind

- ❑ ist häufig motorisch unruhig und zappelig,
- ❑ kann nur schwer sitzen bleiben, wenn dies von ihm verlangt wird,
- ❑ wird leicht durch äußere Reize abgelenkt,
- ❑ kann in Spiel- oder Gruppensituationen nur schwer warten, bis es an die Reihe kommt,
- ❑ platzt oft mit der Antwort heraus, bevor die Fragen vollständig gestellt sind,
- ❑ führt Aufträge nicht vollständig aus, bringt seine Handlungen nicht zu Ende (dies ist nicht durch Trotzverhalten oder Verständigungsschwierigkeiten bedingt!),
- ❑ ermüdet rasch, hat Schwierigkeiten, bei Aufgaben oder Spielen länger aufmerksam bei der Sache zu bleiben,
- ❑ wechselt häufig von einer nicht beendeten Aktivität zu einer anderen,
- ❑ kann nur schwer ruhig spielen,
- ❑ redet häufig übermäßig viel,

- ❑ unterbricht oft andere oder drängt sich diesen auf, indem es zum Beispiel ins Spiel anderer Kinder hineinplatzt,
- ❑ scheint häufig nicht zuzuhören, wenn andere mit ihm sprechen,
- ❑ verliert häufig Gegenstände, die es für Aufgaben oder Aktivitäten in der Schule oder zu Hause benötigt (Spielsachen, Bücher, Anweisungen, Hefte usw.),
- ❑ lässt sich oft – ohne Rücksicht auf mögliche Folgen – auf körperlich gefährliche Aktivitäten ein (es läuft beispielsweise ohne zu schauen über die Straße, fährt risikoreich mit dem Rad, geht ohne zu zögern in tiefes Wasser, rennt an unbekannten Orten los, ohne zu überlegen, klettert unbedacht auf hohe Bäume usw.).

Sollten mindestens acht der aufgeführten Punkte zutreffen, seit mehr als sechs Monaten bestehen und bereits vor dem sechsten Lebensjahr eingesetzt haben, so liegt der Verdacht auf eine Aufmerksamkeitsstörung nahe.

Oft treten noch zusätzliche Anpassungsprobleme in der Gruppe auf, die es dem Kind schwer machen, soziale Kontakte zu knüpfen. Auffällig ist, dass diese Kinder sehr gut zusammen mit einem Erwachsenen spielen können, wenn dieser die Ruhe zum Motivieren besitzt und das Kind zum Weitermachen anregen kann.

Als Hilfen empfiehlt sich neben der richtigen Erstdiagnostik ein Platz in einem Integrationskindergarten oder einer heilpädagogischen Tagesstätte für Vorschulkinder. Nach der Einschulung ist es für viele Kinder hilfreich, begleitend in einer heilpädagogischen Tagesstätte betreut zu werden. In diesem geschützten Rahmen können die Kinder fehlende Kompetenzen erwerben und vor allem soziale Defizite, die sie sonst in Isolation und innere Vereinsamung treiben, abbauen. Für die Eltern bietet die phasenweise Entlastung die Möglichkeit, eigene Verhaltensmuster zu überdenken und zu verändern und mehr den Bedürfnissen dieser Kinder anzupassen. Durch die in der heilpädagogischen Tagesstätte angebotenen Beratungen und Hilfestellungen können Entlastung und Veränderung für Eltern und Kind optimiert werden. Vor allem die schulische Entlastung wird von den Eltern als sehr beruhigend erlebt. Sie leiden oft darunter, von den Lehrern als »Buhmann« für das auffällige Kind angesehen und mit vielen Schuldvorwürfen und Erwartungen belegt zu werden. Diese geben sie bewusst oder unbewusst an ihr Kind weiter, so dass sich dessen Störungen verstärken.

Mögliche Ursachen und Auswirkungen der Lese- und Rechtschreibschwäche

Wir neigen heute wieder verstärkt dazu, Kinder mit Lese- und Schreibproblemen in die Ecke der unverbesserlich Faulen und Bockigen zu stellen. Während in der neuropsychologischen Forschung die Diagnose und Ursachenerkennung speziell bei diesen Störungen stetige Fortschritte machen, ist auf der pädagogischen Seite leider ein Rückschritt in die 60er-Jahre zu beobachten, und damit auf den Standpunkt, dass es Legasthenie eigentlich gar nicht gebe. Folglich bräuchten wir auch kein Förderprogramm für diese Kinder.

Bedauerlich ist auch, dass gerade im Kindergarten- und Vorschulbereich die Ausbildung den Erzieher nicht befähigt, derartige Störungen in ihren Anfängen zu erkennen und so einer gezielten Diagnose zuzuführen. Lernstörungen sind heute trotz aller Angst, im Leben zu versagen, noch immer kein großes Thema in der Früherkennung und pädagogischen Arbeit. Man beruft sich auf Erfahrungswissen und negiert neue Erkenntnisse und Möglichkeiten. Die Ausbildung der Erzieher orientiert sich noch immer an Konzepten, die aus den 70er-Jahren stammen. Neueste psychologische Erkenntnisse und deren pädagogische Konsequenzen finden nur sehr begrenzt Zugang in die Praxis.

Lernstörungen, die die Bereiche des Lesens, Schreibens, der Orthografie oder des Rechnens betreffen, basieren sehr oft auf einer hirnphysiologischen Grundlage. Glücklicherweise ist nur in den seltensten Fällen ein Tumor oder eine innere Blutung der Störungsauslöser. Überwiegend sind minimale Störungen in bestimmten Hirnregionen die Ursache. Die betroffenen Kinder überfordern in der Diskrepanz ihres Lernverhaltens ihre Lehrer. Einerseits zeigen sie häufig sehr gute Leistungen im allgemeinen Lernbereich, andererseits weit unterdurchschnittliche Ergebnisse in den Bereichen Lesen, Schreiben und Rechtschreiben.

Die Dyslexie

Die Lesebehinderung oder auch Dyslexie ist eine organisch oder seelisch bedingte Lesestörung. Dies bedeutet, dass trotz angemessener kultureller Möglichkeit, trotz üblichen Unterrichts und (über-)durchschnittlicher Intelligenz das betroffene Kind nicht oder nur sehr ungenügend in der Lage ist, die Fertigkeiten der Sprache für das Lesen zu nutzen. Heute unterscheiden wir zwei grundsätzliche Bereiche der Lesestörung: zum einen die spezifische oder kongenitale, also angeborene Leseverzögerung, die auf ein biochemisches Ungleichgewicht oder chronisches neurologisches Defizit zurückgeht, zum anderen die sekundäre Leseverzögerung, deren Ursache eher darin liegt, dass potenzielle Fähigkeiten nicht genutzt werden, sei es durch mangelnden Unterricht oder fehlende soziale Unterstützung im Elternhaus. Oft kommt es auch zu einer Verknüpfung beider Bereiche.

Lesestörungen können viele Erscheinungsbilder haben. So gibt es Kinder, die nicht in der Lage sind, auch nur zwei Silben aneinander zu fügen, andere haben Schwierigkeiten, den Sinn bestimmter Worte zu erfassen, sie erzeugen Paraphrasien (statt »Tisch« sagen sie beispielsweise »Stuhl«) oder ersetzen die Wörter durch Phantasiegebilde. Manche Kinder können nicht mehr als einen oder zwei Buchstaben gleichzeitig wahrnehmen. Auf diagnostischer Ebene können sich Schwächen im visuellen oder auditiven Gedächtnis zeigen, ebenso Probleme im Reihenfolgevermögen, Schwächen in der Fähigkeit für simultane Handlungen, visuell motorische Probleme, Schwächen in der visuellen oder akustischen Wahrnehmung, Schwächen in der visuellen oder akustischen Integration sowie Störungen in der kinästhetischen Wahrnehmung oder Integration.

In der computertomografischen Untersuchung können sich sichtbare Hinweise auf eine funktionelle Störung bestimmter Hirnbereiche ergeben, das muss aber nicht so sein. Auch eine EEG-Untersuchung kann durch Ableitungsauffälligkeiten Hinweise auf eine Funktionsstörung geben. Wichtig ist für die Eltern betroffener Kinder, möglichst schnell eine schulpsychologische und neurologische Untersuchung an einer Kinderklinik mit neuropsychologischer Abteilung durchführen zu lassen. Je eher die Diagnose gestellt werden kann und die Ursachen der Störung deutlich werden, umso gezielter kann eine heilpädagogische Förderung einsetzen. Werden bei Kindern die oben erwähnten Ausfälle bereits im Vorschulalter erkannt, kann eine frühzeitige Förderung die Auswirkungen der Störung reduzieren und kompensieren helfen.

Viele bedeutende Hirnforscher lehnen es ab, die Dyslexie als einheitliches Syndrom zu sehen, vielmehr müssen wir von einem hoch komplexen Störungsmuster ausgehen. Die Hirnkreisläufe für das Lesen sind äußerst kompliziert. Sie umfassen spezifische Zentren, die in der Regel in den Rindenabschnitten der linken Hemisphäre liegen und über den Thalamus Verbindungen zu anderen subkortikalen Arealen besitzen.

Da die genauen neuropsychologischen Prozesse des Lesens heute noch weitgehend unerforscht sind, ist eine abschließende Theorie bisher nicht möglich. Man vermutet verschiedene Störungsgruppen, die unterschiedliche Hirnstrukturen bevorzugen und demzufolge auch unterschiedliche Muster psychologischer Prozesse aufweisen.[30]

Ein wesentlicher Faktor in der Behandlung der Dyslexie ist neben den heilpädagogischen Programmen auch die psychologische Unterstützung. Die schmerzliche Kränkung, trotz aller vorhandenen Kompetenzen nicht in der Lage zu sein, einige Buchstaben zu einem sinnvollen Ganzen zu verbinden, ist sehr belastend. Oft entwickeln die betroffenen Kinder enorme Verschleierungstaktiken, die viel Intelligenz und Fähigkeiten verlangen, ohne dafür Anerkennung zu erhalten. So gibt es Kinder, die sich unter großem Stress und unter Einsatz aller kognitiven Fähigkeiten mit ihrer Leseschwäche durch die Schulzeit mogeln. Sie lernen ganze Buchpassagen auswendig und entwickeln spezielle Techniken, sich Unterrichtsinhalte zu merken, da sie den dazugehörigen Stoff nicht »lesen« können. Sie schreiben beim Nachbarn in der Mathematikschulaufgabe ab und prägen sich dabei dessen Lösung optisch ein, um so den Sinn der gestellten Aufgaben zu erfassen, den sie in schriftlich gegebener Form nicht erkennen können – immer begleitet von der Angst, die Schmach des Nicht-lesen-Könnens nicht länger verbergen zu können. Gerade Kinder mit guter Grundintelligenz erleben sich als unfähig und dumm, weil sie sich das Lesen nur bedingt aneignen können. Sie benötigen Aufklärung und Unterstützung sowie die Entlastung und Anerkennung durch ihre Umwelt. Vor allem Kinder mit durchschnittlicher oder gar überdurchschnittlicher Intelligenz leiden unter Lernstörungen mehr als Kinder mit geringem kognitiven Leistungsvermögen. Bei diesen Kindern ist der Ausfall der Leistung oft nicht nachvollziehbar. Wir gehen von einem einheitlichen Funktionieren unseres Gehirns aus, obwohl wir an uns selbst sehr wohl unterschiedliche Fähigkeitsbereiche erkennen.

Die Frustrationen des hirngeschädigten Kindes und seiner Eltern sind in der Gesellschaft meistens verborgen und genauso unsichtbar wie die Behinderungen. So glauben wir, dass jemand, der über gute Lernfähigkeiten verfügt, auch Lesen, Schreiben oder die richtige Rechtschreibung beherrschen muss. Tut er dies nicht, wird man eher von einer Verhaltensstörung ausgehen als von einer tiefer gehenden Funktionsstörung. »Der will nicht«, »Das macht er nur, um mich zu ärgern« und ähnliche Aussprüche sind oft Ausdruck der Frustration und Resignation auf Seiten der Lehrer und Erzieher derart betroffener Kinder.

Der beste therapeutische Ansatz besteht zur Zeit darin, so viel wie möglich über die Wahrnehmungsfähigkeiten, das Einwirken der einzelnen Sinnesorgane aufeinander, das Reihenfolgevermögen sowie über die intellektuellen, motorischen und sensumotorischen Fähigkeiten des Kindes herauszufinden und in ein heilpädagogisches Übungsprogramm zu integrieren.

Die Lese- und Rechtschreibschwäche (Legasthenie)

Die Ursachen der Schreibstörung und Rechtschreibschwäche liegen einerseits in physiologischen Funktionsstörungen, andererseits im psychischen Druck, der auf den betroffenen Kindern lastet. So können Probleme, das Schreiben zu erlernen, bei Kindern dadurch bedingt sein, dass sich die für das Schreiben notwendigen Areale in der Großhirnrinde nicht in der richtigen Weise oder im üblichen Ausmaß entwickeln. Oder die Verknüpfung der motorischen Rindenstreifen mit Schläfen-, Scheitel- und Hinterhauptslappen ist noch nicht in optimaler Weise erfolgt. Die Verknüpfung dieser Hirnbereiche ist für das Schreibenlernen von elementarer Bedeutung. Wir finden sehr oft bei Kindern mit Problemen in der taktilen Erkennung von Gegenständen auch Rechtschreibprobleme. Wird sehr frühzeitig auf eine Verknüpfung von visuellen, auditiven und motorischen Anteilen bei heilpädagogischen Übungen geachtet, kann dabei durch das Fördern von Stärken eine vorhandene Schwäche kompensiert werden.

Kinder mit ganz geringfügigen Störungen im rechten motorischen oder prämotorischen Hirnareal können später eine unbeholfene und langsame Handschrift entwickeln. Ähnliche Reaktionen zeigen Kinder, die zum Schreiben nicht die dominante Hand benutzen. Ihre Schrift wirkt oft verkrampft und unleserlich. Solchen Kindern eine Schreibnote zu geben ist so unsinnig, wie von einem Hund zu verlangen, mit Messer und Gabel zu essen. Je mehr Druck auf diesen Kindern lastet, umso verkrampfter und schlechter wird die Handschrift, da Stress zusätzlich störend in die hirnphysiologischen Prozesse eingreift.

Die Rechtschreibschwäche bedeutet für den oft mindestens durchschnittlich intelligenten Schüler eine Tortur. Er fragt sich, warum seine Lernstrategien bei der Rechtschreibung so versagen. Lehrer ermahnen ihn, genau aufzupassen, nicht so faul zu sein. Auch die verzweifelten Eltern unterstützen oft die Reden der Schule. Das Kind ist doch sonst nicht dumm, also kann es nur an seinem Verhalten liegen. Bedauerlicherweise stellen Lehrer und Eltern fest, dass eine Verschärfung der Übung und eine strenge Lernkontrolle die Leistungen nicht verbessern, sondern eher verschlechtern.

Susi durfte, als sie in die Schule kam, mit der linken Hand das Schreiben lernen. Ihre Rechtschreibung war bis dahin durchschnittlich gut. In der dritten Klasse übernahm die Rektorin der Schule die Klassenleitung. Susi musste nun mit der rechten Hand schreiben. »Ein anständiger Christ schreibt rechts«, war die Begründung der Lehrerin, um mit Linealschlägen und Strafen die Umerziehung zu schaffen. Susis Schreibgeschwindigkeit nahm rapide ab, die Fehler zu und auch ihre Angst, überhaupt in die Schule zu müssen. Beschwerden der Eltern führten zu verschärften Übungen in der Schule.

Als Susi ins Gymnasium kam, war ihre Rechtschreibleistung katastrophal. Der Lehrer erließ Susi die Benotung der Schulaufgaben im Bereich der Rechtschreibung, um ihre realen Leistungen würdigen zu können. Daraufhin nahmen Susis Fehler in den Schulaufgaben um mehr als 50 Prozent ab. Dies war die Fehlerquote, die nur auf den mit der Notengebung verbundenen Stress zurückzuführen war. Die Diagnose Legasthenie wurde nie gestellt. Susi half sich, nachdem sie schon erwachsen war, selbst, indem sie erkannte, dass sie die Fehler beim Schreiben nicht *sah*, aber sehr wohl das Wort akustisch richtig aufbauen und dann mit dem visuellen Bild vergleichen und auch gegebenenfalls korrigieren konnte.

Häufig zeigen Kinder mit Rechtschreibschwäche eine Schwäche im Reihenfolgevermögen oder machen Fehler in der exakten Lautwiedergabe. Manchmal fallen auch eine verminderte Geschicklichkeit der Hände und andere sensumotorische Schädigungen auf. Ursachen können neben entwicklungsbedingten Störungen ohne funktionelle Ursachen auch Schädigungen im linken Schläfenlappen sein oder Störungen im Bereich des linken motorischen Streifens der Großhirnrinde. Bei manchen Kindern liegt auch eine eingeschränkte Simultankapazität zugrunde, das heißt, die für ein Diktat notwendige Beachtung der verschiedenen Ebenen des Schreibprozesses (zum Beispiel Lautebene, Inhalt, Syntax, Graphomotorik) überfordert die gleichzeitige Aufmerksamkeitssteuerung, und es kommt zu einer rapiden Fehlerzunahme.[31]

Die genaue Diagnose obliegt auch hier wieder dem Kinderneurologen und dem Schulpsychologen, die dann zusammen mit den therapeutischen Fachkräften ein heilpädagogisches Förderprogramm entwickeln können. Dabei geht es immer um das Erkennen der geschwächten beziehungsweise starken Systeme – liegen diese zum Beispiel in der Modalität (visuell, akustisch oder auditiv), oder sind zentrale psychologische Funktionen (beispielsweise Konzeptbildung, Reihenbildung usw.) betroffen?

Der Ausprägungsgrad und die Anzahl der betroffenen Systeme sind eine wichtige Variable bei der Erstellung heilpädagogischer Programme. So kann zum Beispiel für Kinder mit Ausfällen im visuellen und auditiven Inputsystem die taktil-perzeptive Unterstützung hilfreich sein. Dies würde bedeuten, dass solchen Kindern das Schreiben von Buchstaben im weichen, nassen Sand angeboten wird, um über die taktilen Wahrnehmungsreize die

Erinnerungsbilder für das Schreiben im Gehirn zu verankern. Dazu sind die geschwächten visuellen und auditiven Systeme allein nicht in der Lage.

Nicht immer bringt ein solches Förderprogramm die vollständige Behebung der Störung. Dies zu wissen, ist auch für die betroffenen Eltern von immenser Bedeutung. Ihre Erwartung unterstützt im Guten wie im Schlechten jedes Förderprogramm. Ihre Enttäuschung kann das Kind lähmen, so wie ihre überhöhte Erwartung das Kind so unter Leistungsdruck setzt, dass es durch die erhöhte Stressbelastung scheitert.

Das eingegrenzte Ich

Lernstörungen sind Beziehungsstörungen. Das Klima in einer Familie und die Bezogenheit ihrer einzelnen Mitglieder zueinander können Lernblockaden auslösen. Das Wertesystem einer Familie entscheidet, wie weit sich Kinder entwickeln dürfen. Darüber hinaus leben viele Familien in einengenden finanziellen und räumlichen Verhältnissen. Aus Mangel an warmem Kontakt vollzieht sich das Leben der Kinder vor dem Fernseher. Damit werden Denkprozesse auf wenige medienwirksame Themen beschränkt. Die scheinbare Realität des Fernsehens gaukelt uns vor, alles sei möglich und alles sei machbar. Die Utopie des unbesiegbaren und immer mächtigen Menschen weckt so hohe idealisierte Erwartungen in den Kindern, dass ihr Scheitern vorprogrammiert ist. Um der Enttäuschung zu entgehen, entwickelt sich das Lebensziel zur Lebensflucht.

Vor 20 oder 30 Jahren wurden Wortschöpfungen wie »Erlebnispädagogik« eher als Spinnerei gesehen, heute weisen sie auf eine Notwendigkeit hin. Vielen Kindern fehlen allgemeine Lebensbezüge, die für unsere Großeltern noch selbstverständlich waren. Da nach dem Zweiten Weltkrieg für viele der Wiederaufbau und das Vergessen an erster Stelle standen, wurde für die Nachkriegsgeneration das Leben an Alltagserfahrungen ärmer, alte Traditionen wurden aufgegeben und bedingungslos dem Trend nach Erfolg und Haben geopfert.

Erfahrungen, die Erwachsene als Kinder nicht gemacht haben, können nur selten von ihnen gedacht und nachgelernt und so an die eigenen Kinder weitergegeben werden. Sofern immer weniger Erfahrungswissen bei den nachfolgenden Generationen vorliegt und Wissen am ehesten aus zweiter und dritter Hand erworben wird, darf es uns nicht verwundern, dass lebenswichtige Bereiche wie zum Beispiel der Umweltschutz immer weniger in ihrer realen Bedeutung erfasst werden können. Wer nie eine Alpenwiese blühen gesehen hat, sie nie mit allen Sinnen und Emotionen wahrgenommen hat, wird nie ein prägendes Bild, eine emotionale Sichtweise dafür entwickeln können. Ohne das emotionale Bild in uns werden keine Motivation und keine Verhaltensweisen entstehen, die diese Bilder durch Wiederholung wiederbeleben wollen und auch bereit sind, für deren Erhalt einzutreten. Menschen, die es gewohnt sind, Erfahrungen über das Fernsehen oder den Computer zu machen, blenden die emotionale Komponente aus; die Bilder verblassen dabei sehr schnell und hinterlassen nur wenig oder gar keine Erinnerungsspuren, vor allem keine emotionalen Bindungen, die nach einer Wiederholung des Erlebnisses suchen.

Es ist unbedeutend, was läuft, Hauptsache, es läuft überhaupt etwas. Das ist die Lebensdevise vieler Kinder und Jugendlicher. Die Magie des Fernsehens kann nur an der realen Erfahrung sterben, kein Lagerfeuer im Fernsehen kann so schön sein wie dessen reales Erleben an einem Fluss im Kreis von Freunden. Es scheint aber, als hätten viele den Bezug zu einem Handeln verloren, das nicht nur auf Gewinn und Vorteil ausgerichtet ist. Der Mensch hat zudem die eigenartige Angewohnheit, das, was er nicht gelernt hat, mit vielen Begründungen und kognitiven Methoden zu rechtfertigen. Anders ausgedrückt: Der Mensch verwendet mehr Energie darauf, seine Erfahrungsdefizite als normal und gesund zu begründen, als neue Erfahrungen zu machen.

Gekauftes Leben

Wir benötigen heute »gelernte Pädagogen« zur Vermittlung alltäglicher Umwelterfahrungen. Ein künstlicher Markt, der reales Leben verkauft. Alltägliche Spielerfahrungen, wie aus Zweigen und Blättern eine Hütte bauen, einen Lagerplatz anlegen oder so ganz einfache Spiele wie mit Kreidestrichen Himmel und Hölle aufs Pflaster zu zeichnen, müssen vorgelebt werden, weil sie für viele Kinder nicht mehr fassbar sind. So genannte Abenteuerspielplätze sind gestaltete Erwachsenenphantasien für Kinder nach wissenschaftlichen Erkenntnissen. Sie ermöglichen Kindern aber nur begrenzt Raum, Eigenes zu denken und zu entwickeln. Unser kreativer Lebensraum grenzt sich immer mehr ein. Wir lassen vordenken und werden gedacht. Die Dynamik der Eigensteuerung wird nachhaltig blockiert.

Die Eltern von heute sind selbst immer stärker eingebunden in ein streng regulierendes Lebenssystem. Arbeitsräume und Zeiten sind fest geregelt und lassen kaum Freiraum, die Freizeit wird nicht mehr selbst gestaltet, man lässt gestalten. Eingebunden in Familiengefüge, die große Bereiche der Freizeit regeln, oder in Vereine, die als Familienersatz Gemeinsamkeit und Erlebnisse anbieten, fragen wir uns nicht mehr nach den eigenen Bedürfnissen und Lebenswünschen. Wir glauben verzichten zu müssen, weil das Leben sie uns nicht zugesteht, ohne zu erkennen, dass wir sie uns im *Denken* nicht zugestehen und darum auch nicht verwirklichen.

Was unterscheidet einen Menschen, der eingebunden in die Gesellschaft lebt, von einem Menschen, der sich seinen Wunschtraum erfüllt und drei Monate mit dem Kanu den Yukon hinauffährt? Nur das Denken. Der eine denkt an die Begründungen, warum es nicht geht, der andere denkt an die Möglichkeiten, seinen Traum zu verwirklichen. Der eine grenzt im Denken seinen Freiraum ein, der andere erweitert nicht nur seinen persönlichen Freiraum, sondern auch seine Eigenverantwortung und seine Fähigkeiten. Er steckt seine Grenzen weiter und wird kreativer im Finden von Lösungen.

Das heranwachsende Kind entwickelt ein inneres Modell, in dem die persönlich bedeutsamen Aspekte des gegenseitigen Austausches und der gemeinsamen Erfahrungen gespeichert werden. Aus den persönlichen Erfahrungen im Umgang mit Eltern, Geschwistern und Verwandten entstehen Vorstellungen von sich selbst und von anderen Personen, die zu einer inneren »Landkarte« der zwischenmenschlichen und eigenen geistigen Realität werden. Viele dieser Erfahrungen und sich daraus ableitenden Erwartungen bleiben unbewusst und werden so zur wenig kontrollierbaren und nachvollziehbaren Lebensrealität.

Aus diesen inneren Modellen heraus gehen viele junge Menschen eine Beziehung ein. In dem Traum, durch eine feste Partnerschaft den eigenen frustrierenden, traurigen oder scheinbar einengenden häuslichen Bindungen zu entgehen, werden unbewusst alte Bedingungen neu inszeniert. Die steuernde Funktion dieser inneren Bilder und Beziehungsphantasien tritt in wichtigen Lebenssituationen in Kraft, wenn wir zum Beispiel unseren Ehepartner suchen und eine äußere Beziehung den verinnerlichten Beziehungen angepasst werden soll.

Gerade bei dieser Funktion ist zu berücksichtigen, dass persönlich relevante Phantasien und Triebe die Objektwahl mitbestimmen. Unsere persönlichen Theorien über die Welt ermöglichen es uns je nach ihrer Komplexität und Erfahrungsvielfalt, uns mit uns selbst in Verbindung zu setzen und durch die Möglichkeit der Eigenreflexion größere äußere und innere Unabhängigkeit zu schaffen. Diese Fähigkeit zu innerem Dialog gibt uns die Möglichkeit, äußere Freiheit zu erlangen. Sie ist die Antriebsfeder, Handlungskompetenzen zu erweitern, um aus einem einengenden Familienmuster auszubrechen.

Vielen Kindern wird dieser Entwicklungsprozess dann nicht lebbar, wenn die funktionellen Lernstörungen auch Einfluss nehmen auf die Bildung und Ausprägung der »inneren Landkarte«, die Handlungsanweisung für jetzt und später ist. Ihre Vorstellungen von der Welt und den Menschen sind geprägt von ihren Wahrnehmungsdefiziten. Die daraus resultierenden eingeschränkten Verhaltens- und Reaktionsweisen zwingen diese Kinder, soziale Kontakte einzuschränken, da ihre erworbenen Handlungskompetenzen nicht für eine flexible und befriedigende Lebensgestaltung ausreichen.

So spiegeln sich die inneren Bedingungen in der äußeren Umwelt wider. Wir treffen bei Kindern mit Lernstörungen häufig enge Grenzen im Familiensystem an, die einerseits geprägt sind durch räumliche Enge oder finanzielle Engpässe, andererseits bedingt sind durch eingeschränkte Möglichkeiten im Denken und Handeln. So werden nur Lösungswege entwickelt, die dazu dienen, soziale und personale Ängste zu reduzieren, nicht aber dazu geeignet sind, soziale Handlungsfähigkeit zu entwickeln.

Wir alle werden mehr oder weniger gezwungen, aus diesen auf der persönlichen und der Umfeldebene vorhandenen Faktoren und Kompetenzen unsere Rollengrundstrukturen zu entwickeln, die uns als Erwachsene in entscheidender Form prägen. Soziale Rollenmuster und Geschlechtsrollenmuster werden so festgelegt. Auf der persönlichen Ebene greift die Erfahrungsumwelt der Eltern, ihre eigene psychische Belastung, ihre Fähigkeit, mit Angst und Belastung umzugehen, in die noch relativ freie Entwicklungslandkarte eines Kindes ein. Die reale Umwelt mit ihren Möglichkeiten und Grenzen wirkt zuerst auf körperlicher und motorischer Ebene, mit zunehmendem Alter auch auf geistiger Ebene auf das Kind ein.

Umwelt prägt unser Leben entscheidend

Wir sind Teil unserer Umwelt und reagieren entsprechend diesem uns umgebenden Teil. Kinder, deren realer Lebensraum ein deutsches Standardkinderzimmer mit sechs Quadratmetern ist und deren Spielplatz entweder weit entfernt oder zu wenig ihren realen Bedürfnissen angepasst ist, entwickeln weniger motorische Grundfähigkeiten und so auch über kurz oder lang eingeschränkte kognitive Handlungsweisen. Wenn eine Mutter darauf achten muss, dass ihr Kind die vorgegebenen räumlichen Grenzen einhält, indem es nur leise und an einem bestimmten Platz spielen darf, um der Mutter selbst Raum zu geben, wird diese enge räumliche Grenze durch verbale Einschränkungen und Sanktionen noch weiter eingeschränkt. Oft wird dieser Zwangsmechanismus, der von einer engen und manipulierenden Umwelt ausgeht, von uns kritiklos übernommen.

Erwachsene und Kinder versuchen Anpassungsleistungen zu vollbringen, die eher der Gesellschaft dienlich sind, nicht aber dem einzelnen Menschen. Mütter, in deren Wohnareal kein angemessener Spielplatz vorhanden ist, gehen eventuell unter hohem Zeitaufwand in einen anderen Stadtteil, der ihren Kindern diesen Raum bietet. Haben sie aus Gründen der Berufstätigkeit diese Zeit nicht, so werden Kinder mangels anderer Möglichkeiten vor dem Fernseher deponiert – unsere Fluchtmöglichkeit Nummer eins aus frustrierendem Alltag und einengender Umwelt. Da Eltern aus Ermangelung an Freiraum und dem Nichtkennen ihrer Bedürfnisse den Fernseher gern selbst als Lebensgenossen akzeptieren, übernehmen Kinder dieses grundlegende Lebensmuster.

Kinder im Vorschulalter glauben so gut wie alles, was ihnen Erwachsene auf dem Fernsehschirm erzählen. Sie erleben die Aussagen in Werbespots als direkte Handlungsanweisung. Viele Mütter können ein Lied davon singen, was es heißt, mit Kindern einkaufen zu gehen und dabei von ihnen regelrecht gezwungen zu werden, die Werbeangebote zu kaufen. Erst im Alter von etwa neun/zehn Jahren beginnen die Kinder den Realitätsgehalt zu überprüfen und eine kritischere Haltung gegenüber Werbung und bestimmten Sendungen zu entwickeln. Die damit verbundene Enttäuschung mag einerseits sehr heilsam sein, andererseits besteht aber die Gefahr, dass die Kinder zu Zynikern werden, die an nichts mehr glauben, was aus der Welt der Erwachsenen kommt.[32]

Scheinrealitäten des Fernsehens, wie sie Werbung und Kindersendungen anbieten, werden von den Kindern zu Erwartungen umgebaut, die sie selbst nicht erfüllen können, weil ihnen Raum und Fertigkeiten fehlen. Einer der bekanntesten deutschen Erziehungswissenschaftler, Professor Peter Struck, stellt die These auf, dass Kinder immer mehr Ausfälle im Bereich der motorischen Koordination, des Gleichgewichts und der Hautsinne zeigen, weil sie permanent unterfordert seien.[33] Sie verbringen ihre Zeit meistens vor dem Fernseher oder mit Computerspielen und Musikhören. Bewegungen wie Balancieren, Hüpfen, Klettern und Ähnliches beherrschen viele Kinder nicht mehr.

Durch die Einschränkung im Bewegungsbereich verkümmern sie körperlich und emotional. So werden Rangeleien heute oft zu massiven Schlägereien, weil Kinder weder den Bewegungsablauf noch dessen Intensität steuern können. Durch die Dauerberieselung von Fernsehen und Radio werden sie teilnahmslos, Sprachgefühl und Empfindung gehen verloren. Durch die Techno-Musik werden bestimmte akustische Bereiche ausgeblendet und verkümmern damit. Kinder sind heute vielfach nicht mehr in der Lage, klassische Musik zu verstehen, da bestimmte Tonfolgen von ihnen nicht erkannt werden. Die Mehrzahl der Kinder ist schlaff und träge, das Wort »Spazierengehen« löst Proteste aus, nicht weil es so langweilig wäre, sondern weil den Kindern die Ausdauer für einen längeren Marsch fehlt. Diese fehlenden Kompetenzen wirken sich akut auf die Lernfähigkeiten der Kinder aus.

Unsere Zeit leidet besonders an dem Getriebensein. Wir wollen immer etwas anderes, Neues, Bedürfnisse sind immer schwerer zu befriedigen, unser Durst nach sinnlichen Freuden, unser ständiger Drang, etwas anderes zu sein und zu werden, und der Wunsch, nicht so zu sein, wie man ist, schafft Leiden.

Gesellschaftliche Erwartungen, die sich in Freizeitangeboten, Werbung und Fernsehen widerspiegeln, erwecken Wünsche und Bedürfnisse, die nicht realisierbar sind, uns von diesen Medien aber als realisierbar angepriesen werden.

Wie viele Kinder können auf die perfekte Werbefamilie mit genügend Geld, genügend Raum und genügend Verständnis für alle Mitglieder zurückgreifen? Mit Sicherheit immer weniger. Viele erleben die Scheinwelt der guten Familie tatsächlich in der Erfüllung ihrer materiellen Bedürfnisse. Wir tun für unser Kind, was wir können, es hat einen Gameboy, Computerspiele und wenn möglich, fahren wir in große Vergnügungszentren. Die Eltern opfern Geld und Zeit, um ihren Kindern das zu bieten, von dem uns die Medien sagen, Kinder bräuchten es. Damit stillen sie den Hunger der Kinder, der mehr aus der künstlich erzeugten Bedürfnisschicht durch das Fernsehen kommt denn aus den Tiefenschichten des Menschen. Wir schwanken sehr oft zwischen dem Versinken in sinnlichen Wünschen und der Selbstkasteiung. Der Zufriedenheit verheißende Mittelweg ist für viele nicht sichtbar.

Trotz aller Aufklärung und psychologischer Information hat sich die Erziehungskompetenz der Eltern in den letzten 50 Jahren nicht wesentlich verbessert. Wie auch. Wir bringen unsere eigenen Defizite mit ein, und kein Buch der Welt wird uns zeigen können, wie unsere persönlichen Eigenheiten das Leben unserer Mitmenschen prägen. Diese Erkenntnisfähigkeit ist davon abhängig, ob wir in unserem Umfeld auf Menschen treffen, die auf sichtbare Probleme hinweisen können, ohne gleichzeitig Schuldzuweisungen zu machen. Die eigene Lebensgeschichte ist keine Schuld, sondern eine Tatsache. Im wahrsten Sinne des Wortes. Was wir aus dieser Lebensgeschichte machen, ist unsere Verantwortung. Sehr oft stellen wir fest, dass wir den Mut und die Fähigkeiten, die für eine Veränderung notwendig sind, noch nicht haben. Wenn wir uns selbst ein Stück mehr so annehmen könnten, wie wir sind, und uns zugestehen würden, dass Veränderung Zeit und innere Wandlung braucht, würden wir sehr viel behutsamer mit uns selbst umgehen. Die Umsicht und Selbstachtung, die wir für uns entwickeln können, kommt immer auch unserer Umwelt zugute, vor allem unseren Kindern und dem Partner.

Unsere Achtsamkeit uns selbst gegenüber bezeichne ich als gesunden Egoismus. Denn wer seine Bedürfnisse und Verletzlichkeiten ohne Groll und Schuldzuweisung an sich wahrnehmen darf, der wird genauso achtsam seine Mitmenschen wahrnehmen. In einem solchen Umfeld haben Kinder die große Chance, zwar nicht unbedingt den gesellschaftlichen Erwartungen und den Fernsehidolen zu entsprechen, wohl aber den eigenen Bedürfnissen und Fähigkeiten ein großes Stück näher zu kommen. Der gesunde Mittelweg des Lebens liegt zwischen notwendigem Verzicht und der ebenso notwendigen Erfüllung von sinnlichen Bedürfnissen.

Einsame Kinder und hilflose Eltern

Die zunehmende Vereinsamung und Entwurzelung heutiger Kinder wird durch eine Reihe offizieller Erhebungen belegt. Viele Kinder verbringen große Teile des Tages allein. Gemeinsame Mahlzeiten mit den Eltern haben oft Seltenheitswert, oder, falls es sie gibt, sind sie geprägt von den Problemen der Eltern. In beiden Fällen geht für den Sohn oder die Tochter der Gesprächspartner verloren. Morgens hat der Vater oft schon das Haus verlassen, ohne ein Wort mit den Kindern gewechselt zu haben. Am Mittag sind die Kinder mit der Mutter allein am Mittagstisch oder essen sogar ganz allein, wenn die Mutter berufstätig ist. Der Abend ist nach einem langen, einsamen Nachmittag geprägt vom täglichen Stress der Eltern.

Das Kind spürt, dass es mit seinen Bedürfnissen nicht mehr genügend wahrgenommen werden kann. Es nimmt sich zurück und versucht sich anzupassen. Leider gelingt gerade Kindern mit Lernstörungen aufgrund ihrer eigenen hohen Stress- und damit auch Angstbesetzung diese Anpassung nicht oder nur ungenügend. So erleben sie sich immer wieder als Belastungs- und Störfaktor der Familie. Sie entwickeln Schuldgefühle und lernen, eigene Bedürfnisse als nicht gerechtfertigt zu verdrängen. Diesen Kindern zu sagen: »Teile doch dein Bedürfnis mit«, wäre unsinnig. Etwas, das ich an mir nie wahrnehmen durfte, kann ich auch nicht mitteilen, ich weiß ja noch nicht einmal, wie es aussehen, geschweige denn sich anfühlen könnte.

Unter den Familienmitgliedern herrscht Distanz und Fremdheit. Jeder weiß über die Wünsche und Hoffnungen des anderen wenig oder gar nichts mehr. Kinder werden zur Projektionsfläche nicht gelebter elterlicher Bedürfnisse und oft zu den Verwirklichern kindlicher Träume der Eltern. Da muss die Tochter zum Ballett, weil die Mutter in ihrer Kindheit so gerne zum Ballett gegangen wäre. Es werden Bedürfnisse in Kindern geweckt, die nicht immer ihren ureigenen Bedürfnissen entsprechen. So gehen die Kinder sich selbst verloren und fühlen sich fremd und einsam in ihrer Familie.

Aus den mangelnden sozialen Bezügen heraus können viele Kinder zu wenig soziale Fertigkeiten erwerben, die ihnen das Leben innerhalb einer Gemeinschaft und der Gesellschaft im Speziellen überhaupt erst ermöglichen. Sie haben Schwierigkeiten, Kontakte aufzubauen und aufrechtzuerhalten. Sie sind innerlich verunsichert, da ihnen die nötigen sprachlichen Fertigkeiten und das erforderliche Verhaltensrepertoire fehlen, um Kontakte und Beziehungen einzugehen. So ziehen sie sich scheinbar gelassen hinter den Sprachkodex der Gesellschaft zurück und bezeichnen sich selbst und ihre Vereinsamung als »cool« und »geil«. Dahinter verbirgt sich die Tatsache, dass noch zu keiner Zeit innerhalb der Gesellschaft so viele Kinder mit depressiven Erkrankungen aktenkundig wurden wie heute. Depressive Erkrankungen gab es schon immer, aber sie waren vor 20

Jahren bei Kindern noch kein nennenswertes Problem. Heute gibt es bereits Spezialkliniken für derart betroffene Kinder.

Die zunehmende Unmöglichkeit, in einem geregelten Familienrahmen soziale Grundrollen und Verhaltensweisen zu lernen, führt zu einer drastischen Zunahme von nervösen Störungen wie Magenbeschwerden, Schlaflosigkeit, nervöser Erschöpfung und Lernstörungen. Der Kinderverhaltensforscher Robert J. Thompson von der Duke University nennt in einer Liste der Indikatoren für das Vorliegen von schwerwiegenden emotionalen Störungen beim Kind folgende Verhaltensweisen: Hyperaktivität, Aggressivität, Quengeligkeit, Ängstlichkeit, Jähzorn, Traurigsein, extremes In-sich-gekehrt-Sein.[34]

Eltern haben aufgrund ihrer – oft ungewollten – Abwesenheit und ihrer Unsicherheit in Bezug auf Erziehungsmethoden die Zügel gelockert und damit ihren Kindern Halt, Sicherheit, Orientierung und Geborgenheit genommen. Dies zeigt sich häufig erst dann am deutlichsten, wenn die Kinder eingeschult werden. Lehrer klagen über die sehr geringe Lernmotivation der Kinder, deren Gleichgültigkeit gegenüber der Schule und ihren Anforderungen. Neben veränderten Familienstrukturen sind dafür die Qualität des Schulunterrichts und die Kompetenzgrenzen der Lehrer ausschlaggebend.

Kinderwelten sind heute sehr einsame Welten. Zeiten, in denen Kinder am Erleben der Erwachsenen mit beteiligt werden, sind selten geworden. Die meisten Kinder erleben ihre Eltern nur als Wesen, die früh die Wohnung verlassen und spät wiederkommen. Ihre berufliche Tätigkeit ist den Söhnen und Töchtern wenig bekannt und wird noch weniger von ihnen begriffen. Die Gelegenheit, Seite an Seite mit Erwachsenen etwas Interessantes zu sehen und zu erleben, gibt es kaum. Viele Lernimpulse und Fähigkeiten können so oft nicht entwickelt werden. Lernen ist, wie wissenschaftlich immer wieder betont wird, eine Sache aller Sinne und sollte vor allem etwas zum »Anfassen« sein.

Eltern haben wenig Möglichkeit, ganzheitliche Lernerfahrungen anzubieten. Viele junge Eltern gehören heute schon zur Generation der »Fernseherziehung«. Ihre Erfahrungen, Bedürfnisse und Handlungswelten beziehen sich auf ihre Lebenserfahrung, die überwiegend Erfahrung aus zweiter Hand ist. Sie decken ihre Freizeitbedürfnisse in organisierten Freizeiträumen wie Tennis-, Golf- oder Ferienclubs ab. Bedürfnisse werden geweckt und erfüllt, die Frage, ob dies auch die *eigenen* Bedürfnisse sind, wird kaum gestellt. Kinderferien sind für Eltern oft eine Frage der vorhandenen Betreuung am Urlaubsort, weniger eine Frage der Zeit, die Eltern und Kinder nun *gemeinsam* haben. Echte Begegnung wird seltener. Es erstaunt immer wieder, welch tief gehende Bedürfnisse und Fragen Kinder haben, und wie wenig deren Eltern davon ahnen, geschweige denn bereit sind, zu erfüllen.

Unsere Gesellschaft stempelt einerseits Familien mit Kindern zum gesellschaftlichen Ideal, ist andererseits aber extrem kinderfeindlich. Man postuliert Ideale, deren Verwirklichung zum existenziellen Kampf für die Betroffenen wird. Frauenemanzipation wird formuliert und in Scheingesetzen abgesichert. Jede Frau in gehobener Position weiß, wie utopisch häufig der dreijährige Erziehungsurlaub ist: Die technologische Entwicklung verträgt keine langfristigen Pausen, der Anschluss an neue Arbeitsmethoden wird dann schwierig. Inhalte und Bedingungen von Arbeit unterliegen heute einem schnellen und sehr komplexen Wandel. Arbeitsämter bieten Wiedereinstiegshilfen für Frauen an, die an wirtschaftlichen Bedingungen vergangener Jahrzehnte orientiert sind. Ihre beruflichen Chancen sind dementsprechend gering. Die Kinderbetreuung in unserem Staat ist zwar mittlerweile gesetzlich geregelt, aber ein möglicher Rechtsanspruch auf Betreuung wird zur Farce, wenn man die finanziellen Schuldenberge von Stadt, Land und Bund bedenkt. So bleibt oft genug für berufstätige allein erziehende Mütter nur die Möglichkeit, ihre Kinder in Tagespflege unterzubringen und sie zeitweise allein vor dem »Babysitter« Fernseher zu deponieren. Keine kindgemäße Lösung, aber leider häufig die einzige.

Unsere Gesellschaft zeigt ihre Kinderfeindlichkeit auch in ihren Wohnungsbaupraktiken. Viele Wohnungen werden prinzipiell nicht an Familien mit Kindern vermietet, selbst wenn diese über genügend Einkommen verfügen. Ganze Wohnblocks werden in gesunder und schöner Umgebung gebaut, mit Platz zum Spielen und Sich-Entfalten, sie haben nur einen Nachteil: Kinder sind in derartigen Wohnbereichen unerwünscht. Viele Wohnungen sind für Familien mit Kindern konzipiert, die wohl alle unter Zwergenwuchs leiden, anders sind Kinderzimmer mit einer Größe von durchschnittlich sechs bis acht Quadratmetern kaum zu erklären. Spiel- und Erlebnisräume in der näheren Umgebung sind eher eine Seltenheit. Viele Mütter leben isoliert in den Wohnsilos, Entlastung und Austausch in Erziehungsfragen ist nur wenig möglich. So bleibt oft die gesamte Frage der Kindererziehung einzig an den Müttern selbst hängen, ohne die Entlastung, wie sie noch vor 30 und 40 Jahren größere Familienverbände boten. Kinder erleben so sehr früh, was es heißt, ein Klotz am Bein der Eltern zu sein. Sie fühlen sich schuldig, weil die Mutter überlastet ist, weil die Wohnung zu klein ist, die Freizeit gering und weil sie überhaupt anwesend sind.

Auf so engem Raum und mit so wenig Entlastungs- und Ausweichmöglichkeiten für beide Seiten bleiben frustrierende Gefühle und Gefühle der gegenseitigen Belastung nicht aus. Keiner hat die Möglichkeit, aus dem engen Raum auszubrechen. Erfahrungsmöglichkeiten werden eingeschränkt oder oft ganz blockiert. Der einzige Ausweichraum besteht wiederum im Fernsehen, das gleichzeitig mit seinen Vorgaben Bedürfnisse und Lebensträume bei den Zuschauern weckt, die extrem weit von ihren realen Lebensbedingungen entfernt sind. So wird die anfängliche Entspannung durch das Fernsehen auf Dauer zum unbewussten Frustrationsbilder. Das, was möglich scheint, und das, was real als möglich erlebt wird, schafft gewaltige Aggressions- und Kränkungspotenziale. Lernmotivation und das Bedürfnis, eigene Erfahrungen zu machen, schwinden bei Kindern. Ihre Toleranzgrenze ist erschreckend niedrig. Lernen, das Zeit erfordert, löst bei vielen Kindern heute größte Frustration aus. Es ist für sie aus ihren realen Lebensbezügen heraus nicht mehr nachvollziehbar, warum Leben eine Entwicklungszeit braucht. Erleben sie doch auch an ihren Eltern, dass diese immer mehr auf eine schnelle Bedürfnisbefriedigung fixiert sind und immer weniger Verzicht leisten können.

So wie Kinder einerseits von ihren Eltern Verzicht in bestimmten Lebensbereichen verlangen, so bieten sie uns andererseits auch die Chance, in gemeinsamen Lern- und Lebensprozessen zu wachsen und zu reifen. Leider wird gerade die zweite Möglichkeit noch zu wenig in ihrer gesamten Bedeutung erkannt und genutzt. Unsere Grenzen und Fehler werden im Umgang mit Kindern deutlich, aber sie erhalten auch die Chance zur Wandlung. Alte Wunden aus der Kindheit werden aufgerissen, und wenn wir sie als solche wahrnehmen können, dürfen sie im achtsamen Umgang mit den Kindern ausheilen.

Viele Kinder werden heute mit Lebensmustern konfrontiert, für die ihre Eltern selbst keine befriedigenden Lösungen entwickeln konnten, da diese Erfahrungen innerhalb der Gesellschaft noch zu neu und zu wenig trainiert sind. Die Rede ist von den Scheidungsfamilien, die häufig zu so genannten Zweit- oder Drittfamilien werden. Ist die Mutter geschieden oder getrennt, wird mit einiger Wahrscheinlichkeit irgendwann ein neuer Mann in der Wohnung auftauchen. Ist es »ernster«, bleibt er über Nacht und sitzt vielleicht am nächsten Tag mit am Frühstückstisch. Dass es sehr ernst ist, wird den Kindern spätestens dann klar, wenn der Partner im Urlaub mit vertreten ist und in Erziehungsmaßnahmen eingreift. Irgendwann wird dieser Mann zum neuen Stiefvater. Diese Erfahrung kann für Kinder sehr verwirrend und belastend sein.

Der amerikanische Verhaltensforscher Lionel Tiger beschreibt die Situation verwirrend und zugleich höchst anschaulich: »Viele Leute sind mit Leuten verheiratet, die ihrerseits mit anderen Leuten verheiratet waren, die wiederum jetzt mit anderen verheiratet sind, und diese Letzteren sind vielleicht wieder die Partner aus der ersten geschiedenen Ehe, oder es sind die Leute, die mit ganz anderen Leuten verheiratet waren oder aber überhaupt noch nicht.«[35] Dieses ständige Sich-Finden, Trennen und Jemand-anderen-Finden ist ohne Beispiel in unserer Geschichte.

Diese neuen Rollen verlangen von den Erwachsenen viel Kompetenz und Erfahrung. An beiden fehlt es häufig, unsere Gesellschaft kann auf diese Rollenstrukturen noch zu wenig vorbereiten. So bleibt es jedem Einzelnen überlassen, sich in diesen neuen Rollenanforderungen zurechtzufinden und die Verletzungen und Kränkungen, die in der ersten Partnerschaft entstanden sind, so zu verarbeiten, dass die neue Beziehung davon nicht belastet wird. Viele Erwachsene glauben, Trennung und Neubeginn hervorragend im Griff zu haben, die Verletzungen, die ihre Kinder erleiden, übersehen sie aber gänzlich.

Es steht jedem Elternteil zu, sich aus unbefriedigenden Bindungen zu lösen und neue Beziehungen einzugehen. Es steht aber ihren Kindern zu, auf sie wütend und böse zu sein, weil für sie ihre Entscheidung nicht die richtige ist. Kinder haben ihre eigenen Bedürfnisse und das Recht, diese mitzuteilen – mit allen dazugehörigen Gefühlen. Kinder müssen unsere Entscheidungen nicht immer für gut befinden, und sie sind vor allem nicht verpflichtet, unsere Entscheidungen zu akzeptieren, nur um uns Erwachsenen das Leben leichter zu machen.

Der Hürdenlauf

Wenn Lernstörungen und Blockaden Kinder beeinträchtigen, fühlen sich Eltern hilflos, weil sie nicht wissen, wie sie mit derartigen Situationen umgehen sollen. Aus ihrer Unsicherheit heraus beginnen sie zu kontrollieren und zu bestrafen, anstatt liebevoll die Führung zu übernehmen. Man muss sich fragen, wieweit Eltern den Kindern eine Entwicklung in Richtung Eigenständigkeit zugestehen. Statt Liebe und Vertrauen entwickelt sich in der Beziehung der Eltern zu ihren Kindern häufig Macht und Ohnmacht. In diesem Rahmen finden Wertschätzung und Achtsamkeit keinen Raum mehr. Damit wird Lernblockierungen ein Weg geöffnet, der letztlich in Hoffnungslosigkeit und Resignation führt.

Kinder zu bekommen ist das Natürlichste der Welt, und viele Mütter glauben allein durch den Prozess der Schwangerschaft und der Geburt Erziehungskompetenzen zu erwerben. Erziehung ist gebunden an einen menschlichen Reifungsprozess und setzt voraus, dass Eltern einen Schritt der Selbsterkenntnis erreicht haben, der es dem Kind ermöglicht, so sein zu dürfen, wie es ist. Obwohl es heute aufgrund der vielfältigen Verhütungsmöglichkeiten mehr als zu früheren Zeiten möglich ist, den Zeitpunkt des Kinderkriegens selbst zu bestimmen, steigt die Zahl glücklicher Kinder nicht an, ebenso wenig ist die Erziehung insgesamt »besser« geworden.

Ehe und seelische Entwicklung sowie die Konsequenzen für die Kinder

Wir gehen Bindungen aus den verschiedensten Bedürfnissen heraus ein. Vor allem für die Ehe oder eheähnliche Bindungen hat das Ausmaß an psychischer Vorbereitung zu diesem Schritt von beiden Partnern entscheidende Bedeutung. Es lassen sich hier drei Gruppen unterscheiden:

Im günstigsten Fall haben beide Partner einen Punkt in ihrer Entwicklung erreicht, der sie fast zwangsläufig in diese Phase des Lebenszyklus hineindrängt. Damit beginnen sie die Ehe psychisch bestens vorbereitet, um mit den auf sie zukommenden Aufgaben fertig zu werden.

Eine zweite Gruppe mag durch den Druck ungelöster oder nur partiell gelöster Entwicklungsaufgaben belastet sein, was in einer Ehe zu Schwierigkeiten führen kann. Für diese Gruppe hängt der Erfolg der Beziehung davon ab, ob die Persönlichkeit wenigstens eines der Partner so strukturiert ist, dass durch den Entwicklungsschub der Ehe einige Defekte aus früheren Entwicklungsphasen ausgeglichen werden können. Wir dürfen nicht übersehen, dass der Mensch primär eine natürliche Neigung zu Reifung und Wachstum hat. So können viele Defizite durch Bewusstmachung und deren innere Annahme bearbeitet werden. In diesem Fall wird die Bindung zum neuen Reifungs- und Entwicklungspunkt des Lebens und gibt auch den Kindern eine Chance, ihr eigenes Potenzial wahrzunehmen und zu entwickeln.

Die dritte Gruppe hat es nicht so leicht, hier beeinträchtigen nicht gelöste Entwicklungsaufgaben, die früher zu einem Abschluss gebracht hätten werden sollen, die weitere Entwicklung in der Ehe.[36] Ehe oder Beziehung werden zur Befriedigung von Bedürfnissen missbraucht, für die sie nicht gedacht ist. Daraus ergeben sich Erwartungen und Wünsche an die Ehe, deren Frustration zu Enttäuschungen beim Partner führt, mit denen dieser nicht umgehen kann. So entstehen Aggressionen und heftige Streitereien, die die häufigsten Symptome belasteter Ehen sind. Ungerechtfertigte Wünsche werden in Erwartungen projiziert, deren häufigste Wunscherfüller die Kinder sind, da es meist dem Partner gelingt, sich diesen unberechtigten Ansprüchen zu entziehen. Es kann auch sein, dass beide Eheleute ihre frustrierten Erwartungen auf die Kinder projizieren.

Ehe bedeutet fähig zu sein, eine neue Ebene der Objektbeziehung aufbauen zu können. Dies beinhaltet, dass wir in der Lage sein sollten, mit anderen Menschen auf der Ebene der Gegenseitigkeit umzugehen, was die Fähigkeit einschließt, nicht nur unsere eigene Bedürfnisbefriedigung gesichert zu sehen. In der Ehe treten wir in die Verantwortlichkeit, nicht nur unsere eigenen Bedürfnisse wahrzunehmen, sondern auch die des Partners und später die der Kinder sowie zwischen allen gerechtfertigten Ansprüchen einen für alle möglichst zufriedenstellenden Ausgleich zu schaffen. Die Beziehung sollte geprägt sein vom gegenseitigen Verständnis und von der Fähigkeit, angemessen Verzicht leisten zu können, und nicht vom eher kindlichen Gefühl des Zu-kurz-gekommen-Seins. Aus diesen Anbindungen an frühe Bedürfnisebenen und dem Gefühl, nicht genügend wahrgenommen zu werden, entstehen häufig Reaktionen, die beeinflusst sind von Machtansprüchen und Kontrolle dem Partner und besonders den Kindern gegenüber.

Ein weiteres Entwicklungspotenzial in der Ehe ist der Aufbau zufriedenstellender sexueller Beziehungen, die geprägt sind von gegenseitiger Bedürfnisbefriedigung. Sie werden sich vielleicht fragen, warum dieser Aspekt in einem Buch über Lernstörungen genannt wird. Sehr häufig werden in gestörten Bindungen Kinder unbewusst als Partnerersatz missbraucht – und dies keineswegs nur in sexueller Hinsicht. Sie werden in eine Entwicklungsaufgabe gedrängt, die selten ihrem Alter entspricht und vor allem in hohem Maße mit dem Inzesttabu konfrontiert, über das sich der Erwachsene scheinbar problemlos hinwegsetzt. Einerseits werden diese Kinder überfordert und emotional stark belastet, andererseits werden ihre berechtigten kindlichen Bedürfnisse ignoriert, die sie als verdrängten Anspruch später oft in eine eigene Beziehung einbringen, womit eine neue belastete Beziehung vorprogrammiert ist. Genauso schwerwiegend ist auch, dass in der realen Situation diese Kinder mit ihren Bedürfnissen und Schuldgefühlen allein gelassen werden und unter hohen psychischen Druck geraten, der sich häufig in Lernblockaden, nervöser Erschöpfung und Gedächtnisproblemen äußert. Die betroffenen Eltern sehen die Ursachen häufig in der Schule begründet, die eigentliche Problematik der gestörten Ehe wird dagegen bagatellisiert und ausgeblendet.

In der Ehe wird ein Schritt fortgesetzt, der bereits in der Pubertät seinen Anfang nahm: die Ablösung von den Eltern. Obwohl wir wahrscheinlich nie die endgültige Ablösung von den Eltern schaffen, so sollte doch die Entwicklung beständig in diese Richtung gehen. Wie wenig diese Ablösung oft gelungen ist, zeigt sich bei den Ehen, in denen die Schwiegereltern großes Mitspracherecht haben und Eheprobleme mitunter mit einer zeitweiligen Rückkehr in die Herkunftsfamilie beantwortet werden. Eine unzureichende Ablösung von den Eltern lässt häufig auf eine noch frühe Bedürfniserwartung schließen, die von ihnen nicht geleistet wurde. So mischen sich Großeltern zu gern in die Erziehung der Kinder mit guten Ratschlägen ein und fordern von ihrer Tochter oder ihrem Sohn, dass er als Vater oder sie als Mutter das zu leisten habe, was sie selbst in ihren Kindern nicht anzulegen vermochten. Wie schon erwähnt, können Erfahrungen und Verhaltensweisen nur weitergegeben werden, wenn sie selbst gemacht wurden, andernfalls bleiben sie leere Worte, die nicht mit Inhalt gefüllt werden können. Zum Teil werden nicht erfüllte Bedürfnisse verdrängt, um belastenden Emotionen zu entgehen oder um gegenwärtige Verhaltensweisen zu rechtfertigen und zu begründen. In beiden Fällen gehen wir den kränkenden Gefühlen unserer eigenen Kindheit aus dem Weg, oft mit dem Preis, dass unsere Kinder erneut darunter leiden.

In vielen Familien übernehmen Großeltern zumindest phasenweise die Kindererziehung, besonders wenn beide Ehepartner berufstätig sind und so nicht die gesamte Erziehungsaufgabe leisten können. Der Konflikt, der daraus entsteht und oft bis in die intimen Bereiche einer Partnerschaft hineinreichen kann, wird nur ungenügend wahrgenommen. Nichts aber verwirrt Kinder so sehr und beeinträchtigt sie in ihrem Entwicklungsprozess wie konkurrierende »Mütter«, die sich eher einen unbewussten Kampf um den Titel der »besseren Mutter« liefern als verlässliche, stabile Bezugserfahrungen und Grenzen, die Orientierung und Sicherheit bieten. Oft geht es in diesem Kampf der Mutter des Kindes um die unbewältigte Ablösung von der eigenen Mutter und darum, eigene Individualität zu sichern.

Beliebtestes Austragungsobjekt dieses Kampfes sind die Kinder, die dadurch unsicher und orientierungslos werden. Ihre Ich-Entwicklung ist gefährdet, da keine verlässlichen und tragfähigen Bindungen zu den ersten Bezugspersonen, speziell zur Mutter, aufgebaut werden können. Sie erbringen gesellschaftliche Anpassung, aber keine Entwicklungsleistung. Häufig werden diese Kinder schon im Kindergarten auffällig, haben aber endgültig Probleme, wenn sie in die Schule kommen und sichtbar wird, dass in der Identitätsentwicklung bestimmte notwendige Reifeschritte nicht geleistet werden konnten.

Ein weiterer wichtiger Aspekt der Ehe ist der Bereich der Autonomie. Dies bedeutet, in einem Raum großer physischer und psychischer Nähe die eigene Identität aufrechtzuerhalten. Diese Nähe erinnert zwar an die erste infantile Mutterbindung, durch die inzwischen erreichte Ich-Stabilität und die Fähigkeit, zwischen Vergangenheit und Gegenwart zu unterscheiden, kann jedoch eine Wiederholung dieser frühen Bindung vermieden werden. Je besser die Sicherung der eigenen Autonomie innerhalb der Ehe gelingt und je größer die erreichte innere Eigenständigkeit zum Zeitpunkt der Ehe ist, umso besser kann die Ich-Entwicklung des Kindes unterstützt werden.

Unter Autonomie ist hier selbstverständlich nicht der heute sehr häufige Beziehungswechsel gemeint, der weniger der Ich-Entwicklung als mehr der ständigen Neubelebung kindlicher Bedürfnisse gilt und erneut brüchig wird, wenn der neue Partner nicht bereit ist, diese Wunschbefriedigung zu leisten. Oft werden ständig gleiche Beziehungsmuster neu inszeniert und zum Scheitern gebracht. Die großen Verlierer in diesem »Spiel« sind wieder die Kinder.

Eine Ehe oder eheähnliche Beziehung stellt an beide Partner hohe Ansprüche und Aufgaben und dient nicht dazu, kindlichen Frustrationen zu entkommen und endlich Freiheit und Eigenständigkeit zu erreichen. Sie ist weniger ein religiöser oder gesellschaftlicher Bedingungsfaktor, sondern ein wesentlicher Entwicklungsschritt. Die Umsetzung der Entwicklungsaufgaben schafft im Bereich der Ehe die Voraussetzungen und Bedingungen, in die ein Kind hineingeboren wird. Die Kompetenzen der Eltern werden zum Initiator der kindlichen Entwicklung, genauso wie Blockaden und Schwächen der Eltern unter schlechten Bedingungen zum Entwicklungshemmnis oder sogar zur schwerwiegenden Störung werden können.

In keinem anderen Bereich wie in der Ehe gilt so deutlich das Sprichwort: »Immer und überall auf uns selbst gestellt schaffen oder finden wir unser eigenes Glück.« Aber auch in keinem Teil unseres Lebens verlassen wir uns so stark auf den anderen wie in der Ehe. Wir machen Partner, Kinder, Umstände und vieles mehr für unser scheinbar fehlendes Glück verantwortlich, mit oft verheerenden Folgen für die so zur Verantwortung Gezogenen. Der Partner kann sich bei fehlender Liebe in den Beruf zurückziehen oder die Beziehung ganz beenden. Die, die bleiben müssen, sind die Kinder, noch dazu mit dem Gefühl, an dem Unglück ihrer Mutter oder ihres Vaters schuld zu sein. In dem Bestreben, es den Eltern recht zu machen und gut zu sein, geraten sie in so große Anspannungen und Belastungen, dass Stress und Lernstörungen nur logische Folgen sind.

Ehe beginnt gewöhnlich als Zweisamkeit und entwickelt sich mit der Geburt des ersten Kindes zu einer Dreiergemeinschaft. Das vorhandene Gleichgewicht zwischen den Partnern verändert sich und schafft neue Bedingungen und eine neue Gestaltung der schon anfangs erwähnten Entwicklungsaufgaben. Diese Veränderung geht nicht ohne Ängste, Unruhe und Konflikte ab. Zu groß sind die Veränderungen, die auf beide Elternteile zukommen. Krisenhafte Auseinandersetzungen zeigen an, dass die Ehepartner versuchen, den Entwicklungsauftrag zu leisten, und ihre Kompetenzen überprüfen und neu organisieren. Bleiben diese Auseinandersetzungen aus, ist dies ein Hinweis darauf, dass keine progressive Weiterentwicklung stattfindet, die auch für die gesunde Entwicklung des Kindes nötig ist.

Beide Elternteile können große Probleme in der Übernahme der elterlichen Rolle als Vater oder Mutter entwickeln. Der Vater kann sich beispielsweise aus der Aktivierung frühkindlicher Eifersucht heraus aus der Erziehungsaufgabe zurückziehen, oder er tritt in Konkurrenz zum Kind und verlangt mehr Beachtung und Zuwendung. Er kann eigene Erwartungen und Wünsche aktivieren, die auf das Kind projiziert werden. Wird das Kind als sehr klug, sehr lebhaft usw. erlebt, wird jede Reaktion in die gewünschte, projizierte Richtung verstärkt. Eigenheiten des Kindes werden dagegen negiert und vernachlässigt, seine Ich-Entwicklung wird somit gefährdet. In diesem Fall ist es wichtig, wieweit es der Mutter gelingt, ihre eigene Aufgabe angemessen wahrzunehmen und das Kind vor den projizierten Ansprüchen zu schützen.

Oft ist es auch mit Schwierigkeiten verbunden, zwischen beruflichem Aufstieg und Familienbezogenheit einen Ausgleich zu finden. Häufig fällt das erste Kind in die Zeit der aktivsten beruflichen Entwicklung. Die Bindung an zwei so große energetisch besetze Lebensbereiche stellt hohe Anforderungen. Zudem fällt es gerade Männern aufgrund ihrer eigenen Erziehung noch immer schwer, mit emotional besetzten Feldern gelassen umzugehen. So versuchen sie sich entweder verstärkt auf die Karriere zu konzentrieren oder zumindest die Familienbeziehungen, zur eigenen Entlastung, »sachlicher« zu gestalten, indem sie emotionale Inhalte scheinbar ausblenden, sie dann aber in Form von versteckten Erwartungen oder Kritik doch noch zum Ausdruck bringen. Sie sagen nicht: »Ich fühle mich von dem kleinen Wesen überfordert, ich bin unsicher, was von mir erwartet wird und ob ich dies auch leisten kann«, sondern eher: »Du wirst doch den Haushalt und die Kinderversorgung so weit im Griff haben, dass ich dir das nicht auch noch abnehmen muss.« Eigene Überforderung und Ängste werden oft in einen Angriff und in eine Abwertung des Partners umgewandelt. So sind Streit und Stress an der Tagesordnung und die Unruhe des Säuglings bald ebenfalls.

Die Frau wird ganz von ihrer Mutterrolle gefordert, wobei sie auch der Unterstützung des Partners bedarf. Diese Rolle ist nicht angeboren und tritt auch nicht mit dem Geburtsvorgang automatisch in Kraft, sondern ist ein sehr sensibler und von vielen Faktoren abhängiger Prozess. Es gilt heute als erwiesen, dass der Augenblick nach der Geburt, wenn die Mutter ihr Kind auf den Bauch gelegt bekommt, in aller Ruhe ersten Kontakt aufnehmen kann und das Kind sehr schnell nach der Aufregung der Geburt in die Wärme und Nähe des mütterlichen Herzschlages zurückkehren darf, zu den entscheidenden Momenten über eine gute Startbedingung für die Mutter-Kind-Beziehung gehört. Kurz nach der Geburt ist die Hormonausschüttung am höchsten und erleichtert wesentlich die erste Bindung und einfühlsame Beziehung zum Kind.

Leider bestehen zwischen wissenschaftlicher Erkenntnis und deren realer Umsetzung große Diskrepanzen. Wir haben keine Probleme, neueste Erkenntnisse aus der Medizin in unser Repertoire zu übernehmen. Wir erachten es für selbstverständlich, die neuesten Operationstechniken bei schweren Erkrankungen zur Verfügung zu haben. Aber wir sind noch immer damit zufrieden, bei der Entbindung mit schlechtem Service, schlechter

Betreuung und flüchtiger ärztlicher Versorgung konfrontiert zu sein. Viele Kliniken bieten heute zwar offiziell eine gemeinsame Unterbringung von Mutter und Kind an, das sogenannte Rooming-in, aber nur wenige sind personell und vor allem aus Überzeugung heraus wirklich in der Lage, diesen Service zu leisten. Nur selten werden Erstgebärende intensiv und einfühlsam betreut, so dass sie sich verstanden und ernst genommen fühlen können. Das würde nicht nur ihnen, sondern auch dem Geburtsvorgang und damit auch dem Kind zugute kommen.

Für den so wichtigen Schritt der ersten Kontaktaufnahme bleiben Mutter und Kind oft nur wenig Zeit. Das Kind wird abgenabelt, gewogen, versorgt und fertig verpackt der Mutter in die Arme gelegt. Dabei ist dieser allererste gemeinsame Augenblick ein unwiederbringlicher Moment und nicht beliebig wiederholbar. Rooming-in bedeutet nicht in allen Fällen, dass das Kind bei der Mutter bleiben darf und diese beliebigen Kontakt zu ihrem Baby aufnehmen kann. Vielfach ist es so, dass die Krankenschwestern aufgrund der personellen Engpässe die Säuglinge nachts in einen Säuglingsraum bringen und mit Fläschchen »zufüttern«. Den Müttern gegenüber wird dies damit begründet, dass sie sowieso müde seien und froh sein sollten, noch ein paar Tage Ruhe zu haben.

Diese Entlastung ist aber nur scheinbar eine solche. In der Klinik hat die Mutter die Zeit, sich abgeschottet vom häuslichen Alltag in aller Ruhe auf die individuellen Signale ihres Kindes einzustellen und dessen Bedürfnisse wahrzunehmen. Wenn die Klinik den notwendigen Kontakt zwischen Mutter und Kind bestimmt, verliert die Mutter einen wesentlichen Aspekt ihrer Autonomie, der oft nur schwer nachträglich wieder aufgebaut werden kann. Weist das Kind Belastungen aus der Schwangerschaft oder der Geburt auf, wird dieser fehlende erste Kontakt ein weiterer schwerwiegender Belastungsfaktor für die Entwicklung des Kindes einerseits und die Erziehungskompetenz der Mutter andererseits.

Die Annahme der Mutterschaft und der veränderten Frauenrolle hängt viel von der Anpassungsfähigkeit der Frau ab. Für manche Frauen ist die Übernahme der Mutterrolle erfüllt mit Zufriedenheit. Andere versuchen zwischen beruflicher Erfüllung und Mutterschaft einen akzeptablen Weg zu gehen, der sich mit zunehmenden Kompetenzen und dem Alter der Kinder verändern wird. In diesem Fall müssen für alle zufriedenstellende Kompromisse gefunden werden. Wieder andere Frauen geraten in so große Unzufriedenheit und so große Spannungen, dass andere Lösungen gefunden werden müssen. Oft ist zunächst eine zeitweilige Entlastung von Mutter und Kind der erste Schritt, um dann die möglichen Ursachen dieser blockierenden Entwicklungssituation für beide Seiten zu klären.

Entwicklungsaufgaben sind Lernaufgaben

Wir haben bisher schon sehr viel über die Entwicklungsaufgaben der angehenden Eltern gesprochen, nun interessieren uns vor allem die Entwicklungsbedingungen, mit denen der heranwachsende Mensch konfrontiert wird, und die Konsequenzen, die sich ergeben, wenn die Eltern selbst eigene Entwicklungsschritte nicht genügend geleistet haben.

In der Erziehung geht es immer um Kompetenzentwicklung. Damit sind die Fähigkeiten und Fertigkeiten eines Menschen gemeint, mit denen er soziale, berufliche und gesellschaftliche Aufgaben so bewältigen kann, dass seine eigenen Bedürfnisse angemessen befriedigt werden und gleichzeitig gesellschaftliche Aufgaben so erfolgreich wahrgenommen werden, dass Veränderung möglich wird. Im Vordergrund steht die Entwicklung einer Persönlichkeit, die in der Lage ist, flexibel auf Lebensveränderungen zu reagieren und negative emotionale Erfahrungen als zum Leben gehörig erleben kann. Das Leben lässt keinen Menschen beständig auf der Seite der Vollbefriedigung stehen, unsere

Fähigkeit, Niederlagen und Kränkungen als menschlich und wandelbar zu erleben, ist vielfach ein wesentlicher Faktor unserer Lernkompetenz.

Dass gerade dieser Aspekt der Lernfähigkeit immer schwächer ausgeprägt ist, darüber klagen nicht zuletzt die Schulen. Immer weniger Kinder bringen Lernmotivation und Lernbereitschaft mit. Zusätzlicher Arbeitsaufwand, sei es in Hausaufgaben oder Übungsstunden, wird von vielen als Zumutung empfunden. Schlechte Noten werden als so gewaltige Frustration erlebt, dass die Lernbereitschaft gegen Null sinkt. Sie wollen nicht lernen, mit der Schwierigkeit umzugehen, sondern weichen ihr aus. Vielfach leben sie damit elterliche Muster nach.

In den ersten beiden Lebensjahren baut der Säugling über den engen Kontakt zur Mutter erste soziale Verhaltensweisen auf, seine motorischen Funktionen entwickeln sich, er beginnt zu laufen und erste sprachliche Kontakte herzustellen. Für den Säugling ist es wichtig, über den engen Körperkontakt mit der Mutter das Maß an Vertrauen erleben zu können, das es ihm wiederum ermöglicht, seine angeborenen sozialen Kompetenzen wirksam werden zu lassen. Er kuschelt sein Köpfchen an, sucht Blickkontakt, bewegt die Lippen, beginnt bald mit Lächeln oder Weinen seine Befindlichkeit kundzutun. Entwickelt sich zwischen mütterlichen und kindlichen Signalen hohe Übereinstimmung, so entsteht im Kind ein Gefühl von Urvertrauen, das eine wesentliche Grundlage erfolgreicher Lernstrukturen ist. Das Gefühl, erfolgreiche soziale Operationen ausführen zu können, die zu emotionaler und körperlicher Zufriedenheit führen, ist für das Baby von unschätzbarem Wert.

Kinder mit angeborenen minimalen Störungen neigen dazu, auf Signale der Mutter mit Weinen zu reagieren. Oft kann dafür die Ursache im ungenügenden Zugang dieser Säuglinge zur rechten Gehirnhälfte bestehen, dadurch ist der Zugriff auf emotionale Speicherungen nur mangelhaft. Werden gute Erfahrungen mit der Mutter zwar abgespeichert, aber das Kind selbst hat auf diese Erinnerungen nur wenig oder keinen Zugriff, so wird sich für dieses Kind die Welt als gefährlich und unsicher darstellen. Es entsteht ein hoher Stresspegel, der wiederum den sicheren Zugriff zu den angeborenen sozialen Verhaltensweisen unterbricht. In diesem Kind können sich nur ungenügend Vertrauens- und Sicherheitsgefühle entwickeln. Auch die Mutter reagiert unsicher und überfordert, ihre Verhaltensweisen werden unruhiger und nervöser. Kommen zu dieser funktionellen Störung noch ungelöste Probleme der Eltern, so ist eine Lernstörung vorprogrammiert.

Mit zunehmendem Alter werden Kinder bewusster und freier im eigenen Agieren. Zwischen zwei und vier Jahren gewinnen sie nicht nur ein hohes Maß an motorischer Kontrolle, auch ihre kognitiven Fähigkeiten entwickeln sich rapide zu den motorischen Fertigkeiten. Erik Erikson bezeichnet diese Entwicklungsaufgabe mit Autonomie versus Scham und Zweifel.[37] Für das Kind geht es darum, seine zunehmenden eigenen Fähigkeiten frei üben zu dürfen und seinem ihm innewohnenden Lerntrieb gehorchen zu können. Die ungarische Kinderärztin Emmi Pikler sagt sehr deutlich, dass ein Kind, je mehr es seine eigenen Bewegungsmuster ohne das ordnende Eingreifen eines Erwachsenen üben darf, umso sicherer in seinen Bewegungen und in seiner Eigenständigkeit in Motorik und Handlung wird. Emmi Pikler geht im Weiteren davon aus, dass wir Kinder beim Üben zwar nicht allein lassen dürfen, wohl aber in Notsituationen eingreifen sollen. So sollte man ein Kind, das sich in seiner Decke verwickelt hat, daraus befreien, ihm aber nicht die Drehbewegung auf den Bauch abnehmen. Sollte eine Bewegung misslingen und das Kind zu weinen beginnen, so legt man es in die Ausgangslage zurück und gibt ihm so Gelegenheit, neu zu beginnen.

Für viele mag es auf den ersten Blick grausam erscheinen, ein so hilfloses kleines Wesen scheinbar ohne Hilfe zu lassen. Doch Vorsicht! Hinter unserer scheinbaren Fürsorglichkeit verbirgt sich eher unsere Angst, im Entwicklungsprozess des Kindes etwas zu versäumen, und unser mangelndes Vertrauen in die gewaltigen Entwicklungskräfte des Menschen. Diese Angst ist deutlicher Ausdruck unseres eigenen Misstrauens in die eigenen Fähigkeiten. Wir blockieren auf gefährliche Art und Weise die Lernfähigkeit und die kognitive Entwicklung unserer Kinder, wenn wir mit unzähligen Übungsprogrammen ihre Entwicklung zu beschleunigen versuchen.

Unsere Ängste sind der größte Hemmschuh der frühen Entwicklung. Eine Mutter, die aus ihrer eigenen Unsicherheit heraus den Tag des Kindes minutiös planen und gestalten möchte und sich genau überlegt, wie sie ihr Kind am besten fördern kann, wird meist das Gegenteil ihrer Bemühungen erreichen. Ihre übermäßige Fürsorge ist nichts anderes als die Projektion ihrer eigenen Versagensangst. Es wäre den Müttern und vor allem ihren Kindern damit gedient, wenn wir mehr in der Lage wären, unsere negativen Gefühle anzunehmen. Wie viel leichter wird die Erziehungsaufgabe, wenn ich mir eingestehen kann, dass der Wachstumsprozess, der bei meinem Kind einsetzt, mich mit Freude und Momenten des unbändigen Glücks erfüllt, aber auch mit der Angst, Fehler zu machen und meinem Kind zu schaden. Beide Aspekte werden uns unser ganzes Leben mit Kindern begleiten, die Dualität der Gefühle gehört zum Leben.

Erlebt ein Kind, dass es seine Bewegungen so lange korrigieren darf, bis die Speicherung im Gehirn sicher ist, entwickelt sich in ihm Selbstsicherheit und ein Stück Identitätsgefühl, das für seine weitere Entwicklung von entscheidender Bedeutung ist. Das Lebensgefühl »Ich kann« ist der wichtigste Lernmotor des Lebens. Unterbricht die Mutter oder gestaltet sie die Bewegungen nach ihrem Muster und nicht nach dem des Kindes, so entsteht im Kind Unsicherheit und Misstrauen den eigenen Lernschritten gegenüber. Es erlebt sein Tun als fehlerhaft. Im Kind entstehen frühe Wurzeln von Scham und Zweifel. Der größte Feind von Initiative und Lernwillen sind aber Selbstzweifel und Schamgefühle. Aus der

Kinderzeit tragen viele Menschen innere Lernblockaden in Sätzen wie »Das mach ich eh falsch, wenn ich lerne, bringt es eh nicht viel, andere sind viel besser, mit mir muss man sich schämen« mit sich herum. Vielleicht fallen Ihnen an dieser Stelle noch eigene Sätze ein, mit denen Sie in schöner Regelmäßigkeit Ihre Fähigkeiten negieren und brachliegen lassen.

Aus der ersten motorischen Sicherheit heraus entwickeln sich Sprache und Phantasie des Kindes. Die Mutter wird jetzt als Ankerpunkt benötigt, zu dem man zurückkehrt, wenn man müde oder momentan unsicher ist. Hier tankt man auf, holt sich Kraft für einen weiteren Schritt ins Leben hinein. Margaret Mahler bezeichnet dies sehr schön mit dem Begriff der »emotionalen Tankstelle«. Die Mutter verliert dabei gleichzeitig ihre zentrale Bedeutung, die Welt wird für das Kind wichtig mit *allen* Angeboten. Fällt es einer Mutter schwer, diesen Bedeutungsverlust auszuhalten und den wichtigen Lernschritt des Loslassens zusammen mit ihrem Kind zu gehen, so wird das Kind oft über Verbote, Verpflichtungen oder durch die Überbehütung der Mutter negativ gebunden.

Das Weggehenkönnen signalisiert eine lebenswichtige Möglichkeit: Wir können jederzeit aus Situationen, die unerträglich sind, gehen und wir können sie wandeln – eine der wichtigsten sozialen und emotionalen Lernmöglichkeiten, die wir haben. In dieser Phase kann ein Kind (wenn es die Möglichkeit dazu erhält) im Spiel erleben, das negative Gefühl gegenüber einer Sache ins Gegenteil zu wandeln, wenn es den Mut hat, sie auszuprobieren und zu üben. Nichts muss sofort gelingen. Leben ist immer ein Leben in kleinen, manchmal auch in größeren Schritten. Hier haben Kinder die Möglichkeit, eine lebenswichtige Erfahrung den Bildern des Fernsehens entgegenzusetzen, die mit ihrer Illusion des »Alles-ist-möglich-und-zwar-Sofort« am Leben und an der Entwicklung vorbeigehen.

Wenn wir uns klarmachen, dass die Entwicklung unserer Kinder stark durch den Glauben an uns selbst beeinflusst wird, können wir sehr viel erreichen, wobei nicht gesagt ist, dass dies ein einfacher Schritt ist. Wenn uns bewusst wird, mit wie viel Kontrolle und projizierten Ängsten wir unsere Kinder oft belasten, ist es eigentlich eher verwunderlich, dass viele trotzdem noch so gut im Lernbereich zurechtkommen, selbst wenn wir nicht in die Kinder hineinschauen und erkennen können, wie viel Beherrschung von Angst und eigenen Negativgefühlen ihre Lernleistung es sie kostet.

Der Eintritt in die Schule ist geprägt von der Übernahme neuer Rollen und verlangt die Umsetzung der bis dahin erworbenen Lernstrategien auf einer völlig neuen und anderen Ebene. Stehen die ersten Lebensjahre im Zeichen einer persönlich geprägten Lerndynamik, so erwartet die Schule das Wechseln auf einen sachlichen, innerlich vorerst wenig ansprechenden Lernrhythmus. Der Satz: »Wir lernen für das Leben und nicht für die Schule«, macht sehr wenig Sinn, denn ein Kind ist erst mit etwa elf bis zwölf Jahren in der Lage, abstrakten Inhalten, wie sie die Schule oftmals anbietet, Bedeutung zu geben. Bis zu diesem Zeitpunkt werten aber schon sehr viele Kinder die Schule als Negativfaktor des Lebens, den man irgendwie überstehen muss. Lernmöglichkeiten und Entwicklungskapazitäten gehen im Schulfrust verloren.

Die Diskussion dieses Themas hat bis heute zu keiner einschneidenden Veränderung geführt. Weder ist es gelungen, in die Ausbildung von Lehrern wissenschaftliche Erkenntnisse der Psychologie aufzunehmen, noch haben sich die Inhalte des Unterrichts den Lernbedingungen und Interessen der Kinder angepasst, noch haben sich die pädagogischen Fähigkeiten der Lehrer grundlegend verbessert. Wenige sind bereit, sich weiterzuentwickeln und neue Erkenntnisse in den Unterricht einzubringen. Viele Lehrer glauben, ein Arbeitsblatt mit gezeichneten Tieren sei bereits konkreter Unterricht. Jeder Erwachsene ist sich aber darüber im Klaren, dass ein Bild über die Liebe nicht mit einem real erlebten Gefühl zu vergleichen ist, dasselbe gilt folglich auch für den Unterricht. Die Schule konfrontiert Kinder mit ihren Angeboten, unabhängig davon, ob deren vorhandenes Lernpotenzial und deren ganz persönliche Lernstrategien sich mit diesen Angeboten vertragen oder nicht.

In diesem weiten Entwicklungsabschnitt bis etwa 13 Jahren geht es um so große Gefühle wie Fleiß versus Minderwertigkeit. Kinder, die spüren, dass sie trotz allen Einsatzes nicht den Anforderungen der Schule genügen können, entwickeln unter Umständen lebensbedrohliche Minderwertigkeitsgefühle. Eltern lassen sich dann häufig von der Schule unter Druck setzen und geben diesen wieder an ihre Kinder weiter in Form von Erwartungen und dem Ausdruck der Enttäuschung. Ich stelle immer wieder fest, dass gerade an Regelschulen Lehrer verletzt reagieren, wenn Kinder Lernprobleme entwickeln. Nicht das Kind wird zum Thema, sondern der gekränkte Stolz des betroffenen Lehrers, der sich in seinem so schweren Amt auch noch mit undankbaren Schülern abgeben muss. Lernen sei ja schließlich eine Sache des Wollens, nicht des Könnens.

Wenn Lehrern bewusst wird, dass sie häufig noch an ihrer eigenen Persönlichkeit feilen können und dass sie oft nur an wenig neue Lösungsmöglichkeiten denken, sei es im Unterricht oder im Umgang mit schwierigen Kindern, wird ihnen vielleicht auch klar, dass in einem solchen Umfeld Schüler ihre Lernblockierung nicht aufgeben können. Der Schüler wird zum Spiegelbild des Lehrers, nicht umgekehrt. Auch können in einem Klima gegenseitiger Schuldzuweisung zwischen Lehren und Eltern die Blockaden des Kindes nicht gelöst werden.

Warum fällt es uns so schwer, auch Kinder als individuelle Wesen in der Schule gelten zu lassen! Würden Lehrer diesen Schritt vorleben, hätten Kinder eine gute Gelegenheit, menschliche und persönliche Unterschiede als etwas Natürliches und Notwendiges wahrzunehmen – ein wichtiger Schritt, um die gesellschaftlich so wichtigen Voraussetzungen für Zivilcourage und Akzeptanz zu lernen.

Ein Beispiel dazu: Die Schrift wird in Schulen noch immer nach einheitlichen Kriterien benotet. Ein Schüler, der keinerlei motorische Probleme und deshalb eine relativ saubere Handschrift hat, wird eine dementsprechend gute Note erhalten. Ein Schüler mit motorischen Störungen, der auch bei bestem Bemühen nur stümperhafte Schriftzeichen zu Papier bringt, wird ungeachtet seiner Störung nur schlechte Noten erhalten. Er wird in sich das Gefühl entwickeln, dass seine besten Leistungen nichts wert sind. Würde man beide Schüler anhand ihrer Fähigkeiten benoten, so könnten sie durchaus gleiche Noten haben. Es wäre eine herausragende pädagogische Leistung des Lehrers, den Schülern diese Zusammenhänge zu erklären.

Wenn wir in der Schule erfahren, dass für den einen Schüler eine saubere Heftseite eine Leichtigkeit, für den anderen aber schweißtreibende Arbeit ist, lernen wir Menschen mit ihren persönlichen Unterschieden besser wahrzunehmen und zu akzeptieren. Das Kind, das andere Kinder oder Menschen mit ihren Unterschieden wahrnehmen und annehmen kann, weil es auch über die Eltern und die Schule erfahren hat, sich selbst mit seinen Stärken und Schwächen zu akzeptieren, hat einen für unsere Gesellschaft lebenswichtigen Lernschritt geleistet: Es ist auf dem besten Wege, Toleranz und Achtung für sich und jeden anderen zu lernen.

Mit zunehmendem Alter verliert die reine Schulorientierung an Bedeutung, die körperlichen Veränderungen konfrontieren die Jugendlichen nun mit ganz anderen Entwicklungsaufgaben, wobei in diesem Alter die Defizite der ersten Jahre noch einmal sichtbar werden und einer Verarbeitung zugeführt werden können. Nun müssen sich die Heranwachsenden mit neuen Rollen auseinander setzen und lernen, sich innerhalb einer gleichaltrigen Gruppe zu definieren, ohne innerhalb der Gruppenidentität unterzugehen. Dies ist eine der schwierigsten Lebensphasen überhaupt, da in ihr auch die Weichen für die späteren Beziehungen gestellt werden und somit auch für die nachfolgende Generation.

Der Aufbau der eigenen Identität wird in dieser Zeit immer wichtiger. Die Frage, wer und wie ich sein möchte, wird lebensbestimmend. Die in den ersten Lebensjahren erworbenen Lernstrategien tragen viel zum Gelingen oder Misslingen dieser Entwicklungsphase bei, die heute etwa vom 13. bis 25. Lebensjahr reicht. Diese Lernfähigkeit entscheidet nicht nur über die Rollensicherheit, die sich ein Heranwachsender erwerben kann, sondern auch über seine Fähigkeiten, im Rahmen einer sich immer mehr egalisierenden Gesellschaft Individualität und Eigenständigkeit zu bewahren und diese auch zu vertreten, selbst wenn sie nicht der herrschenden Meinung entsprechen.

In diese Entwicklungsphase fällt auch die zunehmende Ablösung von den Eltern. Sich von den bindenden Gefühlen zu lösen und seinen eigenen Weg zu gehen, selbst wenn man die Eltern damit kränkt und verletzt, ist für den Heranwachsenden eine bedeutsame Lernaufgabe. Es ist wichtig, negative Gefühle zu akzeptieren und zu wissen, dass sie natürliche Begleiter von Lebensentscheidungen sind. Vielen Kindern ist dies aufgrund verdeckter Schuldgefühle nicht möglich. So unterlassen sie wichtige Lebensschritte, die immer auch Lernschritte sind, um nicht mit negativen Gefühlen belastet zu werden. Die eigenen Schuldgefühle, sich gegen sich selbst entschieden zu haben, werden verdrängt.

Entwicklungsaufgaben sind Lernaufgaben in den unterschiedlichsten Lebensbereichen, die alle ein Ziel gemeinsam haben: die Individualität eines jeden Menschen, eingebunden in ein gesellschaftliches Konzept, das den Menschen und nicht die Macht zum Ziel haben sollte.

Projektion, unbewusste Bindungen und Lernstörungen

Gelingt es den Eltern nicht, sich eigene unbewusste Anbindungen bewusst zu machen, so werden innere Gefühle von Angst, Liebe,

Hass, Vertrauen und Ablehnung nach außen projiziert und dort in anderen Personen wahrgenommen, die entweder verwöhnt oder gehasst werden. Mehr oder weniger geleitet von unseren inneren Bildern suchen wir alle den Partner, der den Teil der Projektion zulässt, den wir anbieten. Hinter der Maske der Projektion können Gefühle von Hass, Neid, Minderwertigkeit, Angst, Ablehnung und Schwäche verschwinden und uns zum Beispiel als »selbstlose Liebe« oder »sorgende Anteilnahme« gegenübertreten. Wir zeigen nach außen hin eine Fassade, die es uns ermöglicht, negative Gefühle nicht an uns selbst, sondern an anderen wahrzunehmen. Negative Gefühle gehören aber zum Leben, sind Teil unseres Seins und zum großen Teil auch Motor der Wandlung. Wenn wir uns selbst erleben dürfen in unseren negativen Gefühlen, wenn wir in der Lage sind, unseren Schatten anzunehmen, ist unser eigenes Lern- und Wandlungspotential und auch das unserer Kinder groß.

Kinder, die unter der »selbstlosen Liebe« zu ersticken drohen, werden die erlebte Beherrschung vielleicht als Hass unter der Maske der Anteilnahme weitergeben. Die beliebteste Form der Tarnung ist die so genannte Liebe. Jede unbewusste Emotion kann in dieser Verkleidung auftreten. C.G. Jung sagt: »Wo die Liebe herrscht, da gibt es keinen Machtwillen, und wo die Macht den Vorrang hat, da fehlt die Liebe.« Das eine ist der Schatten des andern.[39] Erst wenn wir uns mit unseren eigenen Schattenseiten auseinander gesetzt haben, können wir auch die wahre Natur der Liebe verstehen, die die grundsätzliche Verschiedenheit und Freiheit der anderen Persönlichkeit anerkennt. Oft wird der Machtwille der Eltern in dem spürbar, was sie sagen. Wie oft klagen Eltern über die Probleme ihrer Kinder. Verdeckt wird dabei die Frage spürbar, warum muss gerade mir das passieren, aber selten fragen sie danach, was sie selbst vielleicht falsch gemacht haben.

Das Feld der Projektionen ist unbegrenzt und umfasst alle Aspekte des Lebens. Das Ich des Kindes ist noch zu instabil, um sich gegen die projizierten Bilder des Erwachsenen schützen zu können, mit dem es in jungen Jahren noch identifiziert ist. Erst wenn das Kind älter ist und sein Ich einen bestimmten Grad an Integration erreicht hat, die ihm eine persönliche Stellungnahme ermöglicht, kann es sich aus diesen so besonders starken Bindungen lösen.

Michael war ein auf den ersten Blick sehr ruhiges Kind, das enorme Schulprobleme hatte. Die Mutter versicherte glaubhaft, dass diese Schwierigkeiten nur an der Lehrerin liegen können. Das Kind trat während des Schuljahres eine Klasse zurück und seine Leistungen verbesserten sich. Bei den Hausaufgaben allerdings war Michael müde, lustlos, erschöpft und wirkte schwer depressiv. Für die Mutter war in diesem Zusammenhang nach wie vor das Thema Schule aktuell.

In der Familienanamnese wurde sichtbar, dass die Mutter zur Zeit der Einschulung mit ihrem Freund zusammenzog und der Vater in den Augen der Kinder seinen Stellenwert verlor. Man ging mit dieser Sache sehr »sachlich und korrekt« um, nach zwei Jahren zog der Vater endgültig aus und nahm sich in einer anderen Stadt eine Wohnung. Er lebt heute mit einer neuen Freundin zusammen, die von den Kindern als okkupierend und erdrückend erlebt wird. Der Freund der Mutter ist fest eingezogen, mischt sich aber nicht in die Erziehung ein.

In dieser Welt der so sachlichen Umgangsformen hat ein Kind mit existenziellen Ängsten keinen Platz. Da beide Eltern sich ihren neuen Partnern zugewandt haben, versucht Michael seine innere Verletzlichkeit und Bedürftigkeit hinter dem äußeren Bild des charmanten Buben zu verdecken, der ähnliche Bindungsmuster wie seine Eltern entwickelt und so eher erotische denn altersgemäße emotionale Bindungen sucht. Diese sexuell gefärbten Bindungen sind in einem Alter von neun Jahren aber verfrüht und überfordern das Kind. Seine inneren Kräfte sind komplett von dem Familiendrama besetzt, das von der Mutter als eine erledigte Geschichte ohne Probleme definiert wird. Dadurch ist der Junge zudem gezwungen, seine Ängste gleichfalls zu projizieren, und zwar auf ein von der Mutter akzeptiertes Gebiet. In diesem Falle ist das die Schule.

Wenn die reale Ursache der Lernstörung, das Familiendrama, nicht angegangen werden darf, wird das Kind weiterhin enorme Energien in die Verdrängung und Verschiebung dieses Problems investieren. Die Schulleistungen werden schlecht bleiben, denn die Projektion auf die Schule bleibt ohne Bearbeitung erhalten. Michaels Scheitern ist vorprogrammiert, nicht nur schulisch, sondern vor allem im privaten Bereich. Wie will er sich Lernkompetenzen für soziale Verhaltensweisen erwerben, wenn wichtige Themen und Erfahrungen in der Familie als nicht existent behandelt werden?

Wo die Liebe zum Kind und der Mut zur Selbsterkenntnis größer sind als der unbewusste Machtanspruch, da sind Probleme leichter zu lösen. Es ist oft erstaunlich, wie schnell eine neue Entwicklung in Gang kommen kann, wenn die negativen Fesseln wegfallen. Nirgendwo stimmt der Satz »Uneingeschränkte Liebe vertreibt die Furcht« so sehr wie in den Lernbereichen des Lebens.

Psychologische Typen und Lernmuster

Kennen Sie auch das typisch neugierige Kind, das sich ohne Probleme in neue Situationen begibt, sich für alles interessiert und schnell Kontakt mit anderen Kindern aufnimmt? Dies ist das typische Bild eines extravertierten Kindes. In unserer Gesellschaft sind viele Kinder eher extravertiert orientiert als introvertiert. Das introvertierte Kind wirkt zurückhaltender, unsicherer, schreckt vor allem Neuen zurück, es wirkt misstrauisch und unfreundlich und braucht erst einmal Zeit, sich mit Neuem anzufreunden und auseinander zu setzen.

Jedes Kind reagiert aufgrund seiner Seelenkräfte anders auf Lernangebote. Freut sich ein extravertiertes Kind über die konkrete Hilfestellung eines Lehrers oder Erziehers, so bricht für ein introvertiertes Kind eine Welt zusammen: Es überwindet im eigenen Tun seine inneren Minderwertigkeitsgefühle. Für das extravertierte Kind ist die Hilfe etwas, das es vergessen kann, für dieses Kind ist seine beendete Arbeit wichtig, mehr nicht.

Dieser Reaktionstyp ist angeboren, und wir verstehen uns in der Regel mit dem Kind besser, das unserem eigenen Typ entspricht. Wir müssen jedoch auch bedenken, dass durch Erziehung die Eltern Kinder zwingen können, ihren Typ zu verändern. So kann uns ein von großen Ängsten geplagtes Kind scheinbar offen und aufgeschlossen gegenübertreten, und andererseits kann ein extravertiertes Kind durch Verwöhnung so ängstlich werden, dass es sich nicht mehr traut, die Mutter zu verlassen. Oder sehr strenge Eltern beziehungsweise größere Geschwister können das Kind so einschüchtern, dass sein eigentliches Temperament nicht mehr zum Tragen kommt.

Wir müssen Menschen sehr gut beobachten, um festzustellen, zu welchem Typ sie gehören, vor allem müssen wir lernen, uns selbst wahrzunehmen. Nur so ist es uns möglich, für die Kinder, die nicht unserer Anlage entsprechen, Verständnis aufzubringen und ihnen förderliche Lernstrategien anzubieten. Wir müssen Kinder anhand ihrer individuellen Möglichkeiten und Fähigkeiten einschätzen lernen und nicht an dem, was uns vernünftig erscheint. Es ist auch wichtig zu wissen, dass vom extravertierten Kind Gefühle eher ausgelebt werden, beim introvertierten Kind diese dagegen oft tief verschlossen bleiben. Manche Eltern wären entsetzt, wenn sie ahnen würden, wie viel Hassgefühle in diesem stillen Kind verborgen sein können. Bedrohlich wird dies, wenn es diese Kräfte gegen sich selbst richtet.

Auch in der Schule ist es wichtig, zu erkennen, zu welchem Typ ein Kind gehört. Ein extravertiertes Kind wird wenig Freude an einem philosophischen Schulleben haben, umgekehrt wird ein introvertiertes Kind kaum Spaß an hektischen Gruppenaktivitäten und Spielen haben. Wenn Eltern ihre eigenen Erwartungen auf ihr Kind projizieren, kann es passieren, dass Kinder in eine Lebensrichtung gezwungen werden die ihrem inneren Sein zutiefst widerspricht. Mag für ein introvertiertes Kind der Besuch eines Klosterinternats seinem Wesen entsprechen, so kann das extravertierte daran zerbrechen, oder es beginnt einen offenen Kampf gegen seine Eltern, um sich aus dieser Lebensfalle zu befreien.

Neben diesen beiden Reaktionsmustern gibt es beim Menschen zudem einen der vier psychologischen Grundtypen. Er kann dem Denk-, Gefühls-, intuitiven oder dem Empfindungstyp angehören. Jeder dieser Typen kann zudem introvertiert oder extravertiert sein. Die Grundfunktionen Denken und Fühlen sind primär rational, da sie auf etwas Reales gerichtet sind. Die Bereiche Intuition und Empfindung liegen im Irrationalen, das heißt, ihre Beweggründe liegen außerhalb des Vernunftbereiches. Dennoch erklären sie sich aus sich selbst und machen den Eindruck eines Wissens a priori.[40] Irrational hat hier nichts mit unvernünftig zu tun, es soll nur ausdrücken, dass die Quelle dieses Bereiches oft außerhalb des rational Erklärbaren liegt. Kinder, die die Spannung in einem Raum spüren, in dem die Eltern sich gerade gestritten haben, werden von Ängsten und Sorgen geplagt, obwohl nach außen hin die Situation entspannt erscheint. Vielleicht fragen sie eines Tages die Eltern ganz unvermittelt, ob sie sich trennen werden.

Im Allgemeinen kommt das dem Denktypus angehörende Kind in der Schule am leichtesten zurecht. Denken ist dabei nicht mit guter Gedächtnisleistung, Zungenfertigkeit oder rascher Auffassungsgabe zu verwechseln. Kinder mit guter Gedächtnisleistung werden in weiterführenden Klassen, wenn sie keine Urteilsfähigkeit und eigenständige Überlegungen entwickeln konnten, scheitern. Das extravertierte Kind wird sich gängigen Denkstilen leichter anpassen. Sein Denken ist konkreter, objektiver, mehr der Realität angepasst. Der introvertierte Denktyp wirkt zögernder, er muss sich erst innerlich für einen Weg entscheiden.

Sein Denken mutet zudem oft merkwürdig an, da er viele unbewusste Aspekte in seine Überlegungen mit einbezieht. Wir sollten uns also hüten, ein introvertiertes Kind aufgrund seiner Äußerungen als unaufmerksam zu bezeichnen.

Bei einem geistig regen Kind besteht zudem die Gefahr, dass wir seine Fähigkeiten zu früh und zu zwingend fördern wollen, ohne Rücksicht auf seine seelische Entwicklung. Eltern und Lehrer sind stolz auf dieses Kind und werden seine geistigen Fähigkeiten weiter unterstützen, oft auf Kosten anderer Funktionen. So neigen die dabei verdrängten und unterdrückten Emotionen zu plötzlichen Ausbrüchen, oft werden solche Kinder von unkontrollierten Stimmungsschwankungen befallen. Es ist also besonders wichtig, neben den Denkfunktionen die Bereiche der Emotionen, Empfindungen und Intuition im Kind zu wecken, soll die gesamte Persönlichkeit eine gesunde Entwicklung erfahren. Probleme in der Verständigung ergeben sich aus dem Zusammentreffen unterschiedlicher Typen, zum Beispiel zwischen einem Denk- und einem Gefühlstyp. So ist es für einen Denktyp nicht nur schwer, dem Gefühlstyp gegenüber Gefühle zu zeigen, er kann sie überhaupt nicht erleben. Die Gefühlsäußerungen solcher Menschen können sehr grob sein.

Etwas schwerer ist es, einen Gefühlstyp zu erkennen. Gefühle sind bewusst und rational und insofern in der Lage, zu werten und zu urteilen. Stimmungen und heftige Emotionen sind eher Ausdruck von unbewusstem Material als von echten Gefühlen. Wir dürfen Gefühlsäußerungen nicht mit ihrer Funktion selbst verwechseln. So kann sich hinter einer ängstlichen Reaktion das reale Gefühl der Wut verbergen.

Ein Kind, das gefühlsmäßig reagiert, wird zu Hause im Vorteil sein, soweit es sich nicht von seinen Gefühlen beherrschen lässt. Solche Kinder werden von Lehrern allerdings oft verkannt. So wurde eine Mutter in die Schule bestellt, weil die Leistungen des Kindes zu großer Sorge Anlass gaben. Die Mutter aber konnte ihr Kind gar nicht genug loben. Es spürte die Bedürfnisse der anderen und übernahm Verpflichtungen, die weit über sein Alter hinausgingen. Wo das Denken im Dienst des sozialen Gefühls stand, ging alles gut, aber bei Lernfächern in der Schule, die kein Gefühl zulassen, versagte das Kind. In solchen Fällen ist es wichtig, die starke Seite des Kindes mit seiner schwachen in Einklang zu bringen. Werden Gefühle unterdrückt, weil sie in ihrer Form in der Schule keinen Anklang finden, so können sich diese Gefühle ins Gegenteil verkehren. Das Kind reagiert »böse« und »grausam«. Dabei hindern es nur seine blockierten Gefühle, seine Denkfunktion zu entwickeln. Können wir uns vorstellen, wie lähmend es für ein Kind ist, um den richtigen Ausdruck und die richtige Form zu ringen und keine Anerkennung für diesen Kampf zu erhalten, sondern nur die Rückmeldung, dass andere besser und schneller sind? Wundert es uns wirklich, wenn Minderwertigkeitsgefühle, Wut und Hass entstehen?

Am schwierigsten ist es für uns, ein intuitives Kind zu erfassen. Bei ihm laufen Denk- und Fühlprozesse überwiegend unbewusst ab. Es ist im Stande, die verlangte Antwort zu geben, ohne zu wissen, wie es darauf kam. Es gelangt zu seinen Schlußfolgerungen durch einen in ihm liegenden Prozess, der völlig unbewusst abläuft. Für diese Kinder ist es wichtig, mit ihrem Potenzial ernst genommen zu werden und gleichzeitig die Bewusstmachung dieser Prozesse zu fördern. Die Gabe des Intuitiven, das Wesentliche einer Sache oder einer Person zu erfassen, wird dann zu einem unschätzbaren Wert, wenn sie von den beiden rationalen Funktionen Denken und Fühlen gestützt wird.

Der extravertierte Intuitive nützt seinen sechsten Sinn für die richtige »Inszenierung«, mit seiner Sicherheit für Pointen unterhält er Lehrer und Schüler. Der Intuitive ist ein Planer, der aber Schwierigkeiten hat, etwas zu Ende zu bringen. Hier braucht er die liebevolle Unterstützung seiner Umwelt. Er benötigt viel Geduld und einen gerechten Umgang mit Lob und Tadel. Gelobt werden sollte er nur für tatsächlich erbrachte Leistungen und nicht für deren Möglichkeit. Allzu leicht Erreichtes sollte bei diesen Kindern wenig beachtet werden. Es müssen ständige Anforderungen an Denken und Fühlen gestellt werden, und in den Arbeitsphasen dürfen wir uns nicht von seinen geschickten Ablenkungsmanövern täuschen lassen, sondern konsequent auf die Einhaltung von Regeln bestehen. Das intuitive Kind muss lernen, eine Aufgabe zu beenden.

Das introvertierte intuitive Kind lebt im Reich seiner inneren Träume. Pflichten oder Hausaufgaben scheinen für diese Kinder nicht zu existieren. Ein Wort im Lesebuch kann Anlass zu einem Tagtraum werden, der die reale Welt verblassen lässt. Unsere Aufgabe ist es, diese Kinder in die reale Welt zu bringen, ohne ihren großen inneren Reichtum zu zerstören. Ihre Träume sind wichtig, aber wir müssen ihren Blick öffnen für andere wichtige Dinge des Lebens, nicht wichtigere, aber gleich wichtige. Wir werden keinen Intuitiven aus seinem Reich herausbewegen, wenn wir wertend und urteilend versuchen, ihm die Bedeutung der »richtigen« Funktionen klar zu machen. Es ist eine der heikelsten Aufgaben, einem solchen Kind die Wichtigkeit der alltäglichen Pflichten bewusst zu machen und gleichzeitig die Tore zu seiner Phantasiewelt offen zu lassen.

Der vierte Typ, der Empfindungstyp, entspricht dem Bereich, in dem Kinder leben, aber auch so genannten primitiven Völkern. Der Empfindungstyp kann Künstler oder Musiker sein, bei dem die Empfindungen sehr differenziert sind oder aber wie beim eher extravertierten Empfindungstyp sehr undifferenziert und von wenig Tiefe. Das Leben ist für sie wie eine Art Film, in dem unendliche Eindrücke vorüberziehen, ohne aber, dass sie das Bedürfnis haben, in deren Tiefe vordringen zu wollen. Für den Empfindungsmenschen lösen Dinge in der Umwelt oder Situationen bestimmte innere Bilder und Wahrnehmungen aus, die mit dem realen Gegenstand nichts oder nur wenig zu tun haben. So kann ein Tuch, das berührt wird, die Empfindung von Meer und Wellen auslösen. Neben diesen angenehmen Empfindungen können Dinge der Umwelt aber auch bedrohlich und erschreckend erlebt werden, ohne dass dies für einen anderen Menschen wahrnehmbar wird. Diese Bilder leben im Inneren der Person und werden in ihr aktiviert. Für diese Menschen wirkt die Welt oft verwirrend. Sie erleben Dinge als bedrohlich, die für andere unwesentlich bleiben. Sie fühlen sich minderwertig und isoliert, häufig auch missverstanden.

Der introvertierte Empfindungstyp ist dabei oft noch schwerer zu erkennen, weil er nicht in der Lage ist, seine inneren Bilder und Eindrücke zu verbalisieren. Äußere Reize und Eindrücke überfordern solch ein Kind, und es ist ganz besonders auf die behutsame und liebevolle Führung seiner Eltern angewiesen. Wir müssen uns bewusst sein, dass diese irrationalen Einflüsse auf einer angeborenen Überempfindlichkeit gegenüber bestimmten Reizen beruhen und nicht auf der Laune oder »Verschrobenheit« des Kindes.[41]

Für das empfindungsorientierte Kind ist es lebenswichtig, sich auszudrücken und seine Empfindungen mitteilen zu können. Nur so verlieren diese ihren oft vorhandenen Schrecken und können realer wahrgenommen werden. Zeichnen und gestalten sind Wege, um diesen inneren Ausdruck zu fördern, der oft zu Beginn des Lernprozesses noch nicht in Worte gefasst werden kann.

Wer Wind sät, wird Sturm ernten

Nichts beeinflusst die Lernstörungen eines Kindes nachhaltiger als der Umgang mit seinen Betreuungspersonen. Erwartungshaltungen und moralische Bewertung verhindern Entwicklung, wobei Erziehung häufig genug zum Lotteriespiel wird. In einer Gesellschaft, in der Eltern, Lehrer und Erzieher jeweils eine andere Einstellung zu Erziehung haben, geraten Kinder in Stress. Diese Spannungssituationen blockieren Kinder ebenso wie Erwachsene.

Wir stehen heute alle unter einem enormen gesellschaftlichen Zugzwang. Die wirtschaftlichen Bedingungen verschlechtern sich zusehends und schaffen verschärfte Existenzbedingungen für die kommenden Generationen. Die Wirtschaftskräfte geraten ihrerseits immer mehr unter Druck, weil sie erkennen, dass die heutige Managergeneration nur noch bedingt die an sie gestellten Aufgaben lösen kann. Und Abhilfe scheint nicht in Sicht: Die politischen und sozialen Bedingungen unserer Gesellschaft verlangen immer mehr Fähigkeiten in den Bereichen des sozialen Denkens und des ganzheitlichen, vernetzten Denkens, als sie Erziehung und Ausbildungsstätten heute anbieten. Bedauerlicherweise verfügen immer weniger Kinder über genügend voll funktionsfähige Grundanlagen. Zudem bieten die gesellschaftlichen Erziehungs- und Bildungsstätten zu wenig bis gar keine Angebote, die verloren gegangenen Grundfertigkeiten nachzuschulen, um so den veränderten gesellschaftlichen Bedingungen Rechnung zu tragen. Wir investieren Milliarden in neue Technologien, interessieren uns jedoch wenig dafür, wie das Ausbildungssystem geändert werden muss, um vor allem menschlich erfolgreiche Nachkommen heranzubilden.

Heute sind wir Meister darin, Verantwortlichkeiten zu verschieben, ohne an den Bedingungen etwas zu verändern. Im Moment scheint dies vielen die billigste Alternative zu sein. Diese Meinung teilen mit Sicherheit nicht die Eltern betroffener Kinder und Erzieher, deren Gruppenzahl, um Geld zu sparen, immer mehr erhöht wird, wobei die Zahl der »schwierigen« Kinder im Steigen begriffen ist. Lehrer von Förderschulen, deren Budget trotz dringender Anfragen und hoffnungsloser Überfüllung der Klassen nicht aufgestockt wird, resignieren. Wir schaffen gesellschaftliche Erwartungen, die angesichts der kritischen Lage Betreuungspersonen massiv unter Druck setzen. Zum Teil geschieht dies bewusst und wahrnehmbar, zum großen Teil jedoch beugen wir uns diesen Erwartungen unbewusst und damit wenig kontrollierbar.

Erziehungsvorbild ist Lebensvorbild

Kinder lernen aus der Vorbildsituation, und das schon im Mutterleib. Durch die körperlich aktive Mutter schult sich das Zusammenspiel von Wahrnehmung und Motorik beim Embryo bereits im vorgeburtlichen Stadium. Erhält das Kind die Gelegenheit, nach der Geburt weiter in die Bewegungsmuster der Mutter eingebunden zu werden – zum Beispiel durch das Gehaltenwerden im Tragetuch –, so werden die ungeordneten Bewegungsmuster durch den körperlichen Kontakt mit der Mutter weiter sensumotorisch erspürt und in die eigenen Bewegungsübungen eingebracht.

Leider werden die meisten Kinder dieser großen Entwicklungschance beraubt. Viele werden beispielsweise wie erwähnt im Buggy durch die Gegend gefahren, da es den Müttern zu zeitraubend erscheint, ihren Kindern die Einkaufszeit als Übungszeit zuzugestehen, in welcher diese ihr erworbenes Bewegungspotenzial auf eigenen Beinen zeigen dürfen. Heute muss alles sofort passieren. Wir verbringen lieber die Zeit damit, unsere Kinder von einem Therapeuten zum nächsten zu fahren, anstatt zu realisieren, dass jedes unserer Kinder mehr profitieren würde, wenn wir diese Zeit nicht *für* sie, sondern *mit* ihnen verbringen würden.

An welchen Vorbildern können Kinder heute noch lernen? Wir alle haben uns weitgehend unseren eigenen Wunschvorstellungen über uns verschrieben und entsprechende Erwartungen aufgebaut, denen nicht nur wir selbst genügen müssen, sondern auch unsere Kinder. Wir wollen beruflich gut sein und die Kindererziehung mit »links« schaffen, um unser Selbstwertgefühl stabil zu halten. Unsere eigene Befindlichkeit, unsere Ängste und Zweifel verdrängen wir, um das nötige Durchhaltevermögen für unsere Erwartungen zu bewahren. Je weniger wir uns in unseren Unsicherheiten als Eltern spüren, umso mehr projizieren wir diese auf unsere Kinder. Dies geschieht so lange, bis deren Unsicherheit zum Spiegel unserer eigenen Hilflosigkeit wird.

Kinder erleben ihre Eltern heute immer weniger in Lebensbezügen, in denen sie etwas für ihr eigenes Leben lernen können. Die meisten jungen Eltern haben heute wesentlich mehr Wissen über technische Geräte als über körperliche Arbeit. Gemeint sind hier die täglichen Kleinarbeiten, die die lebenswichtige Koordination von Bewegung und die Kontrolle von Auge und Hand geschult haben. Dazu gehören Arbeiten wie Bügeln, kleine Küchentätigkeiten wie das Umfüllen und Abmessen von Lebensmitteln und vieles mehr. Heute benötigen wir für vergleichbare Aufgaben therapeutische Angebote, weil Kinder an derartigen Grunderfahrungen nicht teilhaben dürfen. Einerseits wurden sie von den Eltern selbst nicht mehr erlebt, andererseits wertet die gesellschaftliche Erwartung solche Erfahrungen nicht hoch genug. In diesem Rahmen wäre es mit Sicherheit nicht sinnvoll, ein entsprechendes politisches Programm zu entwickeln. Dies hat schon bei der Proklamierung der Familie als Stütze der Gesellschaft nicht funktioniert. Jede Äußerung, die nur der Form, aber nicht einer Überzeugung entspricht, wird keine Vorbildfunktion übernehmen können. Anders ausgedrückt: Solange die Politiker das, was sie sagen, nicht meinen, müssen sie sich über mangelnde Veränderung nicht beklagen. Dieselbe Situation trifft natürlich auf die Familie, die Kindergärten und die Schulen zu.

Vorbild zu sein bedeutet, jemandem ein Bild von sich anzubieten, bei dem der Betrachter das Gefühl hat, es sei stimmig. Dies beinhaltet nicht den Anspruch, perfekt oder vollkommen zu sein. Vielmehr lebt und speist es sich aus seiner Echtheit. Wir stellen häufig den Anspruch, dass uns Kinder als Vorbild nehmen sollen, nur über das Ergebnis sind wir dann entsetzt. Oft bedenken wir nicht, dass das Vorbild, das wir sein wollen, nur in unserem Kopf existiert: die liebevolle Mutter, die ausgeglichen und erfolgreich ihre Kinder erzieht, im Beruf Erfolg hat und den Partner glücklich macht. Teilweise erkennen wir, dass es sich hier nicht um eine Vorbildfunktion, sondern um eine Erwartungshaltung handelt, die schädlich für die Mutter und auch für das Kind ist. Das Kind erlebt real nicht das idealisierte Vorstellungsbild, sondern eher die unzufriedene, gehetzte, unruhige, überforderte und ängstliche Mutter, die schimpft und fordert und ihre Umwelt frustriert. Ihre Lebensweise wird zum Vorbild ihres Kindes, aber in negativer Form. Unruhe und Unkonzentriertheit übertragen sich auf das Kind.

Die mangelnde Entscheidungsfähigkeit im Erziehungsbereich wirkt sich verheerend aus. Die Orientierungslosigkeit der Erziehungspersonen nimmt dem Kind die Möglichkeit, eigene Richtlinien zu entwickeln, um selbständig Klarheit in Entscheidungen und Handlungen zu erreichen. Es irrt unsicher und hektisch durch den Tag, beginnt dies und jenes, bleibt bei wenigem und sitzt nur beim Fernsehen für kurze Zeit still. Solche Kinder sind ein Spiegelbild der Eltern, werden aber nicht als solches erkannt.

Die Eltern fühlen sich – wenn sie ihre Kinder betrachten – oft enttäuscht, weil sie deren Gaben und Leistungen nicht anerkennen können. Sie sehen nur ihre eigenen Erwartungen und Hoffnungen, die zu Überzeugungen geworden sind und den Blick auf das Wesentliche versperren. Nicht die echten Schwierigkeiten der Kinder sind das Problem, sondern die von unseren Bedürfnissen und Erwartungen geprägten Vorstellungen. Sie verhindern, dass wir die Welt so sehen dürfen, wie sie ist: frei von Wertungen, Erwartungen und Beurteilungen, die den Menschen meist zwingen, anders zu sein, als er sein möchte und kann.

Vorbild zu sein heißt auch, wirklich bei sich zu bleiben und *sein* Leben zu leben, das heißt, die Verantwortung für sich selbst wahrzunehmen, was immer auch Verantwortung für den Mitmenschen bedingt. Ein sehr klares und schönes Beispiel habe ich dafür in einem buddhistischen Kloster in Nepal erlebt. Wir durften auf Einladung des Abtes an einer Gebetsstunde teilnehmen. Wir Europäer saßen etwas verkrampft und ungewohnt im Meditationssitz auf dem Boden, uns gegenüber saßen die vielleicht sechs Jahre alten kleinen Mönche und mussten über unsere etwas seltsamen Gestalten herzhaft lachen. Wir waren für sie das interessante Objekt, dem all ihre Neugier galt. Ich vermutete, dass vom Abt des Klosters, der keine zwei Schritte von diesen kleinen Mönchen entfernt saß, sehr schnell ein Verbot käme, so wie ich es aus meiner religiösen Erziehung her kannte, die mehr aus Verboten denn aus Erbauung bestand. Es kam aber kein Wort, er blieb ins Gebet versunken, nahm dankend den Tee an, den die Kleinen verteilten, und versank wieder in Meditation.

Nach der Gebetsstunde stellte er uns allen Mönchen vor, so dass jeder seine Neugier stillen konnte und alle Gelegenheit hatten, ihre Fragen zu stellen. Welches Interesse und welche Lernbegeisterung bei diesen Kindern! Europäische Lehrer würden dabei in Entzücken verfallen.

Der Abt war Vorbild, er blieb seiner inneren Haltung treu, gestand aber den Kindern die Andersartigkeit in Temperament und Interesse zu. Er erkannte darin die Stärken der Kinder, die mit liebevoller Führung im entsprechenden Zeitraum auf ein Ziel hingelenkt werden sollen. Er gewährte den Freiraum, der Kindern ihres Alters zusteht, und verlangte nur die altersgemäße Leistung. Als etwa zwei Stunden später die Glocke für das Training der jüngeren Mönche schlug, genügte ein Blick in das für einen Augenblick strenge Gesicht, um zu erkennen, jetzt ist »Pflichtzeit«, der sie sich zu unserer Überraschung mit demselben fröhlichen und begeisterten Geschnatter interessierter Kinder widmeten.

Wir sind heute sehr häufig durch Erziehung und gesellschaftliche Bedingungen aus unserem angeborenen Lern- und Lebensrhythmus geworfen. Viele Erwachsene können heute eigentlich keine klare Aussage darüber treffen, wie ihr innerer Rhythmus aussieht. Sie wurden als Kinder gezwungen, sich dem familiären Lebensrhythmus anzupassen, und haben gelernt, viele eigene Bedürfnisse und Lebensnotwendigkeiten zu verdrängen.

So zwingen sie ihre Kinder in eine ähnliche Erfahrung, ohne individuelle Bedürfnisse zu berücksichtigen. Was ist nun, wenn ich als Elternteil in meiner Kindheit beispielsweise aus meinem intuitiven, introvertierten Lernmuster herausgerissen und unter vielen Kämpfen und Leiden zu einem »fleißigen Kopfmenschen« getrimmt wurde und dabei viele eigene Bedürfnisse verdrängen musste – und mir mein Kind in seinem Verträumtsein jetzt mein eigenes Kindheitsmuster widerspiegelt? Ich gerate unter großen Druck. Die Chance, dass ich meine verloren gegangenen Bedürfnisse wieder erkenne und sie mir bewusst mache, ist gering. Viel eher aktivieren Versagensängste elterliche Vorgaben, die mir schon als Kind ständig signalisierten: »Man muss hart sein und ›dranbleiben‹, sonst wird aus Träumern nichts.« Aus dieser oft unbewussten Angst heraus fällt es mir als Elternteil besonders schwer, die Stärken des Introvertierten wahrzunehmen.

So wird mein Kind dazu gezwungen, sein eigenes Lebensmuster zu verlassen und so zu werden wie ich, wobei mir nicht bewusst ist, dass ich selbst nicht Vorbild bin, da ich kein echtes Bedürfnis lebe, sondern nur die Form eines Musters übernommen habe und somit nur Schein und nicht Sein biete.

Dies bedeutet, dass Kinder nicht freiwillig auf angebotene Lebenskonzepte einschwenken, da sie unterschwellig die häufig vorhandene Verlogenheit und auch das Unglücklichsein der Erwachsenen spüren. Sie reagieren mit Unruhe, Widerstand, Verweigerung oder passivem Rückzug und werden so immer mehr zum Störfaktor in der Familie. Viele dieser Auffälligkeiten verschwinden, sobald das Kind mit seinem Lern- und Reaktionstypus angenommen wird, die darin liegenden Stärken entwickeln und die vorhandenen Schwächen mit behutsamer Führung in Stärken umwandeln darf. Dies braucht Zeit, viel Verständnis für die Kinder und vor allem – und das ist das große Geheimnis einer guten Erziehung – viel Verständnis für sich selbst.

Die Fähigkeit zur Schwäche schafft Stärke

Wir alle kommen mit unterschiedlichen Eigenschaften und Fähigkeiten zur Welt. Dies ist normal und schafft ein riesiges Entwicklungspotenzial für die unterschiedlichsten Tätigkeiten und gesellschaftlichen Aufgaben. Leider ist der gängige Erziehungsstil eher auf Nivellierung denn Förderung der individuellen Ausdruckskräfte gerichtet.

In vielen Erziehungsbüchern steht geschrieben, wie ein Kind sein sollte. Viele entwicklungspsychologische Hinweise können hilfreich sein für frühzeitige intensive Diagnostik und damit für frühzeitige Förderung. Pädagogische Ratgeber beziehen sich in ihren Ratschlägen meist auf zeitgemäße Erwartungen in der Erziehung, da Pädagogik selbst immer stark von den gesellschaftlichen Entwicklungen geprägt ist. Kirchliche Richtungen prägen andere Erziehungsbilder als gesellschaftliche Einrichtungen. Eine Demokratie formuliert andere Menschenbilder als eine Diktatur.

Allen ist aber gemeinsam, dass sie sich in erster Linie an einer theoretischen Vorstellung über das Menschsein orientieren und weniger an den individuellen Unterschieden und Bedürfnissen des Einzelnen. Die unendliche Vielfalt von Richtungen, die möglich sind und »Recht« haben, erschweren es Eltern heute ungemein, sich zu orientieren und zu entscheiden.

Wirklich wichtig sind aber nicht die im Moment gültigen gesellschaftlichen Vorstellungen, sondern die individuellen Muster des Einzelnen und die Problematik der Toleranz im Umgang mit jenen Menschen, die anders wahrnehmen und reagieren als man selbst. Anders ausgedrückt: Nur wer Anderssein nicht als Schwäche erlebt, sondern individuelle Lernmöglichkeiten auch für sich erkennen kann, wird dem Mitmenschen die Chance geben, seine Fähigkeiten einzubringen und zu entwickeln.

Eltern, die selbst eher introvertierte Gefühlsmenschen sind und deren Kind ein Denktyp ist, haben umfangreiches Konflikt- und zugleich Entwicklungspotenzial zur Verfügung. Das Kind braucht viele Anregungen, um seine eigene Struktur nicht zu vernachlässigen. Es wird sich für Dinge interessieren, die den Eltern aufgrund ihrer eigenen Bedürfnisse weniger wichtig sind, ja, für sie wird vielleicht nicht einmal klar, warum bestimmte Denkrichtungen oder Themenbereiche ihr Kind interessieren. Sie sind aber unter Umständen entsetzt, dass dieses Kind so grob und verletzend in seinen Gefühlsäußerungen sein kann. Es wird ihnen auch nicht bewusst, dass ihr Kind seine Gefühle nicht in der gleichen Form erleben kann wie andere Familienmitglieder. So bräuchte dieses Kind, um sich in seinen geistigen Interessen gesund entwickeln zu können, die Unterstützung der Eltern. Gleichzeitig wäre viel Kontakt zu gleichaltrigen Kindern nötig, um in der Gemeinschaft Gefühlsbeziehungen zu erfahren, die in dieser Form von introvertierten Eltern nicht vermittelt werden können. Akzeptieren die Eltern ihr eigenes Sosein, werden sie klarer die Unterschiede zwischen sich und ihren Kindern wahrnehmen. Es gibt Bereiche, die Eltern und Kinder gemeinsam klären können, und einige, bei denen sie Hilfe in Anspruch nehmen sollten.

Ein Kind mit regen geistigen Interessen kann den Eltern zur Anregung werden, selbst wieder mehr ihren eigenen Interessen nachzugehen. Dabei erleben sie vielleicht in sich wieder etwas von dieser kindlichen Entdeckerfreude, die ihr eigenes Inneres mit neuen Ideen und Freiräumen füllen kann, die so behutsam verwaltet sein wollen. Gleichzeitig werden so dem Kind und seinen Interessen keine Grenzen und Erwartungen entgegengesetzt, die seine Entwicklung gefährlich blockieren könnten. Nehmen Eltern den Kindern alle Verantwortung ab und fördern sie ausschließlich ihren Geist, der so bewundert wird, so erziehen sie selbstsüchtige Kinder, die unfähig sind, andere Fähigkeiten zu nutzen, geschweige denn wahrzunehmen. Ein intellektuell frühreifes Kind wird häufig von unkontrollierten Stimmungen erfasst. Es neigt zu Gefühlsausbrüchen und infantilen Regressionen, nicht etwa aus Überforderung, sondern wegen zu einseitiger Förderung. Die Unterdrückung der Gefühle wirkt im Unbewussten weiter und kann sich in Form von übertriebenen und zwanghaften Ausbrüchen bemerkbar machen.[42]

Gelangen Eltern zu einem besseren Verständnis von sich und erkennen sie, welche Grundfunktion in ihnen leben will, so sind sie besser im Stande, die damit verbundenen Stärken und Schwächen zu realisieren. Vielleicht stört uns als Elternteil die Verträumtheit und das In-sich-gekehrt-Sein unseres Kindes, weil beides uns daran erinnert, dass dieser Teil auch Teil von uns ist und leider verdrängt werden musste, weil er von unseren Eltern nicht anerkannt wurde. Wenn uns das bewusst wird, müssen wir vielleicht nicht mehr über unseren träumenden Sohn schimpfen, sondern können mit ihm gemeinsam erleben, dass auch in uns noch Träume leben, die verwirklicht werden wollen. So können wir unser Kind nun mit mehr Verständnis und mehr Erfolg an seine Denkfunktionen heranführen. Und beide Seiten gewinnen dabei.

Erkennen wir die Grundstrukturen in unseren Kindern, wird uns auch klarer, warum ihnen bestimmte Tätigkeiten leichter fallen als uns und warum wir umgekehrt nicht erwarten dürfen, dass ihnen etwas leicht falle, nur weil es uns mühelos gelingt. Unser auf Spezialisierung ausgerichtetes Zeitalter ist gerne bestrebt, nur eine differenzierte Form des Individuums zu fördern, statt den ganzen Menschen. Unsere Aufgabe besteht aber nicht darin, ein Kind zu einem liebenswerten Familienmitglied oder zu einem guten Schüler zu erziehen. Der *ganze* Mensch hat Anspruch auf die Entwicklung seiner Fähigkeiten, vor allem im Interesse der Gemeinschaft. Es kann nicht sinnvoll sein, dass alle Familienmitglieder die infantilen Wut- und Tobsuchtsanfälle eines Vaters über sich ergehen lassen müssen, nur weil dieser zwar zwei Doktorentitel erworben hat, in seiner emotionalen Entwicklung aber im Kleinkindalter stehen geblieben ist.

Je verdrängter und unkontrollierbarer eigene Anteile sind, umso heftiger suchen sie sich Bahn und drängen an die Oberfläche, zum Schaden von uns selbst und unserer Kinder. Vielfach versuchen wir unsere inneren Ängste und Hoffnungen eisern unter Kontrolle zu halten. Wenn wir uns persönlich so einschränken und ins Leben zwingen, werden wir Kindern kein Vorbild für Freiheit und Individualität geben können.

Vielleicht ist der schwerste Teil der Erziehung, wenn wir beginnen, unsere Kinder real wahrzunehmen, und dabei feststellen, dass sie ganz anders sind, als wir dachten, erhofften, uns gewünscht und erwartet haben, und dass es uns klar ist, dass sie so sein *dürfen,* wie sie sind, aber dass fast nichts auf der Welt uns so schwer fällt, als dies zuzulassen. Dies gilt für alle Menschen, die mit Kindern zu tun haben. Eltern, Erzieher, Lehrer, Therapeuten, Pädagogen – alle sind mehr oder weniger intensiv mit diesem Thema konfrontiert. Von unseren Erwartungen und Sichtweisen über ein Kind loszulassen, kann das Bild dieses Kind von einer Minute zur anderen in uns verändern.

Wie ein Kind gesehen wird, setzt ihm in seiner Entwicklung in gewisser Weise Grenzen. Erlebe ich ein Kind als trotzig und fordernd, und ich zwinge es aufgrund meiner Vorstellung in die Selbständigkeit, ohne vielleicht zu sehen, dass sein Trotz aus einem Nicht-Können irgendeiner Fertigkeit oder Fähigkeit resultiert, so werden meine Kraftreserven als Erzieher verbraucht, ebenso die Lernreserven und Leistungsbereitschaft auf Seiten des Kindes. Dabei verlieren beide.

Wir fühlen uns oft vom Anderssein der Kinder herausgefordert, leider nur im negativen Sinn. Wir sollten versuchen, uns einzufühlen. Dann sind wir in der Lage, viel vom inneren Zustand des Kindes zu erkennen und es zu verstehen. Mit dem Verstehen fallen Vorurteile.

Viele Menschen fühlen sich gerade von hyperaktiven Kindern provoziert. Sie spüren oft nur ihre eigene Abwehr gegenüber der Unruhe und Unsicherheit, die diese Kinder ausstrahlen. Lassen sie sich aber wirklich auf deren Gefühle ein und nehmen sie bewusst deren Chaos, Unsicherheit und Angst wahr, werden sie nicht mehr von absichtlicher Provokation sprechen. Und im Erkennen ihrer inneren Gefühle wird auch die Lösung klarer. Ordnung, Sicherheit und klare Strukturen entlasten nicht nur das Kind, sondern auch den Erwachsenen. Denn dieser muss sich bewusst sein, dass das Abwehren dieser chaotischen Emotionen auch ihm selbst sehr viel Kraft kostet.

Der richtige Umgang mit Grenzen

Für viele Menschen aus der jüngeren Generation stehen Worte wie Pflicht und Leistung noch immer in Verbindung mit der Vorkriegszeit und werden tunlichst vermieden. Die Zwangserziehung unserer Eltern und Großeltern ist vielen Erwachsenen noch in schlechter Erinnerung. Zu enge Grenzen und zu wenig Freiraum haben diese geprägt. Begriffe wie Ordnung, Struktur und Grenzen haben daher einen unangenehmen Beigeschmack.

Eltern und Erzieher sprechen vom Freiraum, den man Kindern gewähren muss, und verdecken dahinter oft nur ihre Unsicherheit in der direkten Auseinandersetzung mit ihren Kindern. Viele Eltern laufen lieber ihren unsicheren und hektischen Kindern hinterher und ergehen sich in einer Toleranz, die eher selbstzerstörerisch als hilfreich ist. Nur nicht das Kind einschränken und frustrieren. Dass das Kind aus reiner Frustration heraus so aufsässig ist, wird vielen Eltern nicht klar. Gehen wir selbst nicht auch lieber ins Fitnesscenter und beteiligen uns an einem festen Programm, als unsicher und hilflos mal hier oder dort etwas auszuprobieren? Freude kann etwas erst machen, wenn eine konkrete Anleitung die vorhandenen Möglichkeiten eröffnet und damit fassbarer Handlungsraum sichtbar wird.

Genauso geht es Kindern. Die Erlaubnis, sich in einem Raum mit Spielen frei bedienen zu dürfen, ist für sie keine Freiheit, sondern Überforderung. Um den freien Raum eines eigenen Zimmers für sich nutzen zu können, müssen Kinder zuvor im kleinen Rahmen das Spielen gelernt haben. Zeit und Interesse entstehen aus der Begeisterung und Zuwendung der Bezugspersonen. Wir verlangen oft zu viel von Kindern, indem wir glauben, die Fähigkeit zum Spielen und Lernen wäre angeboren. Die Grundfertigkeiten sind tatsächlich angeboren, diese müssen jedoch durch ständige Übung trainiert und ausgebaut werden, bis sie zur großen Lernkompetenz werden. Früher waren Kinder so in den Alltag eingebunden, dass sie sehr früh lernten, unter Anleitung der Mutter kleine Tätigkeiten zu übernehmen. Heute decken wir lieber selber den Tisch, um Zeit zu sparen, erwarten aber, dass die Kinder die Tätigkeiten dann vom Zuschauen her können. Zuschauen und etwas nicht selber tun können erzeugt Langeweile. Nichts lähmt Lernmotivation und Interesse mehr als Langeweile. Wir haben nicht zu wenig Zeit für Kinder, wir *nehmen* uns zu wenig Zeit.

Grenzen zu setzen bedeutet nicht zwangsläufig, ein Kind mit unfreundlichem Ton an seinen Platz zu verweisen. Grenzen ergeben sich aus dem täglichen Zeitablauf. Der Tagesablauf einer jeden Familie gliedert sich in bestimmte Zeiteinheiten, die für Spiel, Mahlzeiten, Ruhezeit oder Ähnliches verplant sind. Jede Familie setzt ihre eigenen Grenzen und versucht diese auch einzuhalten. Keine Mutter ist begeistert, wenn jeder zum Essen kommt, wann er will. Entscheidend ist, wie diese Grenzen bekannt gegeben werden und auf welche Art und Weise sie eingeklagt werden. Sind Grenzen in einer Familie eher vage formuliert und werden sie dann barsch und fordernd vorgebracht, rufen sie bei den Kindern Auflehnung und Widerstand hervor. Wer möchte schon mit dem unfreundlichen Satz mitten aus dem schönsten Spiel herausgerissen werden: »Essen, aber sofort und ohne Widerrede!« Wie viel einfacher ist es, Kindern rechtzeitig mitzuteilen, dass die Spielzeit zu Ende geht und sie langsam zum Ende kommen oder eine Pause einlegen könnten! Kinder müssen Zeit haben, sich aus ihrer Spielverwobenheit lösen zu dürfen und in die Realität zurückzukehren. Sie brauchen Zeit und oft auch Pausen, um in andere Aktivitäten hineinwechseln zu können. Pausen können Grenzen sein, die Kindern Raum geben, sich zum Beispiel aus dem Schulstress zu lösen, bevor sie mit den Hausaufgaben beginnen.

Tagesstrukturen und Zeiteinteilungen sind wichtige Entwicklungshilfen für das Kind. Speziell bei hyperaktiven Kindern ist es wichtig, dass Eltern nicht grenzenlos hinter ihren Kindern hereilen, sondern dass sie selbst lernen, ruhig und bestimmt klare Grenzen für ihr Kind zu setzen und deren Einhaltung auch durchsetzen.

Grenzen und Strukturen haben, wenn sie am Bedürfnis des Kindes orientiert sind und seinem Entwicklungsstand entsprechen, nichts mit Gewalt zu tun. Alles in unserer Gesellschaft hat die Fähigkeit, zwei Seiten zu entwickeln. So kann Grenze Hilfe oder Gewalt bedeuten. Liebe kann von Achtsamkeit geprägt sein oder von einem Machtanspruch. Beides kann sich nach außen hin scheinbar stimmig zeigen, nur die individuelle Wirkung auf das Kind wird oft erst spät den wahren Beweggrund sichtbar machen.

Eltern als ratlose Helfer

Kinder, die mit Lernstörungen in Therapie kommen, haben meist Eltern, welche oft schon lange Jahre versucht haben, dieses Problem allein oder mit Unterstützung von Erziehern, Lehrern und Ärzten zu lösen. Sie geben ihr Kind in der Regel nicht leicht und sehr oft mit dem Gefühl des Versagens in eine heilpädagogische Tagesstätte. Vielen fällt es schwer, ihr Kind für einige Stunden außer Haus zu geben, und viele Eltern beklagen, dass sie nur noch wenig Zeit für das Kind haben, wenn es abends nach Hause kommt. Dass diese Zeit von den Kindern andernfalls vor dem Fernseher, allein beim Essen oder allein beim Spiel im Freien verbracht werden würde, kann von den Eltern meist nur schwer wahrgenommen werden. Wären sie den ganzen Nachmittag zu Hause, würden sie in dieser Zeit die Beschäftigungen der Abendstunden vorziehen.

Immer wieder betonen Eltern, dass ihre Kinder zu wenig Freundschaften pflegen können, wenn sie den Nachmittag in einer therapeutischen Einrichtung verbringen. Sehr häufig erleben diese aber im Alltag mit Kindern, dass therapeutische Einrichtungen zu wenig tiefe Kontakte aufbauen können. Sie brauchen viel Zeit und viel Unterstützung, um echte Kontakte aufbauen und vor allem aufrechterhalten zu können.

Ein wichtiger Schritt ist es, Eltern oder Erziehungsberechtigten zu verdeutlichen, dass Hilfe anzunehmen keine Schande ist, sondern zum Wohle ihres Kindes geschieht. Das Kind zu entlasten ist ein Teil der therapeutischen Arbeit; der nächste Schritt bezieht sich dann auf die sehr wichtige Elternarbeit.

Negative Faktoren im Familienbereich erkennen

Je gründlicher die Familiengeschichte herausgearbeitet werden kann, umso deutlicher werden die zugrunde liegenden Konflikte und die die Störung aufrechterhaltenden Fakten. Erst vor diesem Hintergrund kann der therapeutische Ansatz für Eltern und Kind erarbeitet werden. Es gibt einige Fakten und Überlegungen, die uns fast immer Hinweise auf die möglichen Ursachen der Lernstörung geben können:

- ❑ Bei *problematischen Schwangerschaften* mit langen Liegephasen besteht die Möglichkeit, dass das Kind zu wenig sensumotorische Erfahrungen über die Bewegung der Mutter macht. Das Kind bringt somit zu wenig diesbezügliche Vorerfahrungen mit auf die Welt und braucht Unterstützung, um seinen Körpersinn richtig entwickeln zu können. Der Körpersinn steuert den Aufbau der Wahrnehmung, ist an der Vorstellungskraft des Menschen beteiligt und steuert Handeln und Denken. Kann der Körpersinn nicht mit anderen Sinnen integriert werden, entstehen Teilleistungsstörungen, Hyperaktivität und Persönlichkeitsstörungen.[43]
- ❑ Welche Möglichkeiten haben Kinder, den *Körpersinn* im Spiel zu entwickeln? Welche Bedingungen bietet das Spiel dem Kind, seine Bewegungen zu schulen und Kreativität und Phantasie zu entwickeln? Wie viel Raum zum Spielen haben Kinder, und wie wird dieser Raum begrenzt? Wenn das Kind im Spiel mit modernem Spielmaterial, das seine Phantasie und Aufmerksamkeit – wenn überhaupt – nur für kurze Zeit beschäftigt, sich selbst überlassen bleibt und die Eltern keine Anleitung für das Spiel geben, besteht die Gefahr, dass Kinder sich für immer weniger begeistern und motivieren können. Die Grenzen werden nach außen erweitert, und die Kinder versuchen vermehrt, in extremen Lebensbereichen das zu erleben, was einfache, traditionelle Spiele unter Anleitung

auch leisten: Spannung, Anregung, Grenzen, Erfahrung, Kreativität. Extremtouren erreichen meist nur den Punkt der Grenzüberschreitung und der existenziellen Grenzerfahrung. S-Bahn-Surfen, Extremklettern und Ähnliches schulen kaum den Geist und besänftigen die innere Unruhe nur kurzfristig.

- ❑ Wieweit ist es den Kindern möglich, ihren *Bewegungssinn* in täglichen Aktivitäten zu schulen? Wie viel Raum für Körpererfahrungen haben die Kinder? Wie viel Wohnraum und wie viel Zeit steht dem Kind zur Verfügung, die es nicht vor dem Fernseher verbringt?

  Selbst der Kindergarten bietet zu wenig Übungsraum an. In den engen Zimmern ist oft nur wenig Platz vorhanden, und viele Erzieher bieten nur Standardspiele an. In München gibt es inzwischen einige Kindergärten, die spielzeugfrei arbeiten. Das heißt, den Kindern wird wie in früheren Zeiten Gelegenheit gegeben, mit eigener Phantasie, Kreativität und Bewegung nicht nur ein Spiel zu erfinden, sondern auch das dazu benötigte Spielmaterial selbst herzustellen. Diese Kinder kennen keine Langeweile, da für sie Spielpausen immer auch verbunden sind mit der Zufriedenheit über das Erlebte. Hier schulen sich Körper und kognitive Anlagen in optimaler Form.
- ❑ Kinder, die *zu früh geboren* wurden, gleichgültig, aus welchen Gründen, müssen auf sehr vieles verzichten und benötigen die gezielte Unterstützung der Mutter. Die Unterbringung im Brutkasten oder Wärmebett bedeutet für das kleine Wesen nicht in erster Linie lebensrettenden Schutz, sondern primär Verlust lebenswichtiger Signale und Sicherheiten. Herzschlag, Geruch und Stimme der Mutter gehen dem Kind verloren. Es vermisst zudem die Bewegung und die zartrot getönte visuelle Wahrnehmung, die es im Mutterleib bei geöffneten Augen permanent hat.[44] Es fehlt ihm aber auch die besondere Körperwahrnehmung, die andere Kinder über den normalen Geburtsweg machen. Der Verlust der Bewe-

gung, der Wahrnehmung, der emotionalen Sicherheit ist für solche Kinder von existenzieller Bedeutung. Selbst wenn keine physiologischen Schäden zurückbleiben, so ist doch der Entwicklungsrückstand oft spürbar und sichtbar in Teilleistungsstörungen. Die Frühgeborenenbetreuung anerkennt wohl den medizinischen Aspekt, respektiert aber nicht die psychologischen Entwicklungsbedingungen.

- Kinder, die *frühe Trennungen* erlebt haben – sei es, dass sie selbst ins Krankenhaus mussten oder aber die Mutter –, erfahren einen traumatischen Verlust. Kleine Kinder können Zeit weder erkennen noch deren Zeitfolgen einschätzen. Für sie ist es wichtig, dass das Leben in einem vorausschaubaren Rhythmus und Zuwendung und Sicherung der Bedürfnisse in seinem gewohnten Rahmen erfolgen können. Werden Kinder von der Mutter getrennt, erleben sie fremde Personen, die in ihren Augen versuchen, Sicherung in einer fremden Umgebung mit bedrohlichen Erfahrungen zu übermitteln. Für das Kind entsteht hier extremer Stress, der bei längerer Dauer zu Störungen im Gehirnstoffwechsel führen kann. Zudem entwickeln Kinder oft stereotype Bewegungen, um diesem Stress zu entgehen, und die Eltern müssen mit viel Geduld das Kind wieder auf seinen eigenen Rhythmus einschwingen: auf den Arm nehmen, wiegen, in einer Hängematte schaukeln usw.
- *Trennungen der Eltern* werden vom Kind als besonders traumatisch erlebt. Sicherheiten oder alltägliche Bedingungen haben plötzlich keine Gültigkeit mehr. Für viele Kinder ist es besonders schwer, das Zerwürfnis der Erwachsenen zu verstehen. Sie lieben beide Elternteile und können und wollen die Trennung nicht akzeptieren. Vielfach werden Kinder von ihren Eltern gezwungen, diesen Zwiespalt nach innen zu verlagern, da sie spüren, dass sich die Erwachsenen mit ihrem Konflikt nur wenig auseinander setzen.

  Kinder werden besonders verhaltensauffällig, wenn ein neuer

Partner ins Familienleben tritt. Meist sind die Erwachsenen bestrebt, so schnell wie möglich wieder »in Familie zu machen«, um so wieder eine Einheit herzustellen, sehr oft unter Verleugnung der bestehenden Tatsachen. Welche Verwirrung für ein Kind, wenn beide Elternteile wieder ganze, eigenständige Familien bilden und jede ihren Anspruch an das Kind stellt! Wie geht man mit dem neuen Partner um, wie viel Rechte hat er, wie bedrohlich wird er mir als Kind, das heißt, wieweit besteht die Gefahr, den Vater zu verlieren wegen der neuen Partnerin?
Besonders bedrohlich für das Kind ist es, wenn es die reale Abwertung eines Elternteiles in Wort oder Tat erleben muss. Es liebt diesen Elternteil und hat mit ihm bestimmte Identifikationen. Wird dieser Elternteil von anderen abgelehnt, so fühlt sich auch das Kind angegriffen und über die Identifikation in seinem Selbstwert bedroht.
Da die Eltern Trennung und Scheidung oft selbst nur ungenügend verarbeiten, ahnt das Kind, dass es mit seinem Bedürfnis, beide Elternteile wieder vereint zu sehen, bei Vater oder Mutter nicht ankommen kann. So beginnt es nach außen hin Verständnis zu zeigen, leidet aber innerlich an seinen Minderwertigkeits- und Verlustgefühlen und fühlt sich von allen in diesem Konflikt allein gelassen. So folgen daraus oft Lernblockaden ebenso wie neurotische Persönlichkeitsentwicklungen.

❑ *Eltern*, die ihren Kindern erlauben, sie im Zuge der modernen Erziehung mit Vornamen anzusprechen, um so ihre Akzeptanz und *Gleichberechtigung* zu zeigen, wundern sich häufig, warum diese Kinder so wenig damit anfangen können. Kinder sind nicht auf gleicher Ebene wie Erwachsene. Ich darf jemanden, der sich noch in seiner Entwicklung befindet, nicht in gleichem Maße in die Verantwortung einbinden wie einen Erwachsenen, der seine Entwicklung zu einem bestimmten Grad geleistet haben sollte. Kinder fühlen sich überfordert und verunsichert, die angebotene Freiheit erleben sie als Grenzüberschreitung. Sie suchen sich deshalb die Grenzen und Strukturen wieder vermehrt außerhalb, und sei es nur, dass sie versuchen, in der Schule so viel Druck zu machen, bis der Lehrer endlich seinerseits Grenzen setzt. Kinder brauchen real erfahrbare Grenzen. Das heißt, sie benötigen in der Grenzerfahrung auch den Körperkontakt, der ihnen die Grenzen leibhaftig vermittelt und ihnen trotz dieser Grenzerfahrung erlaubt, den emotionalen Kontakt zu einer Bezugsperson aufrechtzuerhalten. Die beliebte verbale Grenzsetzung wird von Kindern nicht als solche erlebt. Eltern reden so viel, wann meinen sie das, was sie sagen? Die Worte der Eltern haben für viele Kinder an Glaubwürdigkeit verloren, weil Versprechungen oder auch Anweisungen an sie häufig nicht eingehalten werden.

Dies sind die häufigsten negativen Faktoren, die wir im Familienbereich antreffen. Dazu kommen noch Störungen in der Kommunikation und im Lebensrhythmus, die sich aus den unterschiedlichen Typen und Reaktionsmustern von Eltern und Kind ergeben. Ein Kind mit intuitiven Fähigkeiten kann von überwiegend kognitiven Eltern als dumm und langsam erlebt und unter großen Anstrengungen in eine kognitive Richtung gedrängt werden. Müssen eigene Fähigkeiten unterdrückt werden, weil sie als minderwertig gelten, werden dem Kind Fähigkeiten, zu denen es guten Zugang hat, abgesprochen. Es wird gezwungen, Strukturen zu übernehmen, die es innerlich ablehnt, weil das Kind erkennt, dass die Eltern nicht das lieben, was es auszeichnet, sondern an ihm schätzen, was es nicht oder nur ungenügend entwickeln kann. Sein Herz wird nicht anerkannt. Diese unterdrückten Gefühle der Wut und Minderwertigkeit können enorme Lernstörungen verursachen. So fördern die Eltern durch die mangelnde Achtung der kindlichen Eigenheiten unbewusst das, was sie verhindern wollen – Lernprobleme.

Geistig wache Kinder reißen unsere Gesellschaft zu Begeisterungsstürmen hin. Ihrer Förderung werden alle menschlichen, emotionalen und sozialen Fähigkeiten untergeordnet. Es wird hier meist nur der Leistungsaspekt gesehen. Diese Kinder beginnen aber nach einigen Jahren nicht selten in der Schule zu scheitern, oder sie werden zu beruflichen Eigenbrötlern mit wenig sozialen Kontakten. Ihre Gefühle können verkümmern, und ihre beruflichen Kompetenzen sind eingeschränkt, da komplexe Denkstrukturen diesen Lerntypen meist misslingen, weil viele Teilfunktionen des komplexen Lernens eine emotionale Steuerung und den Einsatz von intuitiven Fähigkeiten verlangen. Fähigkeiten also, die diese Kinder nicht oder nur im Ansatz besitzen.

Ein gefühlsorientiertes Kind, das die Beziehungsstörung seiner Eltern erkennt und versucht, ihnen Sorgen abzunehmen, indem es eigene Bedürfnisse und Erwartungen nicht mehr ausspricht, weil es spürt, dass die Eltern überfordert sind, wird sich selbst überfordern. Die eigene Überforderung wird zum Stress, der die Probleme der Eltern weiter verstärkt: »Jetzt haben wir in der Partnerschaft Probleme und das Kind macht auch noch Schwierigkeiten in der Schule. Wie soll das bloß enden?« Solche und ähnliche Sätze werden von diesen Kindern erspürt. Sie leiden darunter und wollen helfen, so gut es geht, erkennen aber nicht, dass sie Anrecht auf Hilfe durch ihre Eltern haben, nicht umgekehrt! Eltern brauchen oft viel Unterstützung, um sich dieser Überforderung ihres Kindes bewusst zu werden und um seine besondere Begabung auch als solche anzuerkennen und zu würdigen.

Therapeutische Möglichkeiten für Eltern

Neben den Elterngesprächen, in denen zunächst Zusammenhänge und das für die Therapie so wichtige Verständnis für die Problematik des Kindes erarbeitet werden, ist es besonders wichtig, den Eltern das Gefühl zu vermitteln, mit ihrem Problem und dem, was sie im Moment als ihre eigene Beteiligung wahrnehmen können, angenommen zu sein. Lernen ist ein Entwicklungsschritt, für den alle Beteiligten Zeit benötigen. Die Zeit, die wir den Eltern in Form von Verständnis und Achtung entgegenbringen, ebenso im Zutrauen in ihre Kraft und Fähigkeiten, die notwendigen Veränderungen zu schaffen, kommt immer dem Kind zugute.

Eltern können in ihrer Erziehungsarbeit unterstützt werden, wenn ihre Fähigkeiten und Kenntnisse gefördert werden. Oft ist bereits die Aufklärung über mögliche Ursachen für die Eltern hilfreich und stärkt ihre Kompetenzen. Vor allem können so auch therapeutische Schritte für den häuslichen Bereich von den Eltern leichter nachvollzogen werden. Besonders wichtig ist es dabei, Strukturen und Grenzen für das Kind sichtbar werden zu lassen. In einer klaren Umgebung ist es leichter, die Wahrnehmung und das Verhalten zu schulen, als in einer diffusen und verschwommenen Umwelt. Wer in einer grauen Unterwasserwelt schwimmt, wird eine Lampe mitnehmen, um eine bessere Sicht zu erhalten. Die Struktur ist die Lampe, die Klarheit schafft im häuslichen Dunkel des Kindes. Kinder sind Rhythmusmenschen und benötigen eindeutige Orientierungspunkte und Regeln. Regeln erleichtern unser Zusammenleben. Sie sagen uns, wie in dieser Familie oder Gruppe der Umgang miteinander gepflegt wird. Regeln und Strukturen schaffen uns den Freiraum für kreative Aktivitäten. Für die Eltern ist es wichtig zu erkennen, dass das, was über viele Jahre hinweg versäumt oder negativ eingeschliffen wurde, sich nicht über Nacht verändern kann. Negative und positive Verhaltensweisen laufen über denselben Lernweg.

Es ist uns Therapeuten wichtig, bei Eltern die Achtsamkeit gegenüber sich selbst und gegenüber ihrem Kind zu schulen. Regeln dürfen nicht unter allen Umständen durchgesetzt werden, sondern müssen stets den gegebenen Umständen angepasst werden. Wenn zum Beispiel die Regel besteht, dass es um 18.00 Uhr Abendessen gibt, kann ich von meinem Kind nicht erwarten, dass es diese Regel so verinnerlicht hat, dass es exakt zu diesem Zeitpunkt alles liegen und stehen lässt und schnurstracks zum Küchentisch eilt. Ist mir als Elternteil die Einhaltung dieser Regel wichtig, liegt es an mir, das Kind so rechtzeitig auf die bevorstehende Essenszeit hinzuweisen, dass es sich in Ruhe von seinem Spiel oder anderen Beschäftigung verabschieden kann. Versäume ich diesen Hinweis, sollte es mit einer gewissen Flexibilität möglich sein, die Essenszeit um einige Minuten zu verschieben.

Davon abgesehen ist die Einhaltung bestehender Regeln sehr wichtig. Auf diese Regeleinhaltung, wie beispielsweise die feste Zeit für die Hausaufgaben, weise ich das Kind mit Nachdruck und vielleicht auch mit körperlicher Unterstützung hin. Körperliche Unterstützung meint hier ein Berühren an der Schulter, ein Drehen des Körpers, immer aber achtsam und leicht. Die Berührung dient der körperlichen Verstärkung, nicht der Zurechtweisung. Versuchen Sie immer auch Blickkontakt zum Kind zu halten. Nur so wird es veranlasst, die Wahrnehmung konkret auf den Elternteil zu richten. Die Wahrscheinlichkeit der Aufnahme und Verarbeitung steigt damit und somit auch die Chance der richtigen Reaktion. Die Einhaltung der Regeln erleichtert das Familienleben und dient nicht dem Machtkampf.

Im Sinne der Vorbildfunktion müssen Eltern bereit sein, sich selbst an die Regeln zu halten und auch sofort auf ihr Kind zu reagieren, wenn sie gerufen werden. Ihr Kind verdient die gleiche Achtung, die sie umgekehrt von ihrem Kind verlangen. Eltern, die in ihrem Vorbild schwach sind, bekommen die Schwäche von ihren Kindern gespiegelt. Ein Vater, der seinem Sohn antwortet: »Ich komme bald, nur noch einen kurzen Moment«, und der weiter seine Zeitung liest, darf sich nicht wundern, wenn sein Sohn auch taube Ohren entwickelt.

Für Eltern ist es oft sehr schwer, in ihren Gefühlsäußerungen eindeutig zu sein. Wir haben sehr früh gelernt und erfahren, dass uns Unfreundlichkeiten durchaus mit einem Lächeln serviert werden können. Kinder können diese Ambivalenz des Verhaltens nicht durchschauen. Sie können nicht ermessen, ob eine Ermahnung der Mutter ernst gemeint ist, wenn sie dazu lächelt oder nicht. Reagiert die Mutter nicht eindeutig und lässt sie noch weitere ambivalente Äußerungen folgen, wird das Kind restlos verwirrt. Was wollen die Erwachsenen denn? Meinen sie es schon ernst oder ist es noch Spass? Nur eine eindeutige Gefühlsäußerung kann vom Kind in seiner Aussage klar erkannt werden, so dass es darauf reagieren kann. Wenn ich wütend bin, darf ich das auch mitteilen, nur sollte ich es dabei bewenden lassen. Auch Kinder müssen ihre Frustrationen und ihre Enttäuschungen äußern dürfen, ohne mit Sanktionen oder gekränkten Mienen auf Seiten der Eltern rechnen zu müssen. Gefühle gehören zum Menschen – auch die scheinbar negativen. Dürfen solche Gefühle in einer Familie geäußert werden, so entstehen weniger verdeckte Konflikte, die Potenzial für tiefer gehende Störungen sein können.

Kindern helfen Rituale, ihre innere Unruhe zumindest zeitweise zu überwinden. Ein ruhiges Bad und das Einseifen des Körpers nach einem bestimmten Rhythmus unterstützen Kind und Mutter beispielsweise, einander wieder bewusster wahrzunehmen und miteinander zu reden. Ein Backnachmittag oder ein gemeinsamer Tag mit Basteln und einer kleinen Kuchentafel mit Selbstgebackenem, der nach einem festen Muster abläuft, das vom Kind leicht erlernt und wieder erkannt wird, kann viel an Lernen und Öffnung auf beiden Seiten bewirken.

In den Ferienfreizeiten, die wir im Rahmen unserer Arbeit mit Kindern durchführen, ist es öfter nötig, Wäsche zu waschen. Die Kinder beteiligen sich an diesem Waschritual mit wahrer Begeisterung. Die Abfolge der einzelnen Schritte wird von den Kindern sehr schnell erlernt und mit Freude wiederholt. Hier können sie beweisen, welche Fertigkeiten sie erworben haben, und die entspannten Gespräche mit den Kindern während des Waschens haben uns Erziehern und Therapeuten oft genug vor

Augen geführt, welche Ernsthaftigkeit und welche Gaben in den Kindern stecken, wenn wir ihnen nur Raum geben, sie zu zeigen, und dazu den Mut haben, sie nicht nur wahrzunehmen, sondern ernst zu nehmen.

Der wichtigste therapeutische Schritt ist es aber, die manchmal verschütteten, guten Gefühle der Eltern zu ihren Kindern wieder aufleben zu lassen und hinter den Gefühlen der Enttäuschung und der Angst das Gefühl der Zuneigung, der Achtung und der Liebe wieder sichtbar zu machen. »Wo Liebe wirkt, hat die Furcht keinen Platz mehr.« Das ist die erstrebenswerteste Therapiegrundlage, die man erreichen kann.

Fördern statt Fordern

Therapeutische Maßnahmen müssen individuell auf das betroffene Kind abgestimmt sein. Kinder benötigen sehr schnell und dringend einen äußeren Rahmen, der die externen Auslösebedingungen der Störung reduziert und damit eine erste Linderung möglich wird. Zudem ist es wichtig zu erkennen, ob Bedingungen in der Persönlichkeit, zum Beispiel seine individuelle Art zu lernen, zu denken und wahrzunehmen, oder die Familienkonstellation die Störung aufrechthalten oder gar verstärken. Jede Lernstörung greift in die Persönlichkeit des Menschen ein, darum müssen alle therapeutischen Schritte behutsam und achtsam gesetzt werden und aufmerksam die inneren Wirkkräfte des Kindes berücksichtigen.

Struktur und Ordnung im Raum

Vielen Kindern bereitet es Probleme, sich in einem Raum zu orientieren. Es fällt immer wieder auf, dass Kinder eher verwirrt als angeregt durch einen Raum gehen, um etwas zum Spielen zu suchen. Bietet weder der Raum genügend Struktur noch die Erzieherin Orientierung und Unterstützung, wird die Orientierungslosigkeit des Kindes noch verstärkt. Diese Orientierungslosigkeit fördert wiederum die innere Unruhe, die sich in Bewegungsdrang, Aggression oder dem Hören lauter Musik äußert. Oft werden wir Erwachsenen in diesen hohen Stresspegel mit hineingezogen, ohne uns dessen bewusst zu sein. Wir werden selber unruhiger und beeinflussen so die Kinder negativ. Weil wir nicht den ganzen Tag entspannt als Ordnungsinstitution zur Verfügung stehen, ist es hilfreich, Räume so zu gestalten, dass sie zur ordnenden Kraft werden.

Ein reiner Arbeitsraum wird anders gestaltet sein als ein Zimmer, das für Spiel und Arbeitsbereich gleichzeitig vorgesehen ist. Jedoch sollte nach Möglichkeit eine klare räumliche Trennung zwischen dem Arbeitsbereich und dem Spiel- oder Schlafbereich bestehen. Arbeit hat immer etwas mit der dafür nötigen Aktivierung zu tun. Schaut ein Kind während seiner Hausaufgaben auf seinen Spielplatz, wird es leichter abgelenkt werden und die Lernaktivierung wird sinken. Jeder Erwachsene weiß, dass seine Eigenaktivierung empfindlich leidet, wenn er während seiner Arbeit Freunden bei der Unterhaltung zuschaut. Deshalb sollte der Arbeitsplatz so ausgerichtet sein, dass der Blick auf eine farblich stimulierende Wand geht oder so zum Fenster gerichtet ist, dass der Blick nach draußen nicht zu sehr von der Arbeit ablenkt. Ein Blick auf Baumwipfel kann durchaus stimulierend sein, der Blick auf eine belebte Straße dagegen ablenken. Oft behaupten Menschen, sie bräuchten etwas Bewegung und Hektik, sonst könnten sie nicht arbeiten. Dabei gilt es zwei Dinge zu unterscheiden: Einerseits kann etwas peppige Musik bestimmte Lerntypen tatsächlich aktivieren, andererseits lenkt die äußere Unruhe oft von der eigenen Unproduktivität ab, die bei Ruhe sichtbar und spürbar würde.

Der Spielbereich des Kindes sollte so gestaltet sein, dass nur wenige Spiele bereitliegen und ein Tisch die Möglichkeit zum Spielen und Basteln bietet. Zu viele Spiele verwirren das Kind und schwächen seine Aufmerksamkeit. Es sollte für Kinder immer die Gelegenheit zum freien Gestalten sein. Papier, Kleber, Schere, Farben, Steine, Tannenzapfen, verschiedene Samen und Blätter, Naturmaterial und vieles mehr liefern nicht nur kreatives und spannendes Spielmaterial, sondern sind dazu auch noch ein sehr billiges. Ein Kaufladen aus Naturmaterialien, selbst gesammelt und gebaut, ist ein gutes Beispiel für ein Kreativspiel.

Die Spielecke ist der erste Arbeitsbereich des Kindes und sollte immer so eingerichtet sein, dass er zum einen Klarheit im Angebot, zum anderen aber auch die Möglichkeit bietet, sich zurückzuziehen und im Spiel zu versinken. Das heißt, jeder Erwachsene sollte Spielaktivitäten schätzen und niemals abrupt unterbrechen, sondern das Ende langsam einleiten und dabei die Einhaltung von Grenzen beachten.

Eine gemütliche kleine Kuschelecke gehört ebenfalls ins Spielzimmer. Mit Regalen lassen sich Räume einfach unterteilen. In vielen Kinderzimmern wird das Kinderbett zum Kuscheleck. Dagegen ist nichts einzuwenden, wenn das Kind diesen Bereich zum Schmökern, Musikhören oder Träumen benutzt. Das Bett ist aber kein aktiver Lernplatz. Eine Ausnahme gibt es dabei, auf die wir an späterer Stelle genauer eingehen, wenn es um das unbewusste Lernen geht.

Wer liegt oder in halb liegender Stellung sich befindet, teilt dem Gehirn durch seine Körperhaltung mit, dass es Pause machen kann. Ein solches Gehirn bringt keine Arbeitsleistung. Es ist, als würde ich beim Autofahren Gas- und Bremspedal gleichzeitig betätigen. Deshalb kann das Bett niemals aktiver Arbeitsplatz sein, es ist die Aufgabe von Eltern und Erziehern, Kindern einen (anderen) klaren Arbeitsplatz zuzuteilen und einzurichten, der vom Kind auch benutzt werden muss.

Vielfach behaupten Kinder, sie könnten gut auf dem Bett oder auf einem Platz in der Küche lernen. Das stimmt nur zum Teil. Kinder lernen hier nicht wirklich gut, da aber ihre Kraftreserven groß sind, reichen sie für die Lernleistung bis zu einem gewissen Punkt tatsächlich aus. Solche Arbeitsplätze verlangen vom Gehirn aber eine ständige neue Motivierung der Aktivität, denn der Tisch, an dem man Mahlzeiten einnimmt, signalisiert genauso wie das Bett oder die Couch »Entspannung«, »Freizeit«. Zudem benötigen wir vom Aspekt des Lernens her klare Arbeitsbereiche und klare Freizeitbereiche. Wir brauchen Räume, in denen wir uns von der Arbeit und den Belastungen erholen können, die nicht negativ besetzt sind, die eindeutig auch Entspannung signalisieren. Haben Eltern nur eine kleine Wohnung und muss das Kind in der Küche lernen, sollte es zur Arbeit wenigstens an einem anderen Platz sitzen als beim Essen. Dieser Arbeitsplatz sollte auch anders gestaltet sein als der Platz, an dem das Kind isst. Eine farbige Schreibunterlage setzt diesen Platz beispielsweise vom Essbereich ab. Diese Lösung bleibt aber immer eine Notlösung und ist keineswegs optimal für das Lernen.

In Einrichtungen wie Horten oder heilpädagogischen Tagesstätten sollten die Arbeitsplätze der Kinder nach therapeutischen Gesichtspunkten gestaltet sein. Der Raum sollte so gegliedert werden, dass jedes Kind seinen eigenen Arbeitsplatz und so viel Zwischenraum zum Nachbarn hat, dass seine Intimsphäre gewahrt bleibt. Manche Kinder können andere sehr nah an sich heranlassen, ohne sich davon gestört zu fühlen, andere Kinder erleben Nähe als Belastung. Sie brauchen Freiraum, um ihre Lernenergien zentrieren zu können. Sie fühlen sich durch große Nähe belastet und blockiert, ihre Energien verbrauchen sich in der Abwehr unguter Empfindungen und gehen dem Lernen selbst verloren.

Richtiger Arbeitsplatz und unterstützende Farben

Die Arbeitsfläche sollte in der Höhe verstellbar sein, so dass sie den jeweils gegebenen Umständen angepasst werden kann. Die richtige Höhe der Arbeitsfläche errechnet sich aus der Sitzplatzhöhe plus 30-32 Zentimeter zur unteren Tischkante. Der Arbeitsstuhl sollte ebenfalls verstellbar sein. Da ein guter Arbeitsstuhl auch eine bestimmte Geldanlage bedeutet, sollte er »mitwachsen« können. Die richtige Sitzhaltung bedingt, dass die Füße bequem auf dem Boden stehen. Je gerader die Wirbelsäule beim Arbeiten, umso geringer die Ermüdung bei längerem Sitzen. Der Stuhl sollte dem Kind und seinen unterschiedlichen Bedürfnissen während des Lernens angepasst sein: Er darf nicht zu weich sein, sondern muss bei Gewichtsverlagerung unterschiedliche Druckempfindungen liefern. Dies erhält die Lernaktivierung während des Stillsitzens und unterstützt den Lernprozess günstig.

Besonders wichtig ist, dass für ein gutes Lernen das Aktivierungsniveau des Gehirns ausschlaggebend ist. Konkret: Je komplexer eine Aufgabe ist, umso geringer sollte das Aktivierungsniveau sein. So kann es bei manchen Lernaufgaben sehr sinnvoll sein, den Schreibtischstuhl zu verlassen und es sich auf dem Boden bequem zu machen oder in einem »Lernsessel«. Auch hier gilt wieder die Trennung von Arbeits- und Freizeitbereich. Wir wollen eine Reduzierung der Aktivierung, kein Abschalten. Die Reduzierung der Aktivierung ist vor allem dann sinnvoll, wenn Kinder durch die Aufgaben so unter Stress geraten, dass man ihnen Lösungen nicht mehr erklären kann, weil sie durch die blockierte Aktivierung frustriert sind. Der Wechsel des Lernortes kann so weit entspannen und die Aktivierung senken, dass ein Weiterarbeiten möglich wird. Für manche Kinder ist es sinnvoll, während des Gehens bestimmte Vokabeln oder Texte zu lernen. Nicht umsonst ließ Sokrates seine Schüler während des Unterrichts auf dem Markplatz umherspazieren. Vor allem bei eintönigen Lernaufgaben kann Bewegung aktivierend wirken und damit die Lernleistung erhöhen.

Der Arbeitsplatz sollte es dem Kind ermöglichen, die Unterarme bequem aufzulegen, und die richtige Sitzhöhe mit einem Abstand von etwa 30 Zentimetern zur unteren Tischkante verhindert, dass der Kopf zu stark geneigt werden muss. Beides beugt Ermüdungserscheinungen und eventuellen Kopfschmerzen vor. Wichtig ist auch, dass die Schreibunterlage je nach Alter und Größe des Kindes zwischen 15 und 30 Zentimetern von der Tischkante entfernt liegt. So nimmt der Kopf die optimale Schreibhaltung ein, und Verspannungen wird vorgebeugt.

Neben der Schreibfläche brauchen Kinder auch genügend Platz zur Ablage von notwendigen Arbeitsunterlagen. Alles, was nicht für die Arbeit benötigt wird, sollte dagegen vom Tisch geräumt werden. So werden alle eventuellen Störfaktoren und Ablenkungsmanöver vermieden. Diese Grenzsetzung hilft dem Kind, innere Ordnungsstrukturen für die Arbeit zu erkennen und zunehmend sicherer wahrzunehmen, was wichtig und was unwichtig ist.

Von besonderer Bedeutung ist die richtige Ausleuchtung des Arbeitsplatzes. Die optimale Arbeitsleuchte hat eine Birne mit 75 Watt. Die Lampe sollte zudem mindestens 50 Zentimeter Abstand zum Kopf des Arbeitenden haben, da die Lampen Hitze abstrahlen. Bei geringerem Abstand kann die Kopftemperatur übermäßig ansteigen und es entstehen Müdigkeit und Kopfschmerz beim arbeitenden Kind.

Der Arbeitsbereich muss durch die Lampe gut ausgeleuchtet werden. Der für die visuelle Wahrnehmung zentrale Kontrast ist nämlich bei geringer Helligkeit vergleichsweise gering, was gerade beim Erkennen von Strukturen zu einer steigenden Fehlerquote und zu einer verringerten Wahrnehmungsgeschwindigkeit führen kann. Vor allem beim Lesen und Schreiben müssen kleinste Formunterschiede erkannt werden, da bei den Buchstaben schon kleine Abweichungen deren Bedeutung verändern können. Außerdem ist zu beachten, dass bei schlechter Beleuchtung die Pupille weit geöffnet ist und schon geringe Veränderungen des Abstandes zwischen Auge und Schrift die Augenmuskeln zur Änderung der Entfernungseinstellung zwingen, was in wiederholten Fällen die Augen sehr rasch ermüden lässt.

Der Arbeitsplatz sollte blendfrei sein und vielfältige Einstellungsmöglichkeiten für Lichtregelungen bieten. Die Blendung ist umso geringer, je größer die Leuchtfläche ist, punktförmige Strahler sind weniger geeignet. Die Lichtquelle sollte so angebracht werden, dass der Kontrast zwischen Schrift und Hintergrund auf der gesamten Fläche möglichst gleichmäßig ist. Das Licht sollte relativ steil und von vorne halb links einfallen, bei

Linkshändern entsprechend von vorne halb rechts. Die Arbeitsplatte selbst sollte nicht zu glänzend sein, um Blendung zu vermeiden.

Als optimale Raumfarbe für Lernbereiche gilt ein pastelliges Apricot. Die Möbel sollten in ihrer Farbe neutral sein, um nicht abzulenken oder zu stören. Kindertapeten mit lustigen Motiven sind für einen Lernraum zu unruhig. Zumindest der Bereich um den Arbeitsplatz sollte einfarbig und ruhig gestaltet sein.

Bei den Farben für Schreibunterlagen hat sich die Farbe Orange für eher müde und deshalb unaufmerksame Kinder bewährt. Dunkelgrün eignet sich gut bei eher hyperaktiven und deshalb unkonzentrierten Kindern. Rot ist eine zu aktivierende Farbe und sollte als Schreibunterlage vermieden werden. Gelb ist oft zu grell und wird von Kindern als unangenehm empfunden. Sollte sich ein Kind aber Gelb als Farbe wünschen und gehört es eher zu den müden und erschöpften Kindern, so ist das in diesem Falle angebracht. Blau ist eine meditative Farbe und sollte deshalb genauso wie Violett als Schreibunterlage nicht verwendet werden.

Im Entspannungsbereich der Kinder kann durchaus mit der Farbe Blau ein ruhiger und besinnlicher Farbaspekt in den Lebensbereich des Kindes einfließen. Stelle ich Kindern in Pausenzeiten noch meditative Musik zur Verfügung und gestalte ich im Entspannungsbereich bewusst eine ruhige und gelassene Stimmung, so kann eine innere »Umstimmung« der Kinder erfolgen, und die anschließenden Hausaufgaben werden gelassener und erfolgreicher erledigt.

Auch die Dekoration des Zimmers sollte bewusst gestaltet werden und die Aufgabe des Raumes sinnvoll unterstreichen. Im Lernbereich werden wir Unruhe durch Dekorationen vermeiden. Im Spielbereich kann die Dekoration dagegen zum weiteren Gestalten und zur Kreativität anregen. Sie kann bunt und abwechslungsreich sein, sollte das Auge anregen und das Zimmer zurückhaltend ausgestalten. Der Ruhebereich sollte sehr sparsam und vor allem in ruhigen Farben und Mustern gestaltet werden. Hier geht es darum, die Ausstrahlung des Raumes mit passenden Mitteln zu unterstützen. Grünpflanzen beleben nicht nur den Raum, sondern bieten auch den Augen Erholung und Ruhe an. Sie sind also besonders günstig im Arbeits- und Ruhebereich. Viele Pflanzen reinigen zudem die Raumluft – ein sehr wichtiger und angenehmer Nebeneffekt. Im Übrigen sollten Farben sparsam verwendet werden. Grelle Neonfarben oder knallbunte Farben sollten vermieden werden, da solche Farben in jeder Zusammensetzung störend auf den Organismus wirken.

Jahresperiodik und Raumklima

Alle Menschen unterliegen jahreszeitlichen Schwankungen im Leistungsvermögen. Da Menschen aber darauf nicht mehr frei reagieren können, ist dies auch kein Thema von Untersuchungen. In der Landwirtschaft gab es früher klare Jahresperiodiken im Arbeitsablauf. Der Winter war die Ruhezeit und entsprechend der Wetterlage und inneren Stimmung wurde ruhiger und weniger gearbeitet. Heute wird darauf auch von Bauern keine Rücksicht mehr genommen. Wir arbeiten unabhängig von Wetter und damit verbundener Stimmungslage das ganze Jahr durch. Trotzdem hilft es Kindern, wenn der Jahreszeit entsprechend Raum- und Pausenangebote gestaltet werden.

Gerade die Winterszeit bietet Raum für das Erzählen von ruhigen, besinnlichen Geschichten, um Musik zu hören oder Phantasiereisen zu erlernen. Zu keiner anderen Jahreszeit strahlt die Umwelt diese ruhige und nach innen gekehrte Stimmung stärker aus. Jetzt unterstützt die Zeit jedes Lernangebot, das auf Ruhe, Besinnung oder Meditation ausgerichtet ist. Zeigen Kinder depressive Symptome, so ist für sie Sonnenbestrahlung zu empfehlen. Da wir Europäer viel Zeit unter Kunstlicht verbringen, sollten die Arbeitslampen im Lernbereich immer Tageslichtlampen sein.

Im Frühjahr werden andere Aktivitäten und Lernangebote wichtig. Jetzt sammelt die Natur ihre Energien, und der neue Wachstumsprozess beginnt. Neue Lernprozesse oder Lerntechniken lassen sich jetzt besonders gut anbieten. Die auch in den Menschen durch die verstärkte Sonnenstrahlung langsam sich aktivierenden Kräfte lassen sich gut auf neue Lernprozesse richten, die Konzentration und Ausdauer verlangen. Oft starten wir mit neuen Lernprogrammen in dieser Zeit, da die Jahreszeit die Motivation der Kinder positiv unterstützt.

Im Sommer verlangt der Körper nach frischer Luft, und es ist sinnvoll, dieses Bedürfnis zu unterstützen und in Pausenzeiten Aktivitäten an der frischen Luft zu planen. Vor allem für Kinder ist es wichtig, genügend Sonnenlicht zu tanken. Jetzt ist Gelegenheit, bei Wasserspielen oder sportlichen Aktivitäten im Freien motorische Fähigkeiten nachzuschulen. Gleichgewicht, Sensumotorik, Geschicklichkeit und andere Fertigkeiten werden in dieser Zeit aufs Angenehmste trainiert. Die Natur bietet fast unbegrenzte Spielmöglichkeiten.

Der Herbst bietet die Umorientierung nach der Ferienzeit und leitet auf den Winter über. Er bietet die Möglichkeit, langsam zur Ruhe zu kommen, sich zu ordnen und neu zu strukturieren. Diese Zeit eignet sich gut, Lernstrukturen im Großen anzubieten und zu trainieren. Dazu gehören Arbeitszeit, Arbeitsplatz, Ordnung am Platz, Arbeitstechniken und Ähnliches. Das Strukturieren der Arbeitszeit schafft den Freiraum für das eigentliche Lernen und für das Wahrnehmen von Aktivität und Ruhe im Raum und in sich selbst.

Die optimale Raumtemperatur beträgt 22° Celsius, bei einer Luftfeuchtigkeit von etwa 60 Prozent. Im Winter und Sommer verändern sich somit die Lernbedingungen für Kinder, die nahe am Fenster oder an der Heizung sitzen. Zu hohe Raumtemperaturen werden als unangenehm empfunden und beeinflussen die Lernleistung negativ. So ist im Sommer auf genügend Belüftung zu achten, da bei größerer Luftbewegung auch höhere Temperaturen ertragen werden können. Oft kann man auch durch Rollos die Aufheizung der Räume verhindern. Im Winter ist durch ausreichend Luftbefeuchtung für angenehmes Raumklima zu sorgen. Ein Zimmerbrunnen sorgt nicht nur für gutes Klima, sondern schafft durch sein gleichmäßiges Plätschern eine entspannte und gute Lernatmosphäre.

Arbeitszeiten und Pausen

Für Kinder sollte nach der Schule erst einmal Zeit für Entspannung und Erholung sein. Manche Kinder wollen unbedingt sofort nach der Schule mit den Hausaufgaben beginnen, um schnell fertig zu werden. Ohne Abstand zur Schule mit ihren Lernbelastungen brauchen Kinder aber viel Kraft, um die Hausaufgaben erledigen zu können. Es ist deshalb wichtig, zunächst aus dem Lernstress auszusteigen und sich zu erholen. Oft hilft ein Gespräch über die Schule, um ersten Frust abzubauen. Da für die Kinder heute Bewegung Mangelware ist, hilft es ihnen auch, sich nach der Schule etwas bewegen zu können. Ballspiele oder andere Bewegungsspiele unterstützen den Stressabbau.

Mindestens eine halbe Stunde vor den Hausaufgaben sollten Kinder zur Ruhe kommen. Sich zum Anhören von Geschichten oder Musik in die Kuschelecke zu setzen oder einfach nur zu träumen sind der richtige Weg, um das Aktivierungsniveau in die richtige Lernbereitschaft zu versetzen.

In unserer heilpädagogischen Tagesstätte ist der Beginn der Hausaufgabenzeit auf 14.00 Uhr festgesetzt und beträgt für alle Klassen maximal 90 Minuten. Nach dieser Zeit wird auch für langsam arbeitende Kinder die Lernzeit abgebrochen. Zum einen, weil es für den Lehrer wichtig ist, die aktuelle Leistungsfähigkeit des Kindes zu sehen, zum anderen, weil auch in zusätzlicher Zeit nicht mehr geleistet werden kann. Der Zeitraum von 90 Minuten ist so berechnet, dass die vorgegebenen Aufgaben in dieser Zeit gut zu bewältigen sind. Es ist wichtig, Kinder auf eine bestimmte, beschränkte Arbeitszeit einzustellen und ihnen Lerntechniken zu vermitteln, die es ihnen ermöglichen, innerhalb dieser Zeit fertig zu werden. Kinder brauchen dringend ihre Freizeit, ihre Erholung und Tätigkeiten, die ihnen Spaß machen. Endlose Lernzeiten ermüden Kinder, ihre Leistungen und Erfolge werden geringer, die Frustration steigt.

Für höhere Klassen, die Lernleistungen für Fremdsprachen erbringen müssen, gibt es Methoden, um diese für manche Schüler als langweilig emfundene Aufgabe schmackhafter zu machen. Es hat sich bewährt, Vokabeln auf ein Band zu sprechen und dieses Band dann zum Abhören mitzunehmen. Vokabeln unterwegs zu lernen kann unterhaltsam sein und gleichzeitig sehr effektiv. Die Vokabel wird dazu auf Band gesprochen, nach einer Pause von vier Sekunden kommt entweder die deutsche Entsprechung oder die Antwort in der jeweiligen Fremdsprache. Die Pause dient dazu, die Antwort laut zu sprechen und so den Stand des Gelernten zu überprüfen.

Da Vokabelnlernen eine vergleichsweise eintönige Fleißarbeit ist, benötigt das Gehirn ein hohes Aktivierungsniveau, um schnelle Ermüdung zu verhindern. Darum ist es sehr günstig, langweiligere Lernthemen mit Bewegung zu verbinden. Da man nicht immer mit dem Buch in der Hand herumlaufen kann, ist das Aufsprechen von Vokabeln oder Lernstoff in den Bereichen Heimat- und Sachkunde, Biologie, Geschichte und Ähnlichem auf Band und das Lernen über Walkman sehr sinnvoll. Diese Texte können auf diesem Wege so oft angehört werden wie nötig. Man kann sie sich sogar vor dem Schlafengehen nochmals anhören und dann die Schlafenszeit als Speicherzeit nutzen. Es ist für Kinder eine angenehme Erfahrung, Vokabeln auf entspannendem Weg lernen zu können. Vor allem ist es sehr wichtig, Kindern zu zeigen, dass Lernen auch Spaß machen darf.

Die privat erlernten Arbeitsstrukturen erleichtern den Kindern auch das Lernen in der Schule. Die Schule selbst versteht unter

Lernangeboten nur die Stoffvermittlung, nicht das Erlernen von Lernstrukturen und Arbeitsmethoden. So fehlt allen Schülern meist das Wichtigste für diesen Lebensbereich, nämlich die Fähigkeit, sich Wissen auf angenehme und individuell passende Lernweise aneignen zu können.

Es ist wichtig, die Erledigung der Hausaufgaben auch durch Strukturierung zu erleichtern und den Kindern so dabei behilflich zu sein, Zeit zu gewinnen und gleichzeitig effektiver zu lernen. Bei den Hausaufgaben sollte immer mit dem schwierigsten Fachbereich begonnen werden, da für diesen Bereich meist viel Energie benötigt wird und wenig Motivation vorhanden ist. Zu Beginn der Hausaufgabe sind Kinder ausgeruht und leistungsfähig. So kann der Erzieher oder Elternteil das Kind leichter zum Durchhalten anregen. Erklärungen werden vom Gehirn leichter wahrgenommen und umgesetzt. Der zweite positive Effekt ist der, dass die Bewältigung von unangenehmem oder schwerem Stoff so viel Entlastung für den Organismus bedeutet, dass die folgenden Arbeiten wesentlich leichter fallen und deshalb in relativ kurzer Zeit bewältigt werden.

Machen wir es umgekehrt, werden wir feststellen, dass die Zeit für die Hausaufgaben nicht auszureichen scheint. Das liegt daran, dass die leichten Aufgaben mehr Zeit in Anspruch nehmen als im ersten Fall, da wir ja den unangenehmen Teil der Hausaufgabe so lange wie möglich hinausschieben. Da aber dieser Teil der Arbeit irgendwann nicht mehr zu verschieben ist, gehen Kinder unlustig, frustriert und blockiert an diese Arbeit heran. Das Ergebnis ist vorauszusehen: Frust und Stress auf beiden Seiten. Die Hausaufgaben werden so immer mehr zum Kräfteverschleiß von Eltern oder Erziehern und betroffenen Kindern.

Kinder sollten den Beginn der Hausaufgabenzeit auf die Lernaufgaben verwenden, in denen sie Defizite haben, auf die Fächer, die ihnen schwer fallen und die ihnen Probleme bereiten. Zur Erleichterung bieten wir Kindern im Rahmen unserer therapeutischen Arbeit deshalb die allgemeinen Lernstrukturen als Regelblatt beziehungsweise Lerntafel an, welches sie sich je nach Aufgabe selbst zusammenstellen. Ein Karton in DIN-A3-Größe wird dazu im Querformat genommen, und auf jede der so entstehenden DIN-A4-Hälften wird über die ganze Länge ein beidseitig selbstklebender Klettstreifen geklebt. Auf die rechte Seite des Lernkartons kleben wir die allgemeinen Lernregeln, die für jedes Fach gleich bleiben.

Auf die linke Seite des Lernkartons kommen nun die einzelnen Fachbereiche. Alle unten aufgeführten Punkte werden dabei auf eine eigene Kartonzeile geschrieben und mit einem eigenen Klettband versehen. Das Kind muss nun die einzelnen Zeilen je nach Fach in der richtigen Reihenfolge auf den Lernkarton kleben. Mit dieser motorischen Tätigkeit schleifen sich gleichzeitig die Lernregeln für jedes Fach ein. Sie werden verinnerlicht, ohne jeden Tag neu das Gehirn zu belasten. Das Gehirn sollte sich nicht mit Nebensächlichkeiten auseinander zu setzen haben, wenn diese anderweitig und bequem gelernt werden können. Zudem erspart man es sich als Erzieher, ständig darauf hinzuweisen, während der Arbeit an bestimmte Arbeitsschritte zu denken. Die Kinder können so ohne großen Energieaufwand während der Arbeit immer ihre Arbeitsschritte kontrollieren. (Der Sinn, jeden Lernschritt auf eine eigene Zeile zu schreiben, liegt darin, dass so der optisch markierte Ablauf des Lernvorgangs je nach Lernfortschritten immer wieder geändert werden kann. Ist eine Zeile vom Kind so verinnerlicht, dass es optisch nicht mehr darauf hingewiesen werden muss, kann diese Zeile – auch als Lernerfolg – vom Lernkarton entfernt werden.)

Allgemeine Lernregeln

- Als Erstes trinke ich ein Glas Wasser für einen klaren Kopf.
- Ich nehme mein Hausaufgabenheft und schaue nach, was wir aufhaben.
- Ich beginne immer mit dem Schwersten!
- Vor dem Arbeiten bereite ich meine Lerntafel und meinen Arbeitsplatz vor.
- Alles, was ich nicht an Büchern oder Heften für dieses Fach brauche, räume ich in meinen Schulranzen ein oder lege es auf die Seite.
- Ich brauche nur mein Federmäppchen und ein Lineal auf dem Tisch.
- Bevor ich beginne, frage ich den Erzieher oder die Eltern, ob ich alles richtig hergerichtet habe.
- Ich arbeite langsam, weil ich so weniger Fehler mache und die Hausaufgabe insgesamt weniger Zeit braucht.
- Wenn ich eine Frage habe, hebe ich den Finger und schreie nicht plötzlich los, um die anderen Kinder nicht zu stören.
- Ich arbeite ruhig und leise.
- Wenn ich ein Fach fertig habe, ändere ich die Lerntafel und trinke wieder ein Glas Wasser, bevor ich weitermache.
- Wenn ich sehr müde werde oder keine Lösung finde, lege ich eine Hand auf die Stirn und die andere Hand auf den Hinterkopf und atme ruhig durch, bis ich wieder besser denken kann.

Die Regeln für die einzelnen Fächer

Das Lesen

- Unter der Lesezeile liegt der Lernkarton.
- Ich lese zuerst leise.
- Schwierige Wörter buchstabiere ich laut.
- Erst wenn ich sicher bin, lese ich laut.

Das Rechnen

- Ich markiere die Aufgabe mit dem Lernkarton.
- Ich lese die Aufgabe genau durch, bevor ich zu rechnen beginne.
- Das Pluszeichen + mache ich rot, es bedeutet, dass ich *dazuzählen* muss. Es wird immer mehr.
- Das Minuszeichen – mache ich blau, es bedeutet, dass ich *abziehen* muss. Es wird immer weniger.
- Ich schreibe immer nur eine Zahl in ein Kästchen.

Das Schreiben

- Ich kennzeichne die Zeile mit dem Lernkarton.
- Ich lese zuerst, bevor ich schreibe.
- Ich buchstabiere die Wörter, bevor ich sie schreibe.
- Ich verbessere jeden Fehler auf einem eigenen Blatt.

Das Bearbeiten eines Textes

- Die Fragen beim Lernen von Texten lauten immer:
  - Was?
  - Wann?
  - Wo?
  - Warum?
- Die Antworten markiere ich im Text und schreibe sie auf ein Blatt.

Die einzelnen Merkzeilen eines jeden Faches werden zudem noch mit einem Gummiring zusammengehalten, so dass das Kind immer weiß, welche Zeilen zusammengehören.

In die Hausaufgabenzeit müssen Pausen eingeplant werden. In der Regel brauchen größere Kinder etwa nach 30 bis 45 Minuten Arbeitszeit eine erste Pause. Erstklässler und noch bis zur vierten Klasse brauchen Kinder in Abständen von 20 Minuten Pausen. Für einige genügt dabei eine Trinkpause zwischen zwei Arbeitsbereichen. Da sie zum Wassertrinken aufstehen, der Krug steht mit ausreichend Gläsern für jedes Kind auf einem eigenen Tisch (auch zu Hause sollte das Wasserglas nicht unmittelbar am Arbeitsplatz platziert sein), ist gleichzeitig Stressabbau und neue Anregung mit der Pause verbunden.

Die Kinder sollten während einer Arbeitsphase nicht aufstehen. Oft entsteht ein Pausenbedürfnis, wenn ein Kind nicht mehr weiterweiß und so hofft, dem Arbeitsdruck zu entgehen. Helfen Sie dem Kind, bei der Arbeit zu bleiben, weil es so lernt, dass es Probleme bewältigen kann, ohne »fliehen« zu müssen. Dies ist ein besonders wichtiger Lern- und Lebensschritt.

Kleinere Kinder brauchen mehrmals eine Pause von fünf bis sieben Minuten, um weiterarbeiten zu können. Dabei sollten keine Süßigkeiten genascht werden, da der kurzfristige Zuckeranstieg schnell zu einem rapiden Zuckerabbau und damit zur Unterzuckerung des Gehirns führt, wodurch Lernblockaden entstehen. Ein Vollkornbrot mit Butter ist optimal, es sorgt für langsamen Stärkeanstieg und somit zur günstigsten Zuckerversorgung des Gehirns. Für diese kurze Essenspause verlassen die Kinder den Arbeitsplatz. Die Pausenzeit sollte nie mehr als maximal neun Minuten betragen und immer zwischen zwei Arbeitsfächern liegen. Bei längeren Pausen schaltet das Gehirn ab, und wir brauchen viel Energie, um wieder weiterarbeiten zu können.

Das Glas Wasser ist deshalb so wichtig, weil alle Stoffwechselprozesse der Zellen, also auch die Hirnzellen, zum reibungslosen

Funktionieren Wasser benötigen. Da wir bei Stress viel Wasser verbrauchen, ist es wichtig, diese Reserven gerade vor und während des Lernens immer wieder aufzufüllen. Wassermangel der Zellen führt zu Stress und verschlechtert die Lernleistungen enorm. Es sollte kein Mineralwasser, sondern Leitungswasser oder stilles Quellwasser gegeben werden.

Lerntyp und Arbeitsmethoden

Jeder Lerntyp hat seine eigenen Stärken und Schwächen. Biete ich Lernstrukturen an, die seinen optimalen Strukturen entsprechen, wird sich seine Lernleistung verbessern und die Freude am Lernen wachsen. Die jeweiligen Lerntypen können von der psychologischen Seite her noch introvertiert oder extravertiert sein oder mehr kognitiv, emotional, intuitiv oder empfindungsmäßig orientiert sein.

Der kinästhetische Lerntyp

Der Kinästhetiker lernt durch direkte Beteiligung, durch aktives Tun. Sein Lernerfolg hängt viel von dem Ort ab, an dem er lernt. Je unfreundlicher die Schulumgebung und je hektischer der Lehrer, umso erfolgloser ist dieses Kind als Schüler. Es leidet darunter, wenn es sich nicht bewegen kann oder darf. Jedes Lernen sollte für dieses Kind an Tätigkeiten gebunden sein. Etwas unterstreichen, Farben wechseln, ein Blatt gestalten, all dies hilft ihm. Der kinästhetische Lerntyp lernt dadurch, etwas anzuschauen, es zu tun und auszusprechen, oder über das Aussprechen, es zu tun und dann anzuschauen. Für solche Kinder ist es in der Schule und bei den Hausaufgaben hilfreich, wenn sie sich bestimmte Lerninhalte oder Begriffe durch ein Gestalten erarbeiten können. Ein Klumpen Plastilin, mit dem man Begriffe formen kann, erleichtert ihnen das Lernen. Gegenstände können für sie emotionale Bedeutung erhalten und als Lernassoziation sehr wichtig werden. Werden Lernerfahrungen an einem angenehmen Platz gemacht, so genügt die Erinnerung an diesen Lernplatz, um die Lerninhalte zu aktivieren. Stress würde das Kind ablenken oder es so verwirren, dass es handlungsunfähig wird. Angst kann es lähmen. Ein solches Kind befreit sich aus unangenehmen Situationen durch Bewegung. Darum kann es sich gut in Bewegung (zum Beispiel mit Tai Chi oder Kum Nye) entspannen. Auch Phantasiereisen und Ruhemeditationen bereiten ihm Freude, da es sich bei Ruhe gut konzentrieren kann. Schlüsselbegriffe für diesen Lerntyp sind fühlen, berühren, etwas handhaben, Zugriff, weich, warm, hart, rau, glatt usw.

Dieser Lerntyp plant nicht gerne beim Arbeiten, sondern geht Probleme lieber Schritt für Schritt an und spricht erst später über sie. Beim Denken nimmt er oft den Blick vom Blatt und verwendet bei Denkprozessen häufig die Hände. Auch beim Sprechen »redet er mit den Händen«. Er ist angetan von Berührungen und Gerüchen. Lernzeiten, die mit aromatischen Düften unterstützt werden, machen ihm nicht nur das Behalten, sondern auch die Wiedergabe leichter.

Der extravertierte Kinästhetiker läuft Gefahr, sich in Bewegungen zu verlieren. Rasche und unruhige Bewegungen machen ihn nervös und verwirren ihn. Er reagiert stark auf Stimmungen im Raum und kann sie auch übernehmen. Das bedeutet, hektische und hyperaktive Kinder können ein solches Kind schnell »einverleiben«.

Das von der Anlage her eher kognitiv orientierte Kind braucht Unterstützung im Gestalten der Arbeit. Da diese Kinder gerne das Original sehen wollen, sind sie begeisterte Museumsgänger. Hier wird ihr Bildungsbedürfnis und ihre Art zu lernen befriedigt.

Ein Kind, das eher gefühlsmäßig reagiert, braucht von den Erwachsenen Unterstützung, sich abgrenzen zu lernen. Solche Kinder können sehr intuitiv die Gefühle anderer Menschen durch Berührung erfassen. Dies wird von ihnen als belastend erlebt.

Wir sollten ihnen deshalb die Chance geben, unbehelligt lernen zu können. Schlechte Stimmung in der Klasse oder in der Familie sind klare »Leistungskiller« für diese Kinder. Die unguten Gefühle der Umwelt blockieren sie beim Lernen.

Das introvertierte Kind hat große Probleme, seine Wahrnehmungen mitzuteilen. Es braucht Anregung, seine Hände zum Lernen zu verwenden. Das Aus-sich-Herausgreifen bereitet diesen Kindern Schwierigkeiten.

Allen Kinästhetikern ist gemeinsam, dass sie Gefühle schlecht ausdrücken können, da sie von diesen stark erfüllt sind. Ihre inneren Empfindungen werden von ihnen als Privatsache erlebt und ungern der Öffentlichkeit preisgegeben. Schnelle Bewegungen und schnelles Reden hindern diese Kinder am Wahrnehmen der eigenen Befindlichkeit und wirken sich deshalb störend auf ihre Verfassung aus. Sie geraten in Stress und entwickeln Blockaden. Es ist deshalb wichtig, während des Lernens für eine ruhige, klar strukturierte Umgebung zu sorgen, die den Kindern Raum gibt, sich an ihrem Arbeitsplatz frei bewegen zu können. Ebenso sollten ruhige Bewegungen im Raum möglich sein. Für diese Kinder ist auch das Malen von Mandalas sehr hilfreich. Im Kösel-Verlag ist ein sehr gutes Buch mit Malvorlagen für Mandalas erschienen.[45]

Der visuelle Lerntyp

Der visuelle Lerntyp lernt mit seinen Augen. Tafelbilder, die den Stoff erläutern, zuschauen, wenn etwas demonstriert wird, aus Beobachtung lernen – das sind seine Lernmedien. Fernsehen begeistert ihn, Kino ebenfalls und das Lesen. Vorrangig ist bei diesem Lerntyp deshalb das Lesen zu fördern, auf den Fernsehkonsum ist gleichzeitig zu achten, da er das Fernsehen gerne als Fluchtmedium benutzt. Das Fernsehgerät ist für diese Kinder dennoch wohl dosiert als Lernunterstützung zu sehen, Naturfilme oder Kulturberichte sind für sie Leckerbissen.

Wenn der visuelle Lerntyp während des Unterrichts Denkpausen macht, erkennt ihn der Lehrer an seinem starren gedankenverlorenen Blick. Da er vor allem bildlich lernt, helfen ihm innere bildhafte Assoziationen, um Lernstoff zu speichern und zu festigen. Kann ein Lehrer bildhafte Zusammenhänge des Lernstoffes aufzeigen oder wichtige Inhalte in Bildern fixieren, unterstützt er diese Kinder optimal. Der visuelle Lerntyp lernt erfolgreich, indem er sich viel aufschreibt, Notizen macht oder Bilder gestaltet. Geschriebenes kann ihn sehr beeindrucken und motivieren. Der »Augenmensch« reagiert auf Farben und die Art der Zimmergestaltung. Disharmonische Farben und schlechte Lichtverhältnisse belasten ihn stark beim Lernen. Bei Stress schaltet dieses Kind ab, es wird innerlich leer. Um sich daraus zu befreien, braucht es klare bildhafte Lernangebote von außen.

Der extravertierte visuelle Lerntyp ist sehr von äußeren Bildern ansprechbar und motivierbar. Er reagiert mehr nach außen und lässt sich von zu vielen visuellen Eindrücken ablenken und stören. Bei schriftlichen Testaufgaben hat er weniger Probleme als der introvertierte visuelle Lerntyp, obwohl sie nicht zu seinen stärksten Leistungsbereichen gehören. Für den introvertierten visuellen Lerntyp sind schriftliche Testaufgaben dagegen das Problem schlechthin. Es bereitet ihm große Schwierigkeiten, seine inneren Wahrnehmungen und Vorstellungen in schriftliche Prozesse einzubringen. Für den introvertierten und kognitiv ausgerichteten Lerntyp besteht die Gefahr, dass er in seiner intellektuellen Bilderwelt verloren geht und dies von seiner Umwelt nur wenig wahrgenommen wird, da dieses Kind so »brav und lerneifrig« ist. Der extravertierte, kognitiv Orientierte ist eher nach außen orientiert und daher mehr beeinflussbar in seiner Arbeitsweise. Hier ist es leichter, Aktivitäten in der Gruppe anzubieten, die den Ausgleich zur kognitiven Orientierung schaffen und dem Kind den Einstieg in Gefühlsbereiche erleichtern. Da diese Kinder gerne malen und sich in Bildern ausdrücken, ist es förderlich, ihnen Entspannung und gleichzeitig gefühlsmäßige Entwicklung im Gruppenrahmen anzubieten.

Der visuelle Gefühlstyp lebt und lernt mit seiner äußeren Umgebung. Ist der äußere Rahmen von der Wahrnehmung her nicht stimmig, hat er Probleme, Leistung zu bringen. Schriftliche und gemalte Dinge sind ihm besonders wichtig. Werden Äußerungen von ihm dieser Art von seiner Umwelt nicht geschätzt, so reagiert er gekränkt und abwehrend.

Diese Kinder sprechen besonders gut auf Phantasiereisen als Lernunterstützung und auf Imaginationen zur Entspannung an. Mandalas zu malen ist auch für sie ein sehr geeignetes Mittel, sie zur eigenen Mitte zu führen. Sie lernen besonders gut über das Tun, Sehen und anschließendes Benennen oder über den Weg Benennen, Anschauen und dann Tun.

Der auditive Lerntyp

Der auditive Lerntyp lernt durch zuhören, Anleitungen anhören, Vorträge und Diskussionen. Er scheint für die Schule optimal geeignet, da das auditive Lernangebot in der Schule überwiegt. Leider reagieren akustisch orientierte Menschen aber sehr empfindlich auf die Stimme. Ein Lehrer, der im Unterricht gereizt und laut wird oder mit schriller Stimme versucht, Schüler in den Unterricht einzubinden, wird speziell beim auditiven Lerntyp auf Ablehnung stoßen. Dieser klappt bei entsprechender Stimmlage einfach die Ohren zu. Guter Unterricht ist deshalb für diesen Lerntyp an ein angenehmes akustisches Ambiente gebunden.

Alle Bereiche, in denen die Stimme eine wichtige Rolle spielt, können ihn faszinieren. Theater, Oper, Musik, Debatten und Ähnliches kann er genießen. Er hat ein gutes Gedächtnis für Namen und Fakten und lernt leicht auswendig. Sein verbaler Wortschatz ist meist gut, da er speziell für Verbales ein gutes Erinnerungsvermögen hat. So braucht er beim Lernen oft die Möglichkeit, den Lernprozess verbal zu begleiten. Oft bewegen diese Kinder während des Schreibens oder Lesens die Lippen. Es ist für sie wichtig, Lernstoff wiederholend durchsprechen zu können, da über dieses Debattieren beziehungsweise Durchsprechen von Problemen Lernstoff gefestigt wird. Für diese Kinder ist es hilfreich, Lernstoff innerlich zu wiederholen. Eine besondere Lernunterstützung ist für diesen Typ das Lernen mit Walkman oder Kassettenrekorder. Sie genießen es, beim Lernen mit instrumentaler Musik unterstützt zu werden.

Ihre Lernwege gehen über das Anschauen, Darüber-Reden und dann Tun oder über das Tun, Verbalisieren und es dann in Ruhe zu betrachten. So werden optimale Speicherprozesse erreicht und ständig beide Hirnhälften in der Verarbeitung angesprochen.

Meist ist es dem Kind möglich, über nur einen Kanal Inhalte abzurufen. Läuft der Lernweg wirklich nur über einen Kanal, so wie dies meist in der Schule der akustische Kanal ist, muss dieser Lernkanal optimal angeboten werden, um wenigstens teilweise erfolgreich zu sein. Laute Klassen, Unruhe und hektische Lehrer blockieren aber leider diesen Lernweg für alle Lerntypen.

Gerät der akustische Lerntyp unter Stress, wird er sprachlos. Er ist dann nicht mehr in der Lage, sich mündlich oder schriftlich zu äußern. Zur Entspannung braucht er ruhige äußere Einflüsse. Ruhige, entspannte Stimmen helfen ihm, sich selbst entspannt in den Lernbereich begeben zu können. Hektische, autoritär klingende Stimmen produzieren dagegen innere Widerstände.

Um sich aus blockierten Situationen zu befreien, hilft es ihm sehr, wenn man ihm die zugrunde liegenden Ursachen verdeutlicht. Er erinnert sich oft in Worten, die Bilder beinhalten können. Schreiben und malen helfen ihm, Worte zu finden für innere Prozesse. Zur Entspannung ist es auch hilfreich, diesem Lerntyp meditative Musik und Phantasiereisen anzubieten. Mandalas malen hilft ihm, sich verbal zu finden und so der Umwelt mitteilen zu können.

Der Inhalt des Wortes wird von diesem Lerntyp eher über Klang und Lautstärke erkannt als über den Inhalt selbst. Darum ist gerade für ihn die klare Formulierung von Grenzen oder

Verboten wichtig. Wer diesen Kindern mit gleichförmig freundlicher Stimme sagt, sie sollen jetzt sofort aufräumen, braucht sich über den fehlenden Erfolg dieser Aussage nicht zu wundern. Vom Klang her war das Verbot nicht wahrzunehmen, und vom Inhalt her wurde es nicht erfasst, weil er nicht mit dem Klang der Stimme übereinstimmte. Auditive Lerntypen sprechen selbst oft mit sanfter, zögernder Stimme.

Ist dieser Lerntyp eher extravertiert, reagiert er begeistert auf gute Sprecher oder bestimmte Musik. Liegen bereits Lernstörungen vor, kann es sein, dass gerade jene Art von Musik bevorzugt wird, die für ihn persönlich belastend ist. Für diese Kinder ist es am Anfang schwierig, ruhige Musik auszuhalten und innerlich zur Ruhe zu kommen. Beginnt dieser Prozess aber zu greifen, wird schnell sichtbar, wie gelassen und ansprechbar diese so »gestörten« Kinder werden. Ist dieser Lerntyp eher introvertiert, läuft er Gefahr, sich in seinen inneren Dialogen zu verlieren. Der kognitive, auditive Lerntyp sollte daran gehindert werden, in verbalen Exzessen sich selbst davonzulaufen. Es ist oft interessant, diesen verbal gut begabten Kindern zuzuhören. Erkennt man, wie weit sie sich dabei von sich selbst entfernen, kann einem Angst werden. Gerade der kognitive Mensch neigt dazu, inneren Belastungen durch schnelles Reden zu entgehen.

Der Gefühlsmensch dieses Lerntyps ist besonders abhängig von der Art des verbalen Lernangebotes. Emotionale Unstimmigkeiten werden von ihm an der Stimme erkannt, und es kann sein, dass er frustriert oder verletzt darauf reagiert. Ein Lehrer, Erzieher oder Elternteil, der annimmt, dass seine frustrierten Gefühle sich in seiner Stimme nicht äußern, täuscht sich gewaltig. Kein Mensch kann Stimmungen so unterdrücken, dass sie nicht mehr im Außen wahrnehmbar werden. Auditive Menschen reagieren darauf sehr empfindlich.

Heilsame Spiele

Im Spiel sich selbst begegnen zu können, ohne ein Versagen oder eine Bewertung fürchten zu müssen, ist eine wesentliche Wirkkraft der Therapie. Raum zu haben, Eigenes auszuprobieren, schafft die Kraft, Grenzen im Außen ertragen zu können. Das Selbst wächst in dem Maße, wie es Kraft aus den eigenen positiven Erfahrungen schöpfen kann. Wenn es erfahren darf, dass Unvermögen kein Versagen bedeutet, sondern etwas primär Menschliches ist, dann kann Vertrauen wachsen. Das hier angebotene Material berücksichtigt diese persönlichen Kriterien und bezieht gleichzeitig physiologische und lerntherapeutische Gesichtspunkte mit ein. Es geht auch um die Frage: wie Eltern zusammen mit ihren Kindern das Spielen wieder lernen und so ein Stück Gemeinsamkeit entwickeln können.

Phantasiereisen zur Entspannung

Zu den wertvollsten Dingen, die wir unseren Kindern weitergeben können, gehört die Achtsamkeit und die Wertschätzung für sich selbst. Dies beinhaltet, sich selbst wahrzunehmen mit seinen Stärken und Schwächen und jeden Teil von sich selbst schätzen und achten zu dürfen. Wandlung wird möglich im Akzeptieren dessen, was man im Augenblick ist, und gleichzeitig im Wissen, dass Veränderung möglich ist und ihre ganz spezielle Zeit braucht.

Phantasiereisen, Imaginationen und bildliches Lernen erfordern einen dafür geschulten Geist. Selbst »normalen« Kindern fällt es schwer, sich zur Ruhe zu bringen, sich selbst in Ruhe wahrzunehmen. Um wie viel schwerer dies gerade unruhigen und lerngestörten Kindern fällt, kann man sich vorstellen. Der positive Effekt dieser Techniken geht oft verloren, da wir glauben, Kinder müssten diese Technik per se beherrschen. Unsere Lebensumstände sind so auf Äußeres ausgerichtet, dass wir die Begegnung mit uns selbst erst wieder lernen müssen. Zudem lebt der Bereich der Imagination und inneren Bilder ganz besonders vom Vorbild des Leiters. Glaubt dieser selbst nicht an ihre Kraft oder beherrscht er diese Technik nicht, so wird er wenig Glaubwürdigkeit und Begeisterung ausstrahlen. Imagination ist keine Technik, um besser lernen zu können, sie ist keine Sache, die »machbar« ist. Innere Bilder haben etwas mit Zulassen zu tun, mit Achtung und Behutsamkeit und dem Vertrauen, dass in mir Kräfte leben, die für mein Leben bedeutsam sind. Innere Bilder sind ein sehr launischer Besitz: Je mehr ich sie haben will, umso flüchtiger werden sie. Deshalb wird ein Anleiter, der »Erfolg« haben will, diesen Erfolg massiv stören.

Übung der Achtsamkeit

Wir setzen uns entspannt hin oder legen uns bequem auf den Boden und schließen die Augen. Wir atmen ruhig ein und aus. Der Atem fließt beim Einatmen in unseren Körper. Wir spüren einfach nur, wie weit unser Atem reicht. Können wir bis in den Bauch hinein atmen oder erreichen wir sogar unsere Füße? Vielleicht spüren wir an bestimmten Stellen des Körpers, dass der Atem nicht weiterfließen kann. Wir nehmen dies einfach zur Kenntnis. So ist es im Moment. So weit kann ich atmen, so viel Luft habe ich zur Verfügung, und es ist gut so im Moment. Früher oder später wird der Atem immer tiefer gehen.

Ich lasse mir Zeit, meine Zeit, die Dinge geschehen zu lassen. Wenn ich merke, dass es mir noch schwer fällt, die Augen geschlossen zu lassen, so öffne ich zwischendurch für einige Atemzüge die Augen, schaue mich ruhig um und lasse die Augen ganz langsam sich wieder schließen. Ich muss nichts erreichen, und morgen bin ich vielleicht froh, wenn die Augen einige Minuten Ruhe bekommen. Ich lasse den Dingen ihre Zeit, sich zu entwickeln. In diesem Bewusstsein, dass ich nichts erreichen muss, lasse ich den Atem kommen und gehen und beobachte mich in dieser Situation. Macht es mir Angst oder möchte ich weglaufen, werde ich unruhig und kribbelig, oder ist mir zum Lachen? Ich nehme einfach wahr und lasse die Empfindungen mit dem Atem kommen und gehen. Früher oder später werden diese Empfindungen einer tiefen Ruhe Platz machen, und es ist unwichtig, ob dies sofort passiert oder erst später. Wir atmen nur ruhig ein und aus.

Durchführung: Leise Entspannungsmusik; der Erwachsene liest den Text vor und sollte wirklich die Ruhe und Gelassenheit haben, die Unruhe der Kinder zulassen und ausgleichen zu können. Ein unruhiger Erzieher wird auch die Kinder unruhig machen. Bedenken Sie bitte, dass gerade für lerngestörte und unruhige Kinder das Ruhigsein und Augenschließen schon zur Anstrengung wird. Der obige Text beinhaltet indirekte Suggestionen, die dem Unbewussten des Kindes die Chance geben, zur Ruhe zu kommen – nicht sofort, aber innerhalb der Übungszeit von drei bis zehn Minuten.

Diese Übung sollte mindestens zwei Wochen lang mit unruhigen und im meditativen Bereich ungeschulten Kindern erfolgen, bevor zu anderen Übungen übergegangen wird.

Zielgruppe: Alle Kinder, besonders aber hyperaktive Kinder mit Lernstörungen aller Art; jeder Lerntyp.
Alter: Ab fünf Jahre.
Zeit: Drei bis zehn Minuten, langsam steigernd.

Übung: Den Atem lenken

Wir legen uns bequem auf eine Decke, die Arme liegen neben dem Körper und die Beine ruhen entspannt nebeneinander. Ich lasse meinen Atem langsam zur Ruhe kommen. Ich atme ruhig ein und aus. Ich spüre, wie der Atem in meinen Körper fließt, verfolge, wie er durch den Körper fließt, wo er langsam fließen kann, wie er unruhig an Organen vorbeiströmt, oder wie ich selbst mich wohl fühle oder eher Unruhe spüre. All dies nehme ich zur Kenntnis, und ich stelle immer wieder verwundert fest, es darf so sein. Ich muss nicht gut oder schnell sein, ich brauche keine Leistung zu bringen, so wie es ist, ist es gut.

Ich atme ruhig ein und aus und erlebe, wie der Atemstrom von einem klaren, reinen Energiestrom begleitet wird und in meinen Körper strömt und jede Zelle mit neuer Energie, Ruhe und Freude füllt. Beim Ausatmen stelle ich fest, wie eine dunkle Wolke, angefüllt mit Trauer, Ärger, Zorn und negativen Gefühlen, meinen Körper verlässt und wie die dunkle Energie vom Wind fortgetragen wird. Mit jedem Atemzug kann mehr Freude und neue Energie in mich einströmen. Früher oder später wird diese Energie in mir so anwachsen, dass Ärger mich nur noch wenig berühren kann. Ich lasse den Atem ruhig kommen und gehen und lasse belebende Energien in mich einströmen. Ruhe und Gelassenheit füllen mich immer mehr aus. Ich fühle mich mit jedem Atemzug immer leichter und freier. Ruhe strömt durch mich hindurch und begleitet mich weiter durch den Tag.

Durchführung: Leise Entspannungsmusik, die Kinder liegen auf dem Boden. Jedes Kind sollte über genügend Platz verfügen und von keinem anderen Kind berührt werden können, da andernfalls die Ablenkung zu groß ist. Wir erklären den Kindern in etwa, um was es in der Übung geht: Wir wollen Schulstress und negative Gefühle abgeben und uns mit positiver Energie aufladen. Wir lassen den Kindern Zeit, zur Ruhe zur kommen, und gehen im Text erst weiter, wenn wir spüren, die Kinder sind bereit, innerlich zu folgen. Diese Übung braucht wieder ausreichend

Übungszeit, um ihre volle Wirkung zu erreichen. Bitte halten Sie sich wegen der indirekten Suggestionen an den Text.

Zielgruppe: Alle Kinder, vor allem hyperaktive und lerngestörte; besonders kinästhetische und visuelle Lerntypen.

Alter: Ab sechs Jahre.

Zeit: Etwa fünf bis fünfzehn Minuten, je nach Geübtheit der Kinder.

Übung: Baden im Meer

Erster Teil:

Wir liegen bequem auf der Decke, die Arme neben dem Körper, die Beine nebeneinander. Wir atmen ruhig ein und aus und stellen uns vor, dass wir am Strand liegen. Das Meer schlägt in ruhigen Wellen an das Ufer und wir lassen uns vom Klang der Wellen, der Wärme der Sonne und dem Bild der Ruhe erfassen. Wir fühlen, wie eine tiefe Entspannung von den Füßen aufwärts in uns emporsteigt. Es ist, als würde uns das Meer berühren und jede Verspannung im Körper lösen und tiefe Ruhe zurücklassen. Unsere Beine und Füße entspannen sich. Wir spüren, wie unser Becken vom Wasser umspült wird und aller Stress von der Meereswoge mit zurück ins Wasser genommen wird. Die nächste Welle umspült unseren Bauch und hüllt uns ein in tiefe Gefühle von Ruhe und Entspannung. Mit der Welle ziehen sich negative Gefühle von uns zurück. Wir spüren, wie nun die Hände und Arme vom Wasser berührt werden, wie unsere Lunge sich öffnet und das Herz ruhig und gleichmäßig zu schlagen beginnt. Das Wasser streicht um unseren Hals, berührt das Gesicht und nimmt alle Spannungen mit sich fort.

Nun werden wir ganz vom Wasser umspült. Wir spüren, dass wir im Wasser versinken. Ganz langsam und ruhig. Das Wasser ist hell und klar, und die Strahlen der Sonne begleiten uns auf dem Weg in die Tiefe. Fische ziehen vorbei. Wir atmen ruhig und gleichmäßig und gleiten von den Meeresbewohnern begleitet immer tiefer. Alle Belastungen und

Sorgen steigen in Luftblasen nach oben an die Wasseroberfläche und zerplatzen ins Nichts. Wir gelangen ruhig schwebend auf den Meeresgrund und schauen uns staunend auf dem Boden um. Alles, was es zu sehen gibt, nehmen wir tief in uns auf. Die bunten Farben der Fische, die grünen Pflanzen, die im Rhythmus des Wassers sich bewegen, der helle Sand und die Ruhe der anderen Meeresbewohner erfüllen uns mit großer Ruhe und Gelassenheit.

Zweiter Teil:
Wir gehen am Meeresboden spazieren und lassen diese unterirdische Welt auf uns wirken. Da sehen wir, wie eine Gestalt auf uns zuschwebt und uns bittet, ihr zu folgen. Sie führt uns an einen ruhigen Platz und deutet auf eine kleine Schatzkiste. In dieser Kiste findest du dein Symbol für Ruhe und Entspannung: Es kann ein Bild sein, ein Gegenstand, der dir viel bedeutet, ein Musikstück, das für dich wichtig ist, ein Duft, eine Erinnerung, eine Farbe, ein Gefühl oder eine Empfindung. Es ist etwas, das dir allein gehört und dir helfen wird, wenn du in Stress gerätst, sei es in der Schule, beim Lernen oder zu Hause, die unguten Gefühle von Angst oder Ärger loszulassen und wieder ruhig zu werden.

Lass dir Zeit und schau, was du bekommst. Lasse dich von deinem Symbol auf dem Weg durch die Unterwasserwelt begleiten und spüre, wie du langsam immer weiter nach oben gleitest, bis dich das klare Sonnenlicht trifft. Atme noch einige Male ruhig durch und lasse langsam die Bilder zurücktreten.

Durchführung: Die Übung erst einsetzen, wenn die Kinder schon längere Übungsphasen hinter sich haben und in diesem Bereich schon trainiert sind, sonst bleiben die Möglichkeiten, die in dieser Übung stecken, ungenutzt. Kinder müssen in Entspannung gut geübt sein, um sich den tieferen Schichten des Unbewussten, die in dieser Übung angesprochen werden, öffnen zu können.

Üben Sie zuerst mehrere Male den ersten Teil der Übung. Erst wenn Sie merken, dass Ihr Kind diesem gut folgen kann und sich der Bilderwelt immer mehr öffnet, beginnen Sie mit dem zweiten Teil. Es kann hilfreich sein, nach der Übung das Gesehene malen zu lassen.

Führen Sie diese Übung nicht durch, wenn Ihr Kind gerade vom Spielen kommt oder aus anstrengenden Lernbereichen. Machen Sie in diesem Fall zuvor erst einige der entspannenden Übungen aus dem gleich folgenden Kapitel. Ein Körper, der Stress teilweise abgebaut hat, kann tiefer auf solche Übungen einsteigen.

Diese Übung ist *nicht* für den Schulbereich geeignet, da die schulische Umgebung niemals so tiefe Entspannung zulässt, wie sie für solche Übungen benötigt wird.

Zielgruppe:	Alle Kinder und alle Lerntypen.
Alter:	Ab sechs Jahre.
Zeit:	Für beide Teile etwa je zehn Minuten.

Körperübungen zur Entspannung

Für viele Kinder kommt Bewegung in ihrem Leben zu kurz. Wenn wir uns bewegen, geschieht dies häufig unter Zeitdruck oder mit bestimmter Erwartung. Wir alle haben vielfach unseren Zugang zu unseren körperlichen Empfindungen verloren. Wir nehmen unsere Belastungen nicht mehr wahr, vielleicht fühlen wir uns nicht gut, aber wie dieses Nicht-gut-Fühlen konkret aussieht, können wir nicht verbalisieren. Unser Körper ist uns fremd geworden. Wir fühlen seine Überlastung und Spannung nicht mehr. Unsere Umwelt bewegt sich überwiegend schnell und hektisch, so dass die eigene Körperwahrnehmung immer mehr ausgeblendet wird.

Die im Zeitlupentempo ausgeführten Bewegungen der aus dem tibetischen Buddhismus kommenden Heilmethode lassen uns den Körper wieder bewusst wahrnehmen und ihn achtsamer behandeln. Wir spüren Verletzlichkeiten, aber auch Kräfte und

Möglichkeiten, die sonst verloren gehen. Besonders überraschend ist immer wieder, dass gerade Kinder mit Legasthenie und hyperaktive Kinder sowie Kinder mit Teilleistungsstörungen sehr gut auf diese Übungen ansprechen. Es ist, als würden diese Kinder in einen Topf voller Ruhe und Gelassenheit fallen.

An Körperübungen anschließende Entspannungsübungen wirken im Übrigen besonders intensiv.[46]

Übung: Innere Energien beruhigen

Wir stehen mit leicht gegrätschten Beinen oder sitzen auf einem festen Kissen. Der Rücken ist aufrecht und gerade, die Hände liegen auf der Hüfte. Wir beugen nun langsam den Oberkörper nach links, atmen dabei gleichmäßig durch Mund und Nase. Wir bewegen uns langsam, der Kopf hängt herab. Der Oberkörper streicht über das linke Knie ganz langsam zum rechten Knie. Wir richten uns so langsam wie möglich wieder auf. Wir beugen uns leicht nach hinten und bewegen uns von rechts nach links und wieder nach vorn. Es ist wichtig, die Bewegung so langsam wie möglich auszuführen.

Durchführung: Diese Übung kann im Stehen und im Sitzen ausgeführt werden. Sie soll weder wehtun, noch soll sie zum Leistungssport werden. Es geht hier um Wahrnehmung, und deshalb darf es sehr langsam gehen. Die Übung kann bis zu neunmal im Uhrzeigersinn und dann neunmal gegen den Uhrzeigersinn ausgeführt werden. Sie hilft, die endlose Gedankenflut in den Kindern zur Ruhe zu bringen. Wenn die Kinder merken, dass ihre Gedanken zur Ruhe kommen, dehnen wir dieses Gefühl aus, indem wir uns noch langsamer bewegen.

Zielgruppe: Alle Kinder; vor allem lerngestörte Kinder und der kinästhetische Lerntyp sprechen gut auf sie an.
Alter: Ab sechs Jahre.
Zeit: Mindestens zehn Minuten, besser doppelt so lange.

Übung: Körper und Geist integrieren

Die Kinder sitzen auf einem festen Kissen auf dem Boden und haben die Beine locker verschränkt. Die Hände liegen auf den Knien, die Schultern werden leicht nach hinten gezogen, so dass die Arme gestreckt werden.

Wir strecken das Kinn ganz langsam nach vorn. Dies darf sogar mit etwas Kraft passieren, dabei aber darauf achten, dass nicht überstreckt wird. Wir atmen während der ganzen Übung ruhig durch Nase und Mund ein und aus. Nun beugen wir das Kinn sehr sanft nach unten in Richtung auf die Brust. In dieser Stellung verbleiben wir drei Minuten und atmen ruhig weiter. Dann heben wir das Kinn wieder hoch und lassen ganz langsam die Spannung im Kinn, im Hals, in den Schultern und im Nacken los. Wir fühlen in die feinen Unterschiede und in die dabei entstehenden Gefühle tief hinein, und wir lassen es zu, dass sich diese Empfindungen im ganzen Körper ausbreiten.

Ruhe dich danach einige Minuten aus. Wiederhole die Übung noch zweimal. Zwischen jeder Wiederholung mache mehrere Minuten Pause. In dieser Pause bewege den Kopf sanft nach hinten und vorne, von einer Seite zur anderen.

Diese Übung löst bestehende Verspannungen in Hals und Nacken auf, ebenso im Kopf und in den Schultern, in der Brust und entlang der Wirbelsäule. Sie bringt die Energien wieder ins Gleichgewicht.

Zielgruppe:	Alle Kinder.
Alter:	Ab sechs Jahre.
Zeit:	Etwa 15 Minuten.

Übung: Ausdauer stärken

Die Kinder stehen barfuß auf dem Boden. Wir balancieren auf dem rechten Fuß und drücken den linken Fuß so gegen den rechten Oberschenkel, dass die Ferse so dicht wie möglich an der Leiste liegt. Das linke Knie zeigt seitlich nach außen. Wir drücken die Ferse leicht gegen den Oberschenkel, so dass der Fuß in dieser Stellung bleibt. Die Arme werden seitlich gehoben, die Handflächen zeigen nach unten, wir drehen uns langsam nach links. Der Kopf schaut weiter geradeaus, wir atmen ruhig und entspannt, der Bauch wird ganz schlaff. Wir werden ganz ruhig. Nach einiger Zeit senken wir ganz langsam den Blick und den Fuß und spüren den dabei entstehenden Empfindungen nach. Wenn beide Beine auf dem Boden stehen, atmen wir einige Minuten ruhig weiter und spüren in unseren Körper hinein. Dann heben wir das andere Bein und führen die Übung mit dem rechten Bein durch.

Wir führen die Bewegung ungefähr sechs- bis neunmal je Bein aus und stehen dazwischen immer wieder einige Zeit auf beiden Beinen. Danach setzen wir uns hin und spüren der Übung nach, dehnen die Gefühle weiter aus. Wir sitzen zum Abschluss zehn Minuten still und lassen Körper und Geist zur Ruhe kommen.

Diese Übung gleicht Körperenergien aus und entwickelt die Fähigkeit, in kritischen Augenblicken mehr Ruhe und Gelassenheit zu bewahren.

Zielgruppe:	Alle Kinder, aber Vorsicht: Bei bestimmten Kindern können aufgrund von Gleichgewichtsproblemen Schwierigkeiten auftreten. Üben Sie mit diesen Kindern zunächst andere Übungen, und gehen Sie erst weiter, wenn Sie spüren, dass eine gewisse innere Sicherheit erworben wurde.
Alter:	Ab sechs bis sieben Jahre.
Zeit:	Etwa 20 bis 30 Minuten.

Fingerübungen

Es gibt zwei Fingerübungen, die aus dem chinesischen Bereich kommen und dazu dienen, Konzentration und Gehirnaktivität anzuregen.

Übung A:

Wir strecken beide Arme geradeaus, die Handflächen zeigen nach außen. Wir knicken erst den Daumen an beiden Händen gleichzeitig ein. Dann knicken wir Daumen und Zeigefinger ein, danach Daumen, Zeigefinger und Mittelfinger usw., bis alle Finger der Hand umgeknickt sind. Danach strecken wir alle Finger wieder aus. Diese Serie wiederholen wir 16- bis 32-mal.

Übung B:

Wir beginnen die Hände und Finger wie eine Blüte zu öffnen und zu schließen. Sobald der kleine Finger eingeknickt ist, folgt der Ringfinger, diesem der Mittelfinger usw., bis der Daumen quer auf den Fingern liegt. Dann beginnen sich die Hände zu öffnen. Dabei beginnen wir mit dem Daumen, dann folgen der Zeigefinger und die anderen Finger bis zum kleinen Finger.

Als Variante kann gleichzeitig eine Hand geöffnet, die andere geschlossen werden. Jungen beginnen dabei mit der rechten Hand das Schließen und öffnen zuerst mit der linken Hand. Bei Mädchen ist es genau umgekehrt.

Zielgruppe:	Alle Kinder vor Hausaufgaben oder schwierigen Arbeiten; während der Hausaufgabe auch für Kinder mit Lernstörungen zur Zwischenaktivierung geeignet.
Alter:	Ab fünf Jahre.
Zeit:	Drei bis sechs Minuten, je nach Übung und Anzahl der Wiederholungen.

Kreatives Gestalten mit Leib und Seele

Eine Entspannungsübung besonderer Art ist das kreative Gestalten mit Kindern. Gemeint sind hier nicht typische Bastelanleitungen, sondern die Bereiche des therapeutischen Malens und Gestaltens. Für den Rahmen dieses Buches wähle ich aus den unendlich vielen Möglichkeiten das Mandalamalen und das therapeutische Malen mit allen Sinnen aus.

Das Mandalamalen ist eine sehr alte Technik und gerade in östlichen Religionen noch immer stark verbreitet. Ein Mandala ist ein Meditationsbild, das sich auf einen Mittelpunkt hin orientiert. Kinder, die in Entspannungsbereichen geschult sind, können sehr gut Mandalas selber gestalten. Sie schaffen sich damit Meditationshilfen, da das Mandala Ausdruck der inneren Wirk- und Ordnungskräfte ist. Mandalas lassen sich mit allen Sinnen sehr unterschiedlich gestalten.

Man kann einen Holzrahmen von 60 x 60 Zentimetern zur Verfügung stellen, der einen drei Zentimeter hohen Rand hat. Innerhalb dieses Rahmens kann nun das Kind sein Mandala entwerfen. Oft ist es hilfreich, in einer Meditation sich dieses Mandala innerlich zu gestalten und dieses innere Bild als Bleistiftzeichnung erst einmal nach außen auf ein Blatt Papier zu bringen. Die Kinder sollten dabei immer mit der linken Hand malen, um die Kopfkontrolle auszuschalten. Die linke Hand hat Zugang zur rechten Gehirnhälfte und damit zum intuitiven Denkbereich des Menschen. Während der gesamten Tätigkeit ist der Raum ruhig, die Anweisungen kommen sehr sparsam, das Material muss bereits zur Verfügung stehen. Es läuft meditative Musik, und eine Duftlampe brennt. Aber fragen Sie die Kinder, ob sie dies auch wollen und ob ihnen dieser Duft zusagt. Alle Sinne sollen angenehm angesprochen werden, und jeder Sinn hat das Recht, gefragt zu werden.

Die Kinder sitzen während der Arbeit auf dem Boden, der Holzrahmen, der mit einer Schicht aus nassem Sand (zwei

Zentimeter dick) gefüllt ist, liegt vor ihnen. Haben sie ihr Modell gezeichnet, können sie mit dem Umsetzen beginnen. Im Raum stehen viele Schüsseln mit farbigem Sand zur Verfügung sowie ein Krug Wasser. Der Sand ist ein mit Batikfarben gefärbter Vogelsand oder Aquarienkies mit fertigem, farbigem Kies oder Muschelbruch, der perlmuttartig schimmert. Die Kinder suchen sich ihre Farben aus und arbeiten mit dem Sand. Die Form wird in den nassen Sand geschrieben und mit farbigem Sand ausgefüllt. Bei dieser Tätigkeit werden vor allem die vielfältigen sensorischen Wahrnehmungen geschult.

Man kann das Mandala aber auch auf einen großen Karton vorzeichnen und dann die Linien und Flächen mit Kleister füllen und mit Sand ausfüllen. Sind diese Bilder gut getrocknet, schüttelt man den überschüssigen Sand ab und kann diese Bilder sogar aufhängen. Die rauhe Struktur des Sandes bietet auch die Möglichkeit, sich dieses Bild mit den Händen »anzuschauen«.

Mandalas können mit unterschiedlichem Naturmaterial erstellt werden. Allein schon das Vorbereiten des Materials ist lustig und aufregend. Diese Phase wird bereits meditativ, wenn wir das Material für die Mandalas vorbereiten. Getrocknete Blütenblätter kommen je nach Farbe in unterschiedliche Behälter. Samen werden ausgelöst und verpackt. Getrocknete Blätter werden nach Farben sortiert und zwischen den Fingern zerkleinert und in Dosen gepackt. Diese Arbeiten erfolgen in Ruhe, nur begleitet von meditativer Musik.

In der gleichen Art kann man Kindern auch mit Leinwand bespannte Rahmen anbieten und sie bei Musik malen lassen. Wir lassen das Kind die Musik selbst auswählen und beobachten, welche Stimmung sich herauskristallisieren wird. Bitte achten Sie auf genügend Auswahl bei der Musik. Stellen Sie Kindern möglichst viele und unterschiedliche Farben zur Verfügung. Die Pinsel sollten sauber und in gutem Zustand sein. Nichts stört solche Tätigkeiten mehr als unsauberes oder kaputtes Material. Malen mit den Sinnen schließt auch das Umfeld mit ein, positiv wie negativ. Lassen Sie dem Kind freie Gestaltungsmöglichkeit, aber begrenzen Sie den Raum. Das bedeutet, der Raum, in dem gearbeitet wird, sollte nicht zu groß sein, und das Kind sollte niemanden in unmittelbarer Nähe haben. Therapeutisch sinnvoll ist es, mit einem Kind allein zu arbeiten.

In unserer Einrichtung haben die Kinder immer freien Zugang zu Mandalavorlagen. Wenn sie mit den Hausaufgaben fertig sind, aber noch Ruhezeit ist, gehen sie gern und holen sich eine Mandalavorlage zum Ausmalen. Sie genießen die ruhende Ordnung und zentrierende Kraft, die in dieser Tätigkeit steckt. Selbst die unruhigsten Kinder beginnen sich dabei zu konzentrieren. Man sollte Kinder bei diesen Tätigkeiten aber anfangs nicht allein lassen. Die positiven Wirkkräfte können nur sichtbar werden, wenn wir dem Kind Hilfestellung geben, in diesen Bereich hineinzuwachsen. Wir erzählen Kindern etwas über die Geschichte von Mandalas, zeigen ihnen gestaltete Mandalas und erklären ihnen deren Bedeutung. Nur so kann ein Kind einen inneren Bezug dazu herstellen und in sich selbst Bilder entstehen lassen. Diese Tätigkeiten sind keine Techniken und verschließen sich dem »Machen«. Sie benötigen innere Öffnung und Akzeptanz auf Seiten des Erziehers oder Elternteils.

Arbeiten mit Naturmaterial

Eine billige Alternative zu teurem Spielzeug ist fast völlig in Vergessenheit geraten: das Arbeiten mit Naturmaterial. Da wir Naturmaterial erst sammeln müssen, führt der erste Weg bei diesem Spielmaterial in die Natur hinaus. Um ungefährliches Spielmaterial zu finden, überprüfen wir, ob bestimmte Pflanzen giftig sind. So ist der erste Schritt das Erkennen von Pflanzen, deren Bedeutung und Verwendung. Daraus können wir später ein Naturkundespiel gestalten. Die Spaziergänge, um Material zu sammeln, sind Lernschritte im Tun, Sprechen, Beobachten. Jeder

Lerntyp kann sich hier seinen optimalen Lernweg aussuchen: Das eine Kind schaut zu, fragt dann und ist erst zum Schluss bereit, etwas anzufassen. Der Kinästhetiker sitzt vielleicht zuerst in den Blättern, um sie mit allen Sinnen zu erfahren, fragt dann nach und schaut zu. Wieder ein anderes Kind hört erst auf die Erklärungen und beginnt dann die entsprechenden Materialien zu suchen und anzuschauen. Jedem das Seine, und jeder lernt so schnell er will. Es kommen ja genug Wiederholungen.

Da das Material im Weiteren getrocknet und gepflegt werden muss, bleibt der sinnhafte Umgang damit erhalten und somit auch die Möglichkeit, immer wieder Fragen zu stellen, zu berühren und zuzuhören, wenn etwas damit getan wird. Ist das Material getrocknet, kann es für verschiedenste Spiele bereitgestellt werden. Wir können Samen und Trockenfrüchte wie Erbsen, Bohnen, Linsen zum Umschütten oder Umlöffeln verwenden. Das heißt, wir stellen unterschiedlich hohe und unterschiedlich weite Gefäße zur Verfügung und versuchen nun diese zu füllen, ohne dabei viel zu verschütten. Dies ist eine sehr gute Konzentrationsübung und fördert die Koordination.

Viele Kinder haben große Probleme, Reihen zu bilden. Man kann aus dem Naturmaterial und entsprechenden Bildern Spiele gestalten, die diese Reihenbildung fördern. Die Entwicklung vom Samen zum Baum in unterschiedlichen Bildern dargestellt, kann zum Beispiel vom Kind in die richtige Reihenfolge gebracht werden. Solche Reihenfolgen lassen sich auch mit vielen anderen Themen durchführen.

Man kann auch verschiedene Baumsamen auf einen Karton kleben (etwa 5 x 5 Zentimeter) und die Geschichte dieses Samens auf einen etwas größeren Karton schreiben. Jedes Kind sucht sich dabei einen bestimmten Samen heraus, und die Erzieherin oder ein anderes Kind liest die Entwicklungsgeschichte eines Baumes vor. Die Kinder mit den Samen in den Händen sollen nun herausfinden, ob von ihrem Samen die Rede ist. So schulen sich spielerisch Naturkenntnisse, die in dieser Form in der Schule nicht erarbeitet werden können. Dieses Spiel kann man über Jahre hinweg spielen, und vielleicht fallen sogar den Kindern selbst Veränderungen dazu ein.

Aus Naturmaterialien lassen sich gute Tastmemorys gestalten. Immer zwei gleiche Samen, Blumen, Blätter oder Ähnliches bilden ein Paar. Diese Memorys können wie ein normales Memory gespielt werden, oder einige Karten werden mit dem Bild nach oben unter eine Decke gelegt und die Kinder sollen aus den aufliegenden Karten die passenden Pärchen ertasten.

Für diese Spielvarianten sind eigentlich keine Grenzen gesetzt. Wir können Stücke von Lammfell oder Sandpapier in unterschiedlicher Stärke nehmen und Ähnliches mehr. Je mehr Sinne bei den Spielen angesprochen sind, umso besser.

Mit Naturmaterial lässt sich gut gestalten, und vor allem der Herbst bietet hierfür eine Fülle von Möglichkeiten. Wer kennt nicht aus seiner Kinderzeit noch das Basteln mit Bucheckern, Kastanien und anderem Material. Beleben Sie diese in Vergessenheit geratenen Tätigkeiten wieder!

Aus leeren Filmdosen lassen sich gute Duft- und Geräuschmemorys herstellen. Für ein Duftmemory werden immer zwei Dosen mit dem gleichen Duft gefüllt. Die Duftstoffe werden auf einen Wattebausch aufgebracht und eingelegt. Von ätherischen Ölen bis zu Naturstoffen können Sie alles verwenden. Sie können ein reines Blumenduftmemory machen oder mit verschiedenen Gewürzen oder gemischt – Ihrer Phantasie sind hier keine Grenzen gesetzt. Gespielt wird wie beim richtigen Memory: Jeder darf zwei Duftdosen öffnen und soll den Duft benennen, den er riecht. Hat er zwei gleiche Düfte, darf er weitermachen, ansonsten kommt der Nächste an die Reihe.

Das Memory mit Geräuschen gestaltet sich ähnlich, nur werden die Dosen hier mit zwei gleichen Stoffen gefüllt, wie Mehl Zucker, Reis, Nudeln, Nägel usw. Diese sollen im Spiel durch Schütteln der Dosen erkannt werden.

Phantasieübungen zur Lernunterstützung

Lernen lässt sich gut visuell unterstützen. Dazu gibt es zwei Möglichkeiten. Einmal können wir Kinder schulen, den Unterrichtsstoff in Bilder zu übersetzen, so prägt sich der Lernstoff besser ein. Das heißt, je stärker ich in der Lage bin, das vom Lehrer Gesagte in ein Bild zu übersetzen, und je lebendiger dieses Bild ist, umso nachhaltiger wird der Lernstoff gespeichert. Der zweite Weg bedeutet das Übersetzen des Lernstoffes in innere Geschichten, die das Behalten von längeren Texten und größeren Zusammenhängen möglich machen.

Vorstellungsbilder

Wir schließen die Augen und öffnen die Hand. Nun stellen wir uns vor, dass auf unserer Hand ein Apfel liegt. Könnt ihr sein Gewicht spüren? Füllt er eure ganze Hand aus, oder ist es eher ein kleiner Apfel? Auf den Handflächen spüren wir seine glatte Haut. Wir sehen richtig die Farbe vor uns. Ah, und welch ein Duft steigt auf!

Ähnliches können Sie mit jedem Gegenstand üben. Bei kleineren Kindern ist es sinnvoll, zuerst den realen Gegenstand in die Hand zu nehmen und sozusagen darüber zu meditieren. Wie fühlt sich der Apfel an, wie schwer ist er in meiner Hand? Welche Form hat er und welche Farbe, ist er glatt oder rau? Je intensiver die Wahrnehmungsschulung hinsichtlich der realen Gegenstände erfolgt, umso leichter fällt der Aufbau der visuellen Bilder, und mit umso mehr Kraft erfolgt dies. Das heißt, die Bilder werden mit mehr Sinnesqualitäten erinnert.

Zielgruppe:	Alle Kinder, vor allem lerngestörte, da ihnen oft die innere Vorstellung von Dingen fehlt.
Alter:	Reale Bilder können ab drei Jahren geübt werden, rein visuelle ab fünf Jahren.
Zeit:	Einige Minuten

Vielen Kindern bereitet das Behalten von Buchstaben Probleme. Projiziert man den Buchstaben auf ein Tier oder verbindet man ihn mit einem lustigen Namen, so wird er leichter behalten, und oft kann den Kindern schon das Nennen dieses Bildes helfen, die Schreibweise des jeweiligen Buchstabens zu erinnern.

Anderen Kindern bereitet das Schreiben bestimmter Worte Schwierigkeiten. Solche Kinder visualisieren das schwierige Wort und schreiben es ihrem Haustier gedanklich auf das Fell. So erinnern sie sich angenehm an das Wort, und die richtige Schreibweise wird nicht weiter blockiert. Diese positive Erinnerung macht schwierige Inhalte leichter lernbar. Das Tier fungiert hier als Ankerbild für einen eher unangenehmen Lernstoff.

Kinder brauchen Erinnerungsbilder, um besser lernen zu können. Verbinden wir abstrakte Inhalte mit Vorstellungsbildern, können diese leichter behalten werden. Diese Technik verwendet man beim Vokabelnlernen und bei der Rechtschreibung. Sie hilft aber auch beim Erlernen von Texten. Schule ich ein Kind darauf, den Text in einen inneren Handlungsfilm zu übersetzen, so wird der Inhalt nicht nur schneller eingeprägt, sondern vor allem länger behalten.

Um Geschichtsstoff zu lernen, kann man Kindern den Inhalt in eine Geschichte verpacken und diese ihnen als Phantasiegeschichte anbieten. Erst müssen Kinder diese Technik von Erwachsenen lernen, bevor sie selbst damit umgehen und eigene Geschichten erfinden können.

Hierzu ein Beispiel:

Der Text zum Lernen lautet: In einer mittelalterlichen Stadt war der Marktplatz das Zentrum der Stadt. Die Zunfthäuser umstanden den Marktplatz, und an den Markttagen kamen die Leute von weit her, um einzukaufen. Bauern boten ihre Waren an, Händler verkauften ihre Güter usw.

Für Kinder ist dieser Text erst einmal ein trockener Stoff, der übersetzt in eine Phantasiegeschichte wesentlich fassbarer und anschaulicher wird:

Schließe die Augen und atme ruhig ein und aus. Du merkst, wie du immer tiefer gehst. Nun siehst du vor deinen inneren Augen den Marktplatz. Es ist gutes Wetter, und die schönen Häuser der Handwerker, die um den Marktplatz stehen, glänzen in der Sonne.

Du freust dich auf den Markttag, da gibt es immer so viel zu sehen. Die reichen Bürgersfrauen schlendern über den Platz und lassen sich die Waren zeigen. Die Bauern stehen schon auf dem Platz und bieten ihre Waren an. Eine nette Bäuerin schenkt dir einen Apfel, du beißt hinein und schaust dich weiter um. Bauern und Händler mit ihren Fuhrwerken ziehen über den Platz. Es wird richtig eng. Igitt, der Fischhändler ist auch da, man riecht es! Mal schauen, was der Sattler heute für Gürtel und Taschen hat. Oh, heute ist richtig viel los …

Diese Geschichte können Sie so lange ausdehnen, wie es der Unterrichtsstoff erfordert. Durch das persönliche Einbinden in die Geschichte können Kinder einen Bezug zu diesem Lernfach aufbauen und so allmählich Interesse entwickeln. Vor allem behalten sie wesentlich mehr Stoff als beim sturen Lernen aus dem Buch. Man kann diese Lernphase zusätzlich unterstützen, wenn man das Phantasiebild auch malen lässt. So prägen sich noch einmal die Inhalte ein.

Diese Spieleauswahl ist nur ein ganz kleiner Teil der Möglichkeiten, soll aber Eltern und Erziehern die Anregung bieten, tiefer in diesen Bereich einzusteigen und sich nach weiteren Spielen umzusehen, die in diesen Rahmen passen.

Wichtig ist, dass wir Kinder nicht überfordern und dass wir nach dem Grundsatz arbeiten, je größer die Störung beim Kind, umso einfacher strukturiert sollte das Spiel sein. Kinder dürfen nicht mit zu vielen Farben, Formen und Düften überfordert werden. Nur ein einziges Duftmemory zu spielen, ist beispielsweise viel effektiver. Nichts lenkt hier ab, und so bleibt der Lernweg offen für das Wesentliche.

Spiele sollen Spaß machen und vielfältige Möglichkeiten bieten. Sie sollen Kinder anregen, kreativ zu werden und die eigenen Fähigkeiten wieder schätzen zu lernen.

Computerspiele als Lernhilfe

Zum Schluss noch einige Worte zum Thema Computer. Kinder lieben dieses neue Medium, hat es doch viele Ähnlichkeiten mit dem Fernsehen. Viele Computerspiele entsprechen auch dem Gestaltungsmuster von Fernsehcomics: sehr schnell, sehr laut, unübersichtliche Bilder in Form und Farbe. Der Inhalt der meisten Spiele ist überwiegend aggressiv besetzt, der kreative Anspruch gleich Null. Diese Spiele laufen stets nach dem gleichen Muster ab und erlauben nur eine Spielvariante, nämlich die Geschwindigkeit. Diese so genannten Lernspiele sind nur für Kinder gestaltet, die das Lernen schon beherrschen, denn in dieser verworrenen Bildfolge geht ein Kind mit Lernstörungen verloren. Zudem sind diese Spiele überwiegend an der Unterrichtsart der Schulen orientiert. Arbeitsblätter, die in den Computer projiziert werden, modernisieren nicht den Schul- und Lernbereich. Sie bieten zu viel Inhalt, zu wenig Gliederung, keine Lerntechniken und sind somit insgesamt wenig sinnvoll. Für Kinder mit Lernproblemen sind diese Spiele völlig ungeeignet.

Es gibt nur wenige Computerlernspiele, die therapeutisch sinnvoll arbeiten und wirklich als Lernhilfen eingesetzt werden können. Diese Spiele arbeiten mit wenig Animation wie Farbe, Form, lautem Ton oder hektischen Bildern. Die Bildvorgaben sind hier klar und einfach, und die Lösungen sind eindeutig. Bei Rechtschreibübungen wird das richtige Wort kurz eingeblendet und verschwindet dann wieder vom Bildschirm. Jetzt erscheint der Wortblock, in den die richtigen Buchstaben vom Kind eingegeben werden müssen. Wird ein Buchstabe falsch gesetzt, so wird das richtige Wort zur Kontrolle eingeblendet und verschwindet nach einer kurzen Zeit wieder vom Bildschirm. So wird immer nur der richtige Buchstabe angenommen, und die Lösung wird immer richtig sein. Damit kann sich beim Kind nie ein falsches Wortbild einprägen, das sonst unter großen Mühen wieder gelöscht werden müsste.

Diese wenigen therapeutisch und psychologisch gut aufgebauten Programme sind meist nicht im Buchhandel vorrätig. Sie werden in der Regel nur über therapeutische Verlage vertrieben. So sind diese Programme für Eltern leider nur schwer zugänglich. Auch in heilpädagogischen Tagesstätten werden diese Programme noch zu wenig eingesetzt. Es lohnt sich aber, nach diesen Programmen in den Buchhandlungen gezielt zu fragen und sie zur Ansicht kommen zu lassen. Sie fördern Konzentration und Ausdauer und schulen die Wahrnehmung. So gibt es Trainings für die Wahrnehmung (nach Marianne Frostig) und für kognitive Teilleistungen wie Reaktionsvermögen, Ausdauer, Reihenbildung, Kurzzeitgedächtnis, Muster erkennen und gestalten, Logiktraining und Ähnliches mehr. Solche Spiele können für den Alltag Sinn machen und gute Hilfen für das Kind sein.

Auch der Computer verlangt die Anleitung des Erwachsenen und ist kein Spielmaterial, an dem Kinder allein sitzen sollten. Er ist Lernhilfe und kein Babysitter. Lernen und Spielen ist ein Miteinander – das ist der wichtigste Lernschritt, den Eltern, Erzieher und Kinder leisten können.

Anmerkungen

1 Robert Ornstein: *Die Wurzeln der Persönlichkeit. Das Geheimnis der Individualität und ihrer Entfaltung*, Scherz: Bern/München 1994, S. 10
2 Robert Ornstein: *Multimind. Wie die neue Hirnforschung unser Verhalten erklärt,* Junfermann: Paderborn 1988, S. 41
3 Henry G. Tietze: *Botschaften aus dem Mutterleib,* Droemer Knaur: München 1986, S. 47
4 Julia Hastings: *Sie können haben, was Sie wollen. Das Beste ist gerade gut genug,* Ariston: Genf/München, 2. Aufl. 1995, S. 23
5 Robert Ornstein: *Multimind*, S. 43
6 Ebd., S. 154 f.
7 Henry G. Tietze: *Botschaften aus dem Mutterleib,* S. 69
8 Ursula Wirtz: *Seelenmord. Inzest und Therapie,* Kreuz: Zürich, 9. Aufl. 1996, S. 139 ff.
9 Robert Ornstein u. Richard F. Thompson: *Unser Gehirn: das lebendige Labyrinth,* Rowohlt-TB: Reinbek 1993, S. 27
10 »Das Geheimnis des Denkens«, in: *Stern*, H. 48/1993, S. 104
11 Ebd., S. 101
12 Hardi Fischer: *Entwicklung der visuellen Wahrnehmung,* Psychologie Verlags Union: Weinheim 1995, S. 59
13 Hetty van de Rijt u. Frans X. Ploaij: *Oje, ich wachse. Achtmal steht ihr Baby Kopf. Von den acht »Sprüngen« in seiner mentalen Entwicklung während der ersten 14 Monate und wie die Eltern damit umgehen können,* Mosaik: München 1994
14 »Forschung und Technik«, in: *Focus*, H. 10/1996, S. 160
15 Ebd., S. 163
16 Ebd.
17 Ebd., S. 164
18 Ebd., S. 166
19 Ebd., S. 163
20 Ebd., S. 164

21 Ebd.
22 Johannes R. Holler: *Power für die grauen Zellen. Wie Sie Ihr Gehirn aus der Reserve locken,* Integral: Wessobrunn 1993, S. 94
23 »Kindheit und Entwicklung«, in: *Zeitschrift für klinische Kinderpsychologie,* H. 3/1995, S. 11
24 Ebd.
25 Ebd.
26 Ebd., S. 12
27 »Zum Problem der Teilleistungsstörungen«, in: *Pädagogischer Rundbrief,* H. 9/10, 1995
28 Gerhard W. Lauth u. Peter F. Schlottke: *Training mit aufmerksamkeitsgestörten Kindern,* Psychologie Verlags Union: Weinheim, 3., überarb. u. erw. Aufl. 1996
29 »Zum Problem der Teilleistungsstörungen«, S. 9
30 William H. Gaddes: *Lernstörungen und Hirnfunktion,* Springer: Berlin/Heidelberg 1991, S. 357
31 Günther Deegener u.a.: *Neuropsychologische Diagnostik bei Kindern und Jugendlichen,* Psychologie Verlags Union: Weinheim, 2. Aufl. 1995, S. 29
32 Vance Packard: *Verlust der Geborgenheit. Unsere kinderkranke Gesellschaft,* Ullstein-TB: Frankfurt/M. 1986, S. 98
33 Ebd., S. 137
34 Ebd., S. 26
35 Ebd., S. 21
36 Rubin u. Gertrude Blanck: *Ehe und seelische Entwicklung,* Klett-Cotta: Stuttgart, 2. Aufl. 1992, S. 14
37 Rolf Oerter u. Leo Montada (Hrsg.): *Entwicklungspsychologie,* Psychologie Verlags Union: Weinheim 1987, S. 340 ff.
38 Emmi Pikler: *Laßt mir Zeit. Die selbständige Bewegungsentwicklung des Kindes bis zum freien Gehen,* Pflaum: München 1988, S. 149
39 Frances G. Wickes: *Analyse der Kinderseele,* Walter: Olten/Freiburg 1973, S. 63
40 Ebd., S. 141
41 Ebd., S. 154
42 Ebd., S. 142
43 Jirina Prekop u. Christel Schweizer: *Unruhige Kinder. Ein Ratgeber für beunruhigte Eltern,* Kösel: München, 4. Aufl. 1996, S. 131
44 Ebd., S. 133
45 Gerda u. Rüdiger Maschwitz: *Aus der Mitte malen – heilsame Mandalas. Anregungen für Kinder, Jugendliche und Erwachsene,* Kösel: München 1996

46 Die folgenden Körperübungen sind in etwas abgewandelter Form aus dem Buch *Selbstheilung durch Entspannung. Körper- und Atemübungen, Selbstmassage und Meditationstechniken* von Tarthang Tulku entnommen (O.W. Barth: Bern/München 1982)

Ausgewählte Literatur

Bücher

Bank, Stephan P. u. Kahn Michael D.: *Geschwister-Bindung*, Junfermann: Paderborn 1989

Blanck, Rubin u. Gertrude: *Ehe und seelische Entwicklung,* Klett-Cotta: Stuttgart, 2. Aufl. 1992

Brüggebors, Gela: *So lernen Kinder besser. Mentale Fähigkeiten fördern, Lernhemmungen beheben,* Rowohlt-TB: Reinbek 1996

Buchner, Christina: *Neues Lesen, Neues Lernen. Vom Lesefrust zur Leselust,* Verlag für Angewandte Kinesiologie: Freiburg, 6. Aufl. 1996

Capaccione L.: *Die Kraft der anderen Hand,* Droemer Knaur: München 1990

Cierpka, Manfred: *Zur Diagnostik von Familien mit einem schizophrenen Jugendlichen,* Springer: Berlin/Heidelberg 1990

Cube, Felix von u. Alshuth, Dietger: *Fordern statt Verwöhnen. Die Erkenntnisse der Verhaltensbiologie in Erziehung und Führung,* Piper: München, 6. Aufl. 1995

Deegener, Günther u.a.: *Neuropsychologische Diagnostik bei Kindern und Jugendlichen,* Psychologie Verlags Union: Weinheim, 2. Aufl. 1995

Dennison, Paul u. Gail: *Brain-Gym,* Verlag für Angewandte Kinesiologie: Freiburg, 8. Aufl. 1996

Dies.: *Brain-Gym. Lehrerhandbuch,* Verlag für Angewandte Kinesiologie: Freiburg, 7., vollst. überarb. Aufl. 1995

Elhardt, Siegfried: *Tiefenpsychologie. Eine Einführung,* Kohlhammer: Stuttgart 1980

Elschenbroich, Gabriele: *Du machst uns verrückt,* Herder: Freiburg 1983

Fischer, Hardi: *Entwicklung der visuellen Wahrnehmung,* Psychologie Verlags Union: Weinheim 1995

Gaddes, William H.: *Lernstörungen und Hirnfunktion,* Springer: Berlin/Heidelberg 1991

Ginott, Haim G.: *Gruppenpsychotherapie mit Kindern. Theorie und Praxis der Spieltherapie,* Beltz: Weinheim, 7. Aufl. 1979
Grefe, Christiane: *Ende der Spielzeit. Wie wir unsere Kinder verplanen,* Rowohlt: Berlin 1995
Holle, Britta: *Die motorische und perzeptuelle Entwicklung des Kindes. Ein praktisches Lehrbuch für die Arbeit mit normalen und retardierten Kindern,* Psychologie Verlags Union: Weinheim, 4. Aufl. 1996
Holler, Johannes R.: *Power für die grauen Zellen: Wie Sie Ihr Gehirn aus der Reserve locken,* Integral: Wessobrunn 1993
Izard, Carroll E.: *Die Emotionen des Menschen. Eine Einführung in die Grundlagen der Emotionspsychologie,* Psychologie Verlags Union: Weinheim, 3. Aufl. 1994
Jernberg, Ann M.: *Theraplay. Eine direktive Spieltherapie,* Fischer: Stuttgart 1987
Johnson, Spencer u. Constance: *Der Minuten-Lehrer. Wie Ihre Schüler frei und positiv lernen und Sie selbst mehr Spaß am Unterricht haben,* MVG: Landsberg 1987
Kiphard, Ernst J.: *Mototherapie I und II,* Modernes Lernen: Dortmund, 4. Aufl. 1995 bzw. 4. Aufl. 1994
Klein, Melanie: *Ein Kind entwickelt sich. Methode und Technik der Kinderpsychoanalyse,* Fischer-TB: Frankfurt/M. 1981
Krabbe, Heiner (Hrsg.): *Scheidung ohne Richter. Neue Lösungen für Trennungskonflikte,* Rowohlt-TB: Reinbek 1991
Lauth, Gerhard u. Schlottke Peter F.: *Training mit aufmerksamkeitsgestörten Kindern,* Psychologie Verlags Union: Weinheim, 3., überarb. u. erw. Aufl. 1996
Lazarus, Arnold A.: *Multimodale Verhaltenstherapie,* Roland Asanger: Heidelberg 1978
Lefrancois, Guy R.: *Psychologie des Lernens,* Springer: Berlin/Heidleberg, 3. Aufl. 1994
Mantel, Manfred: *Effizienter lernen,* Heyne: München 1990
Markova, Dawna: *Die Entdeckung des Möglichen. Wie unterschiedlich wir denken, lernen und kommunizieren,* Verlag für Angewandte Kinesiologie: Freiburg 1993
Maslow, Abraham H.: *Motivation und Persönlichkeit,* Rowohlt-TB: Reinbek 1981
Murdock, Maureen: *Dann trägt mich meine Wolke ... Wie Große und Kleine spielend leicht lernen,* Bauer: Freiburg, 8. Aufl. 1996
Nitsch, Jürgen R. (Hrsg.): *Streß. Theorien, Untersuchungen, Maßnahmen,* Huber: Bern 1981
Oerter, Rolf u. Montada Leo (Hrsg.): *Entwicklungspsychologie,* Psychologie Verlags Union: Weinheim 1987

Ornstein, Robert: *Multimind. Wie die neue Hirnforschung unser Verhalten erklärt,* Junfermann: Paderborn 1988

Ders.: *Die Wurzeln der Persönlichkeit. Das Geheimnis der Individualität und ihre Entfaltung,* Scherz: Bern/München 1994

Ornstein, Robert u. Thompson Richard F.: *Unser Gehirn: das lebendige Labyrinth,* Rowohlt-TB: Reinbek 1993

Packard, Vance: *Verlust der Geborgenheit. Unsere kinderkranke Gesellschaft,* Ullstein-TB: Frankfurt/M. 1986

Passolt, Michael (Hrsg.): *Hyperaktive Kinder: Psychomotorische Therapie,* Ernst Reinhardt: München 1993

Peseschkian, Nossrath: *Der Kaufmann und der Papagei. Orientalische Geschichten als Medien in der Psychotherapie. Mit 100 Fallbeispielen zur Erziehung und Selbsthilfe,* Fischer-TB: Frankfurt/M., 20. Aufl. 1996

Pfeiffer, Carl C.: *Nährstoff-Therapie bei psychischen Störungen. The Golden Pamphlet,* Haug: Heidelberg, 4. Aufl. 1993

Pikler, Emmi: *Laßt mir Zeit. Die selbständige Bewegungsentwicklung des Kindes bis zum freien Gehen,* Pflaum: München 1988

Prekop, Jirina: *Der kleine Tyrann. Welchen Halt brauchen Kinder?* Kösel: München, 17., erw. Aufl. 1995

Prekop, Jirina u. Schweizer, Christel: *Unruhige Kinder. Ein Ratgeber für beunruhigte Eltern,* Kösel: München, 4. Aufl. 1996

Richter, Horst E.: *Eltern, Kind und Neurose. Die Rolle des Kindes in der Familie,* Rowohlt-TB: Reinbek o.J.

Riemann, Fritz: *Grundformen der Angst. Eine tiefenpsychologische Studie,* Ernst Reinhardt: München 1995

Rijt, Hetty van de u. Ploaij, Frans X.: *Oje, ich wachse. Achtmal steht ihr Baby Kopf. Von den acht »Sprüngen« in seiner mentalen Entwicklung während der ersten 14 Monate und wie die Eltern damit umgehen können,* Mosaik: München 1994

Rosival, Vera: *Hyperaktivität natürlich behandeln. Ursachen und Symptome erkennen. Den Stoffwechsel regulieren. Zu innerer und äußerer Ruhe verhelfen,* Gräfe und Unzer: München, 4. Aufl. 1995

Rossi, Ernest L. u. Nimmons, David: *Die 20 Minuten Pause. Wie Sie seelischen und körperlichen Zusammenbruch verhindern können,* Junfermann: Paderborn 1993

Steinhausen, Hans-Christian u. Aster, Michael von: *Handbuch Verhaltenstherapie und Verhaltensmedizin bei Kindern und Jugendlichen,* Psychologie Verlags Union: Weinheim 1993

Teml, Helga u. Hubert: *Komm mit zum Regenbogen. Phantasiereisen für Kinder und Jugendliche. Entspannung, Lernförderung, Persönlichkeitsentwicklung,* Veritas: Linz, 5. Aufl. 1995

Tietze, Henry G.: *Der Alpha-Mensch,* Heyne: München 1987
Ders.: *Botschaften aus dem Mutterleib,* Droemer Knaur: München 1986
Tietze, Henry G. u. Renate: *Glück ist keine Glückssache. Anleitung zu Lebenslust und Lebensfreude,* Ariston: Kreuzlingen 1996
Tulku, Tarthang: *Selbstheilung durch Entspannung. Körper- und Atemübungen, Selbstmassage und Meditationstechniken,* O.W. Barth: Bern/München 1982
Wickes, Frances G.: *Analyse der Kinderseele,* Walter: Olten/Freiburg 1973
Wilson, Annie u. Bek, Lilla: *Farbtherapie. Farben als Schlüssel zur Seele und Mittel der Heilung,* Scherz: Bern/München 1988
Wirtz, Ursula: *Seelenmord. Inzest und Therapie,* Kreuz: Zürich, 9. Aufl. 1996

Zeitschriften

»Aggression, Theorie und Diagnostik«, in: *Skriptum zur klinischen Psychologie,* 1972
»Die Bedeutung der Bewegungsumwelt für die motorische Entwicklung von Kindern«, in: *Kindheit und Entwicklung,* H. 6/1993
»Hysterie, Leistungsstörungen, Legasthenie«, in: *Skriptum zur klinischen Psychologie*, 1972
»Normale und abweichende Entwicklung im Säuglingsalter«, in: *Kindheit und Entwicklung*, H. 11/1995
»Zum Problem der Teilleistungsstörungen«, in: *Pädagogischer Rundbrief*, H. 9/10, 1995
»Prognostik der Lese- und Rechtschreibleistung von Sonderschülern«, in: *Kindheit und Entwicklung*, H. 10/1994
»Psychotherapien mit Säuglingen und Eltern«, in: *Kinderanalyse*, H. 0/1992
»Der Schriftsprachenerwerb und kindliche Entwicklung«, in: *Kindheit und Entwicklung*, H. 8/1994